中国王朝的兴衰十八讲

陈春锋 编著

中国画报出版社·北京

图书在版编目（CIP）数据

中国王朝的兴衰十八讲／陈春锋编著．—北京：中国画报出版社，2009.4（2025.1重印）
ISBN 978-7-80220-473-7

Ⅰ.中… Ⅱ.陈… Ⅲ.中国－古代史－研究 Ⅳ.K220.7

中国版本图书馆 CIP 数据核字（2009）第 055570 号

中国王朝的兴衰十八讲　　　　　　　　　　　陈春锋　编著

出 版 人：	田　辉
责任编辑：	池　倩
出　　版：	中国画报出版社
地　　址：	中国北京市海淀区车公庄西路33号，邮编：100048
电　　话：	010-88417359（总编室兼传真）　010-88417359（版权部） 010-88417418（发行部）　010-68414683（发行部传真）
印　　刷：	三河市兴国印务有限公司
监　　印：	敖　晔
经　　销：	新华书店
开　　本：	700mm×1000mm　1/16
印　　张：	13
字　　数：	240千字
插　　图：	400
版　　次：	2009年5月第1版　2025年1月第3次印刷
书　　号：	ISBN 978-7-80220-473-7
定　　价：	78.00元

如发现印装质量问题，请与承印厂联系调换。
版权所有，翻印必究；未经许可，不得转载！

中国王朝的兴衰
十八讲

前言

在西方世界一浪高过一浪的舆论围堵中,中国顽强地崛起。这种围堵几乎无所不用:千方百计地曲解、诘难中国;抓住中国一些不尽如人意的地方无限放大;不是偏见误读,就是挑拨误导,这种"西方为大"的强权心态,理所当然地激起中国人民的愤怒。一方面在国际金融危机深不见底的情况下,希望中国拉他们一把,另一方面他们又不甘心中国强大起来。

面对如此复杂的国际环境,理性告诉我们,仍然还要保持"如履薄冰"的心态发展自己。历史是一面镜子,在中国历代王朝兴衰现象的后面,存在着一些规律性的东西,这就如矿藏,等待着我们拂去表层无关宏旨的浮土,去发现深埋在底层的借鉴之道。

当国家处于高度统一时,国家政治整体所体现的"中国之历史存在",与民族整体所体现的"生存空间"是一体化的,两种整体相辅相成。自秦朝建立起严密的封建集权统治以后,中国的绝大多数历史时期是由中央政权管辖的。但也曾出现过大统一朝代破裂后相对短暂的战乱与分裂局面,如汉代之后魏、蜀、吴三国鼎峙,东晋十六国、南北朝纷争,唐代之后五代十国林立,宋、辽、夏、金几度诸政权并存。然而，即便是国家处于政治分裂状态，中国地缘之中华民族整体仍然发挥着重要的一统机制，这是因为中华民族整体固有的强大凝聚力和向心力，促使各个并行政权之间，特别是内地王朝政权与少数民族贵族政权之间，不仅在政治上保持着一定的臣属关系，而且更重要的是在经济、文化、社会生活各方面都存在着密切不可分割的联系。正是这种割不断的历史联系，决定了国家经历政治分裂期间的相互冲突和争战的痛苦磨难后，又必然导致政治的统一。隋、唐的大统一，元、明、清的大统一，无疑是这种历史发展客观规律的真实写照。

关于中国历代王朝兴衰的历史教训，东晋的史学家干宝说：帝王的兴起，必须等待天命。皇朝更替兴衰，不是人为造成的。尧舜实行内禅制，体现了中华美德；汉魏实行外禅制，依顺于中华大体。汤、武革命，是顺应天意；高祖、光武的争伐，奠定了功勋。他们各自因其命运取得了天下。

南北朝时期的史学家、《后汉书》的作者范晔说过：自古以来绝断宗祠，招致失败的朝代，之所以衰亡，是有其特定原因的。夏商周三代是因为贪宠女色取祸，秦嬴政是因为奢侈暴虐致灾，西汉是外戚专权失祚，东汉是因宦官专权失国。

唐朝开元盛世的大学者赵蕤说：从古以来的兴衰成败得失，以前的史学家们已经探讨得很充分了。自秦汉以来，观其兴亡治乱，虽然有其天数，然而大抵取得天下的，是因为他们得到贤明的智者的辅佐，能为人民兴利除害；失去天下的，无不因为他们任用群小，奢侈无度所造成。孔子说：因俭约而发生过失的人是很少见的。他还说：远离阿谀逢迎的小人，除掉心术不正的门徒。

黑格尔在论世界历史时写道："在我们面前展开了一幅无边无际的人类生活画面，人类的生活活动处在各种不同的条件之下，具有形形色色的目的和各不相同的事件和命运。在这一切变故和事件中，最触目的是人的事业和意愿；到处都是和我们有关系的东西，因而到处激起我们的赞成或反对的热忱。它有时以美丽、自由、富有来吸引我们，有时以毅力来吸引我们，有时甚至缺陷也可以表现为某种有意义的东西。我们经常看到某种大量的共同利益在困难地前进，但是更经常看到微小力量的无限的紧张活动，它们从似乎微不足道的东西中产生某种巨大的东西；到处是光怪陆离的景色，一个消逝，另一个立即代之而起。"

中国历代王朝的兴衰史，有着无穷无尽的宝藏，从这一宝贵资源中提取有益的东西，定会增强当代人的智慧。

目录

第一讲 **史前时期的华夏剪影** /9
  炎黄二帝与三皇五帝 /10
  炎黄二帝共战蚩尤 /11
  舜禅让的佳话 /13

第二讲 **夏朝是中华历史上第一个王朝** /15
  大禹治水 /16
  夏启夺嫡 /17
  少康中兴 /18
  夏桀亡国 /20

第三讲 **从夏朝的灭亡到商朝的灭亡** /21
  商汤灭夏建国 /22
  盘庚迁都的好处 /24
  商朝亡在纣的手中 /25

第四讲 **西周是奴隶制鼎盛时期** /27
  周文王如何举贤 /28
  周武王如何建周 /30
  周公辅政 /31
  烽火戏诸侯 /33

第五讲 **东周初期的大国争霸** /35
  齐桓公称霸 /36
  晋文公称霸 /40
  楚庄王称霸 /43
  吴越争霸 /46

第六讲 **战国时期的士大夫政权** /49
  三家分晋 /50
  商鞅变法 /52
  胡服骑射 /53
  完璧归赵 /54
  政归嬴政 /56
  秦灭六国 /57

第七讲 **中华一统大秦帝国** /59
  秦始皇统一后实行的改制 /60
  焚书坑儒始末 /62
  秦始皇的死与胡亥篡位 /63
  秦朝当亡 /64

第八讲 **刘邦与项羽：楚汉相争** /67
  鸿门之宴 /68
  楚汉之争 /70
  四面楚歌 /72

第九讲 **两汉的强盛与终结** /73
  汉初设制 /74
  七国之乱 /76
  汉武雄风 /77
  王莽篡汉 /79
  光武中兴 /80
  黄巾起义 /81

第十讲 **波澜壮阔的三国时代** /83
  董卓擅权 /84
  群雄起兵 /85
  官渡之战 /86
  三顾茅庐 /88
  火烧赤壁 /89
  进踞益州 /91
  三国分立 /92
  水淹七军 /93
  败走麦城 /94
  夷陵之战 /96
  七擒孟获 /98
  北出祁山 /99
  三国继亡 /100

第十一讲 南北朝时期政权的演变 /101
　　　　八王之乱 /102
　　　　五胡内迁 /103
　　　　淝水之战 /104
　　　　刘裕亡晋 /105
　　　　南北融合 /106
　　　　代周立隋 /107
第十二讲 骤兴速亡的隋王朝 /109
　　　　开皇之治 /110
　　　　炀帝无道 /111
　　　　群雄逐鹿 /113
　　　　李渊反隋 /115
第十三讲 大唐盛世：如日中天的封建王朝 /117
　　　　玄武之变 /118
　　　　贞观之治 /120
　　　　魏征直谏 /121
　　　　绝代女皇 /123
　　　　开元盛世 /126
　　　　安史之乱 /127
　　　　一代人臣 /129
　　　　永贞革新 /131
　　　　朋党之争 /133
　　　　唐朝末日 /134
第十四讲 残唐的藩镇割据 /137
　　　　伶人亡国 /138
　　　　小儿皇帝 /140
　　　　怒斥冯道 /141
第十五讲 屡受外侵的宋朝 /143
　　　　黄袍加身 /144
　　　　计释兵权 /145
　　　　澶渊之盟 /147
　　　　庆历新政 /149
　　　　熙宁变法 /150
　　　　靖康之难 /152
　　　　名将抗金 /155
　　　　奸臣误国 /160
　　　　留名汗青 /162
第十六讲 南征西扩的元朝 /165
　　　　成吉思汗 /166
　　　　强元败亡 /168
第十七讲 不能与世俱进的明朝 /171
　　　　诛杀功臣 /172
　　　　燕王扫北 /174
　　　　七下西洋 /176
　　　　土木之变 /177
　　　　驱除权奸 /180
　　　　扫除倭寇 /183
　　　　居正变法 /184
　　　　明末起义 /185
第十八讲 中华帝国的最后一个封建王朝 /189
　　　　大清建国 /190
　　　　平定三藩 /192
　　　　平叛除乱 /195
　　　　康乾盛世 /197
　　　　王朝衰落 /198
　　　　鸦片战争 /200
　　　　太平天国 /202
　　　　百日维新 /206
　　　　辛亥革命 /207

第一讲
史前时期的华夏剪影

本讲以史前五帝为主要脉络,着重讲述了黄帝逐蚩尤而入主河套、联炎帝而建华夏、尧至舜,实行内禅。由于这一历史时期现存的资料大多和神话传说纠缠在一起,许多事情很难判断真伪,所以编者简略说明。

炎黄二帝与三皇五帝

三皇五帝是中国在夏朝以前出现在传说中的"帝王"。他们都是部落首领,由于实力强大而成为部落联盟的共主。无论是按照神话传说,还是史书的记载,都认为三皇所处的年代早于五帝的年代。但是不同史家对"三皇五帝"都有不同的定义。三皇有五说,五帝也有五说。

▼伏羲女娲像

▲炎帝像

三皇

燧人、伏羲、神农
伏羲、女娲、神农
伏羲、祝融、神农
伏羲、神农、共工
伏羲、神农、黄帝

五帝

黄帝、颛顼、帝喾、尧、舜
伏羲、神农、黄帝、尧、舜
伏羲、炎帝、黄帝、少昊、颛顼
少昊、颛顼、帝喾、尧、舜
黄帝、少昊、颛顼、帝喾、尧

现在对于这一时期历史的认识存在很多争议,但是这一时期中国处于原始社会基本上是没有争议的。由于对这一历史时期现存的资料大多和神话传说纠缠在一起,许多事情很难判断真伪。基于史料,现在比较认同的一种说法是:

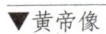

▼黄帝像

最早黄河流域有一个姬姓部落,首领是黄帝。这个部落大约活动于陕西中部地区,后来沿洛水南下,东渡黄河,在河北涿鹿地区居住下来,主要从事农业劳动。附近还有一个以炎帝为首的姜姓部落,双方经常发生摩擦。两大部落终于爆发了阪泉之战,黄帝打败了炎帝,两个部落合并且结为联盟。汉族的主体华夏族就是由此产生的。后来的历朝历代都把黄帝尊为中华民族的始祖。现在的中国人称自己是"炎黄子孙",也是来自于此。

炎黄二帝共战蚩尤

原始社会中晚期，在当时广袤的地域内逐渐形成了华夏、东夷、苗蛮三大集团。其中华夏集团以黄帝、炎帝两大部族为核心。兴起于黄河下游的今冀、鲁、豫、苏、皖交界地区的九黎部落（东夷集团的一支），也在蚩尤的领导下，以今山东为根据地，由东向西方向发展，开始进入华北大平原。这样华夏集团与东夷集团之间的一场武装冲突也就不可避免了。涿鹿之战正是在这种历史背景下爆发的。

据说蚩尤族善于制作兵器，其铜制兵器精良坚利，且部众勇猛剽悍，生性善战，擅长角抵，进入华北地区后，首先与炎帝部族发生了冲突。蚩尤族联合巨人夸父部族和三苗一部，用武力击败了炎帝族，并进而占据了炎帝族居住的"九隅"。

炎帝族为了维持生存，遂向同集团的黄帝族求援。黄帝族为了维护华夏集团的整体利益，就答应炎帝族的请求，将势力推向东方，与正乘势向西北推进的蚩尤族在涿鹿地区相遭遇。当时蚩尤族集结了所属的81个支族（一说72族），在力量上占据某种优势，双方接触后，蚩尤族倚仗人多势众、武器优良等条件，主动向黄帝族发起攻击。黄帝族率领以熊、罴、狼、豹、雕、龙、鸮等为图腾的氏族，迎战蚩尤族，并让应龙利用位于上流的条件，在河流上筑土坝蓄水，以阻挡蚩尤族的进攻。

涿鹿之战适逢浓雾和大风暴雨天气，适合来自东方多雨环境的蚩尤族展开军事行动。所以在初战阶段，适合于晴天气环境作战的黄帝族处境并不有利，曾经九战而九败。不多久，雨季过去，天气放晴，这就给黄帝族转败为胜提供了重要契机。黄帝族把握战机，在玄女族的支援下，乘势向蚩尤族发动反击。其利用特殊有利的天候——狂风大作、尘沙漫天，吹号角，击夔鼓，乘蚩尤族部众迷乱、震慑之际，以指南车指示方向，驱众向蚩尤族进攻，终于一举击败并擒杀蚩尤。涿鹿之战就这样以黄帝

▼黄帝战蚩尤图

族的胜利而宣告结束。战后,黄帝族乘胜东进,一直进抵泰山附近,在那里举行"封泰山"仪式后方才凯旋。同时在东夷集团中选择一位能服众的氏族首领继续统领九黎部众,并强迫东夷集团同自己华夏集团互结为同盟。

这场战争的大致经过情况是由神话传说所透露的,因此更具体的细节已无从考索。但是神话毕竟是历史的投影,曲折地反映了事实的本身。从这个意义上说,涿鹿之战堪称我国古代战争的滥觞。涿鹿之战中,黄帝族之所以取得最后胜利,在于其战争指导比蚩尤族高明。具体而言,即其已开始注意从政治和军事两方面作好战争准备,史料"轩辕氏修德振兵"就是证明。在战争过程中,黄帝族还善于争取同盟者,并能注意选择和准备战场,巧妙利用有利于己、不利于敌的气候条件,果断及时进行反击,从而一举击败强劲的对手,建立自己对中原地区的控制。相反,蚩尤族方面尽管兵力雄厚,兵器装备优于对手,但由于一味迷信武力,连年对外扩张,"好战必亡",已预先埋下了失败的种子。在作战指导上,又缺乏对气候条件的应变能力,缺乏对黄帝族的大规模反击的抵御准备,因而最终遭致败绩,丧失了控制中原地区的历史性机遇。

战争是一种社会政治现象,它本身也随着社会文明的演进而经历了从无到有、从幼稚到逐渐成熟的发展阶段。早在原始社会中晚期,各个氏族部落之间就发生了基于扩大自己的生存空间、实行血亲复仇目的的武装冲突。由于这类冲突尚不是以掠夺生产资料和从事阶级奴役为宗旨,所以它们并不是科学意义上的战争,而仅仅是战争的萌芽。但为了叙述的方便,我们还是将其通称为"战争"。传说中的神农伐斧燧、黄帝与炎帝的阪泉之战、炎帝黄帝伐蚩尤的涿鹿之战、共工与颛顼之间的冲突,就是这类"战争"的历史遗痕。其中尤以涿鹿之战为其最具典型意义者。

涿鹿之战的结果,有力地奠定了华夏集团据有广大中原地区的基础,并起到了进一步融合各氏族部落的催化作用。取得这场战争胜利的部族首领黄帝从此成为中华民族的共同祖先,并被逐步神化。

◆黄帝像

◄黄帝升仙图

舜禅让的佳话

▲尧帝像

黄帝年老，禅位于颛顼，依次帝喾、尧，都是过渡禅让。尧，是许多氏族部落联盟的领袖，被尊称为帝尧。

尧制定了历法，规定一年为365天，分为春、夏、秋、冬四季，使农、牧、渔、猎的生产活动按照自然规律进行。尧严格律己，体恤百姓。如果有人挨饿受冻，他就会说："这是我失职，是我造成的。"有人犯法，他也会说："是我把他陷在罪恶泥潭里去的。"尧把责任都揽在自己身上，深受百姓拥戴。尧身边还有一些能干的助手，例如一位叫后稷的人掌管农业，一位叫契的人领导军政，把部落治理得很有生气。

尧八十六岁那年，觉得自己的精力不够用了，就请大家推荐贤能的年轻人来接替领袖职位。虞氏部族的平民男子舜被推举出来，人们称他虞舜。尧对舜考察了一段时间，派他到各地去了解情况，回来汇报，以制定施政方针。尧发现他品行端正，才能突出，十分喜爱，便把两个女儿娥皇和女英嫁给舜，自己到各地去视察。舜代替尧执政近二十年，把各种事情办理得井井有条，天下众望所归。此时尧正式禅位，历史上称为"尧舜禅让"。

舜也起用很多贤人，推行宽厚的仁政，广开言路，听取不同意见，又经常到四方巡视，了解民情民意。在舜的治理下，各氏族部落进入了祥和繁荣的时期。舜到南方巡视时病逝在苍梧，葬于湖南的九嶷山。舜生前就推荐了禹，后来禹接替了他的职位。禅让制度也得以延续。

▼舜逃难图 漆画

▼尧舜禅让图

编者感言：黄帝小的时候就已经异于常人，长大后更是聪明通达。他以游牧入主河套，得天时而占地利。黄帝曾经说：天好比大的圆规，地好比大的矩尺，效仿天地规矩之道，才可以实施成功的统治。所以说古来清明之世，必然是效法天地规矩而实现的，其要点在于无为而治，研讨和记载治乱兴衰存亡的规律，调整好天、地、人的关系。颛顼乃其母女枢感"瑶光"而生。"静渊以有谋，疏通而知事，养材以任地，载时以象天，依鬼神以制义，治气以教化，洁诚以祭祀。"他以非凡的经历和超人的力量战共工而平九州，拥有至高无上的权力。帝喾生下来就能说出自己的名字，他明察秋毫，极有远见。修身而天下服，在位七十年，天下大治，人民安居乐业。尧舜有圣德，泽被宇内，功德盖世。这些都是他们能够成为上古明君的原因啊！

第二讲
夏朝是中华历史上第一个王朝

本讲主要讲述大禹以治水之功,得禅帝位,启凭借其父威望,强行家天下而王,建立了中国历史上的第一个王朝——夏朝,延续了400余年。传至夏桀,虽文武全才,赤手断铁,但用之不当、荒淫无度、暴虐无道,招致王朝的覆没。

大禹治水

尧在位的时候,黄河流域发生了很大的水灾,庄稼被淹了,房子被毁了,老百姓只好往高处搬。不少地方还有毒蛇猛兽,伤害人和牲口,人民生活困苦。

▲大禹祠

尧召开部落联盟会议,商量治水的问题。他征求四方部落首领的意见,首领们都推荐鲧。尧对鲧不大信任。首领们说:"现在没有比鲧更适合的人啦,你试一下吧!"尧才勉强同意。鲧花了九年时间治水,没有把洪水制服。因为他只懂得水来土掩,造堤筑坝,结果洪水冲塌了堤坝,水灾反而闹得更凶了。舜接替尧当部落联盟首领以后,亲自到治水的地方去考察。他发现鲧办事不力,就把鲧杀了,又让鲧的儿子禹去治水。

禹改变了他父亲的做法,用开渠排水、疏通河道的办法,把洪水引到大海中去。他和老百姓一起劳动,带头挖土、挑土。经过十三年的努力,终于把洪水引到大海里去,地面上又可以供人种庄稼了。禹新婚不久,为了治水,到处奔波,三过家门而不入。有一次,他妻子涂山氏生下了儿子启,婴儿正在哇哇地哭,禹在门外经过,听见哭声,也狠下心没进去探望。

▼夏禹王像

当时,黄河中游的龙门山堵塞了河水的去路,把河道挤得十分狭窄。奔腾东下的河水受到龙门山的阻挡,常常溢出河道,闹起水灾来。禹到了那里,观察好地形,带领人们开凿龙门,把这座大山凿开了一个大口子。这样,河水就畅通无阻了。后代的人都称颂禹治水的功绩,尊称他是大禹。舜年老以后,也像尧一样,物色继承人。因为禹治水有功,大家都推选禹。舜死后,禹就继任了部落联盟首领。

这时候,已到了氏族公社后期。生产力发展了,一个人生产的东西,除了维持自己的生活,还有了剩余。氏族、部落的首领们利用自己的地位,把剩余产品作为自己的私人财产,变成氏族的贵族。有了剩余的产品,部落和部落之间发生战争,捉住了俘虏,不再把他们杀掉,而把他们变成奴隶,为贵族劳动。这样,就渐渐形成奴隶和奴隶主两个阶级,氏族公社开始瓦解。

▶禹王治水

夏启夺嫡

▲夏启像

禹在治水中的功绩,提高了部落联盟首领的威信和权力。传说禹年老的时候,曾经到东方视察,并且在会稽山召集许多部落的首领。去朝见禹的人手里都拿着玉帛,仪式十分隆重。防风氏部落首领到会最晚。禹认为怠慢了他的命令,杀了防风氏。说明那时候的禹已经从部落联盟首领变成名副其实的国王了。

禹原来有个助手叫作皋陶,曾经帮助禹治理政事。皋陶死后,皋陶的儿子伯益继续做禹的助手。按照禅让的制度,本来是应该让伯益做禹的继承人的。但是,禹死以后,禹所在的夏部落的贵族却拥戴禹的儿子启继承了禹的位子。这样一来,氏族公社时期的部落联盟的选举制度正式被废除,变为王位世袭的制度。我国历史上第一个奴隶制王朝——夏朝出现了。

启得到权位后,便设宴款待各个部落的首领,希望他们对自己的地位给予肯定。但自古以来施行公天下制度,有能者居之,而启现在以家天下的世袭制度,使得王道更替,各族部落首领对此颇有不满。其中有扈氏以"王道由天定,非人所能改"为由,拒不赴宴。启大怒,发兵讨伐有扈氏,双方大战于甘,最后有扈氏战败被灭,族人全部被杀。这时众部落首领意识到了事态的严重,于是不敢再有异议。启这才在各首领中建立了威信,使得各方首领此后称臣于夏后氏。启封这些部落首领为诸侯,令他们的部落为诸侯国,各诸侯国以夏后氏的地位为尊,并且每年要向夏后氏进贡牛羊、粮食和奴隶,从此建立了一种以强力治国的国家制度。由于一种新的制度建立,统治者依靠自己的势力强迫奴隶为他们劳动,一时间社会的生产发展得很快,夏王朝也很快出现了繁荣的局面。

▶夏都邑图

少康中兴

启晚年生活奢侈,终日沉迷于歌舞声色之中,朝中政事不修。他死了之后,王室内乱。五个儿子为了争夺权位,展开了激烈的斗争。后来权位被其中之一的太康所得。太康即位后,不但没有改善朝政,反而变本加厉,终日田猎无度,流连于美色酒肉之中。有人向他进谏,劝他以天下百姓为重,要他勤于政事,太康置之不理。加上之前夺权斗争造成的内乱,朝中众臣对夏后氏很是失望。这样,太康逐渐失去了民心,给一些觊觎权位已久的诸侯有了可乘之机。东夷的有穷国君后羿趁太康出去田猎之时,领兵拦截了太康的归路,将太康射杀。太康一死,后羿便轻而易举地取得了朝中的权位,得以号令诸侯。太康失国,皆因为他不顾百姓,只图自己享乐,使得王道不正。而可悲的是,后羿得位以后,居然也重蹈了太康的覆辙。后羿自恃善射,以为天下无人不服,便对自己的言行不加丝毫约束。他像太康一样终日沉湎于酒色,不问政事。后被亲信寒浞暗杀,寒浞自己当上了国君。

寒浞为绝后患,派人诛杀身为王室的夏后氏族人。太康的弟弟仲康被杀。仲康的儿子后相闻讯后,带着妻子后缗连夜逃到与夏后氏同宗的斟灌氏与斟寻氏部落躲了起来。寒浞派儿子浇领兵消灭了斟灌氏与斟寻氏,活捉了后相夫妇。后相不堪受辱,自杀而亡。已怀有身孕的后缗从一墙洞中得以逃脱。后缗来到有仍国不久便生下了腹中胎儿,取名为少康。这少康便是夏后氏被诛杀后的唯一幸存者。

少康自幼生得聪明伶俐,并且勤学好问,有着与常人不同的睿智和决心。由于生于市井,少康自幼与百姓打成一片,深知百姓疾苦,对别人甚为和善,自己也很受别人欢迎。少康拜当时闻名的大贤斟玄为师,向他请教王道天命之学。斟玄常教导他说:"为王者必以百姓为重。仁则百姓归,国家安;暴则百姓离,国家乱。"少康牢记于心,并立誓将来若复国,必施仁政于天下。斟玄知少康天赋异禀,心地善良,将来复国定成,于是以平生所学倾囊相授。并让独子斟睿与少康结为好友,以兄弟相称。少康对斟睿说:"他日复国,兄必为重臣。"斟睿也早有一番抱负在身,便表示愿意追随少康,助少康复国,少康甚是欣喜。于是两人便一同逃往附近的有虞国,以求安身之地。

少康在有虞国受到了热情的款待。有虞国的国君虞思早就不满寒浞的暴政,他疾恶如仇,一听少康乃是王室的后人,又常闻少康有美名,便决定全力支持他复国。虞思将国内一处名为"纶"的土地封赏给少康,以便他安身起家,并把自己的两个女儿嫁给了少康。少康在纶地成家以后,励精图治,招兵买马,并派人四下召集与夏同宗的贵族,收拢曾经被寒浞打散的斟灌氏、斟寻氏遗部。数年后,人心所向,举事在即。

▲三轮铜盘

斟睿多次劝谏少康起兵伐浞，光复夏室。少康赞同，并找到了五彩之剑与帝江神兽，树立了天威，此时天地人和，于是少康终于于纶地发兵起事，开始征讨寒浞。少康封斟睿为军师，以讨逆为名，率大军向夏都安邑杀进，天下诸侯一呼百应，纷纷前来相助，少康又向百姓许诺十年免贡，百姓因此争相从军。少康军士士气鼓舞，部队所到之处势如破竹。先与寒浞所派东夷骑兵、蚩尤后裔战于太行，后与寒浞战于黄河，相传共战99次，屡战屡胜。大军于冬至日到达了夏都安邑。当日都城外下起纷飞大雪，将士一鼓作气，饮酒驱寒，举火助威，开始攻城。少康将都城围住，断绝了寒浞的粮道。都城内粮草不济，军士饥寒难耐，早已军心涣散。寒浞在城内心急如焚，无计可施，甚为恼怒。少康又在城外大声声讨寒浞的罪状。寒浞听后暴跳如雷，随即鞭挞士兵以泄恨，手下将士敢怒不敢言，军心更加动摇。

> 编者感言：少康中兴与后来的历代王朝的各类中兴一样，只是王朝的回光返照而已。其中的道理很简单：大厦将倾，补救只是延续了一些时间，到底还是要倾倒的。中国古代一些王朝的治国与统治，有一个致命伤，就是制约的缺失：君王可以为所欲为，其他人若有不同意见，可能招致罢黜或杀身之祸。因此，一定时期内，忠臣无门，奸臣当道，指鹿为马盛行。

漫天大雪持续了十天十夜。少康觉得时机已然成熟，便于停雪的当夜鸣鼓出兵，再次攻城。此刻早已丧失战心的寒浞守军在睡梦中被地动山摇的杀喊声惊醒，皆心惊胆战。少康军士此刻却正是士气高亢，在擂鼓的助威声中，千军万马很快便踏破了城门，杀入城中。城内敌军皆闻风而降。寒浞暴毙。少康报了灭族的血海深仇。随后派大军围剿寒浞的两个儿子——浇和豷。浇、豷自杀而亡。城中守将开城投降，二地得以收复。少康终于结束了夏初长达数十年的动乱，百姓欢呼雀跃，拥立少康即位，大夏的政权重归夏后氏。

少康即位，封赏功臣，铲除奸佞，重振朝纲。他吸取了太康、后羿和寒浞的教训，摒弃王宫陋习，从此勤政爱民，大力发展农耕，使夏朝一度出现了繁荣局面，史称"少康中兴"。

▼夏时期石磬

夏桀亡国

夏朝历经16位君主,传至桀,约于公元前1818年即位后,觉得宫室过于简陋,就下令在洛阳建造一座倾宫。这座倾宫历经7年未完工,动用了成千上万的奴隶,花费了大量的财力物力,劳民伤财,老百姓怨声载道。

桀贪恋女色,后宫美女众多,其中尤宠妹喜,对妹喜言听计从。妹喜听烦了音乐,想听撕裂布帛的声音,桀便向老百姓征集大量布帛,全堆在倾宫,令人撕帛来博得妹喜的笑声。桀贪饮好食,喜食西北出产的蔬菜,东海捕捞的大鱼,并且要用南方出产的生姜和北方出产的海盐作为调味的佐料。为了供应他一个人饭菜,需要成百上千人替他种菜、运输、捕鱼、烹调。他酗酒无度,常酒后杀人取乐。桀喜欢说自己好话的人,讨厌耿直规劝他的人。大臣关龙逄看到他胡作非为,便劝他关心老百姓的疾苦。桀根本就听不进去,最后还把关龙逄杀了。从此,忠臣都远离桀,而奸臣则成群地围着桀转。夏朝的政治变得日益腐败。

▲卜骨

正当夏朝走向下坡路的时候,黄河下游的商部落势力强大起来。商部落的首领商汤看到夏桀遭到众多老百姓的怨恨,便利用老百姓这种心态,积极地准备消灭夏朝。

夏桀听说商汤带兵来了,赶快调动从属夏朝的韦国、昆吾国、顾国3个小国的军队来与强大的商汤军队对抗。商汤对夏桀的对策了如指掌,他先派兵灭亡了韦国和顾国,又将昆吾国打败,大军向夏朝的重要城市挺进。夏桀亲自带兵与商汤交战,但是士兵全部不听他的指挥,有的投降,有的逃散。夏桀觉得大势已去,逃离首都斟寻,带了一些残兵败将去投靠昆吾国。商汤乘胜追击,顺便把昆吾国消灭了,夏灭亡。

▼夏朝历代君主世袭表

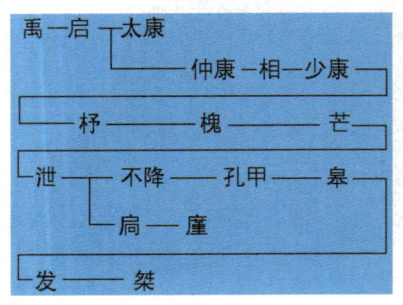

编者感言:夏禹以伯益为继承人,却不予实权,而以子启参与治理国事,树立威信,巩固夏后氏的权势,开创家天下的基业,成为后世的效仿。桀文武全才,赤手断铁,但用之不当,荒淫无度,暴虐无道,他说我有天下就如日行天上,除非太阳灭亡,否则我永生为君。百姓怨恨他,说,太阳为何不灭亡?我愿与你一起灭亡!民愤至此,怎能不亡国呀!

第三讲
从夏朝的灭亡到商朝的灭亡

　　本讲以商汤伐夏起始。他看到夏桀荒淫无度、凶狠残暴，人民都生活在苦难当中，就推翻了腐败的夏朝，正式建立了我国历史上第二个奴隶制国家——商朝。后来王族内部经常争夺王位，发生内乱，再加上黄河下游常常闹水灾，商朝在以后三百年当中，都城一共搬迁了五次。后王位传至纣王，而纣王无道，实施暴政，众叛亲离，招致亡国。

商汤灭夏建国

正当夏朝势力日渐衰落的时候，商国开始强大起来。商国是夏朝的属国，领地在今河南商丘一带，其始祖契是帝喾的儿子，协助大禹治水出了很大的力，舜为了表彰契的功绩，赐他姓"子"，并将"商"这个地方作为契的封地。后来，契就在封地建立了商国。

▲商汤

商汤看到夏桀荒淫无度，凶狠残暴，人民都生活在苦难当中，就暗暗下决心要推翻腐败的夏朝。商汤观察形势，见夏朝已经被桀折腾得国力虚弱，国民离心，就想乘此良机，联合对夏桀有仇恨的小国攻打夏国。为了将来进军方便，他把王都迁到了亳，当时，商国不仅畜牧业发达，农业也发展起来了，国库中储藏着不少粮食。邻国发生灾难，商汤主动救济，因此商国和各友邻的小国关系都很好。夏桀听说汤在商国勤政爱民，和睦邦交，准备进攻夏国，就设计把汤骗到了夏国，软禁在钧台。商国的右相伊尹设法营救汤，送去了很多珍宝及十名美女给夏桀。夏桀见了美女和珠宝，原先的怒气早到了九霄云外，以为商国还是臣服于自己的，就把商汤放回来了。商汤死里逃生，更增加了对夏桀的仇恨。他在夏国被囚禁了一个时期，对夏王朝的腐败情形更加了解。回国后，他不仅更坚定了诛灭夏桀，拯救人民的决心，并且更加努力地加快了伐夏的进程。

商汤回到商国，派人去劝说那些受夏朝控制的小国归顺商国，反叛夏朝，又消灭了那些一意孤行跟随夏朝的小国。同时，商汤在国内对百姓更加爱护，加强商国对国民的凝聚力，以便在攻打夏时得到国人的支持，听从他的号令。

商汤做好准备工作后，就成立了讨伐夏国的联军，出兵进攻夏国。临行前，商汤全身披挂，在几个武士护卫下，登上高台大声说道："诸位将帅、武士们，我并不愿意兴兵打仗，实在是因为夏桀罪恶累累，是上天命令我们去消灭他。我畏惧上天，不敢不听天命，而放纵了夏桀。现在，就连夏国的臣民也对夏桀恨之入骨，他的命令已不被夏人听从。所以我必须去讨伐他，拯救苦难中的夏民。你们要同心协力，听我的话，完成上天交给我的使命，我将重重赏赐你们。你们要相信，我是不会食言的。如果你们不听我的命令，不努力作战，我就要重重惩罚你们。"商汤讲完，就率领讨夏大军，浩浩荡荡地向夏国进军了。夏桀听说商汤出兵来攻打自己，连夜调集军队，设下几道防线来保卫都城。只见商军兵强马壮，军威赫赫，而夏国的军队久不上战场，平日又没有进行严格的训练，军纪涣散，无心作战，所以两军刚一相遇，夏军的防线就被突破。夏国的军队不堪一击，四散溃逃。夏桀看到大势已去，带着几个护从，逃出战场，向南巢逃窜，商汤带领部队紧追不舍，在南巢将桀俘获。商汤囚禁桀于南巢，自己班师凯旋亳城。

夏王朝自夏禹建国，传了十六个国王，延续了四百多年，到夏桀灭亡。商汤正式建立了我国历史上第二个奴隶制国家——商朝。

商汤灭亡夏朝、建立商朝,有一个得力助手,就是把他从钧台营救回来的右相伊尹。伊尹名挚,原是商汤的岳父有莘氏家里的奴隶。有莘氏嫁女给商汤的时候,伊尹作为陪嫁奴隶,做了商汤家中的厨子。商汤发现伊尹是个人才,就解除了伊尹的奴隶身份,任命他为右相。伊尹为报答商汤的知遇之恩,帮助商汤筹划进攻夏朝的大计,完成灭夏朝、建商朝的功业,并帮商汤制定了各种典章制度。

商汤建立了商朝,在位三十年,外丙继位。外丙在位三年,弟弟仲壬继位。仲壬在位四年去世,由开国元老伊尹做主,让太甲继承了王位。太甲是商汤的孙子。

商初连丧三王,政治出现危机,伊尹受商汤重托,深感任重道远。他把振兴商朝的希望寄托在太甲身上。太甲继承了王位,伊尹一连写了三篇文章给太甲阅读,教他怎样做一个好的君主。有一篇文章的题目叫《肆命》,专门讲如何分清是非的道理,对于什么样的事情不应当做,什么样的事情应当做,都说得清清楚楚。还有一篇文章的题目叫《祖后》,讲的是商汤时候的法律制度,教育太甲一定要按照祖先定的规矩行事,不能背弃祖训,爱所欲爱。太甲读了这些文章,开始时也能按伊尹的教导行事,小心谨慎地遵守祖宗留下的规矩。到了第三年,他就忘乎所以了,认为一切应当由他说了算,否则枉为一国之君,不想再被那个奴隶出身的宰相伊尹来管着了。他恣意妄为,不听伊尹的规劝,破坏了祖宗留下来的法律制度。他居然学夏桀的样子以暴虐的手段对付老百姓,百姓们怨声载道。

伊尹自然不能容忍太甲破坏汤留下的法纪。他先是一再规劝,希望太甲对自己的行为要多加检点;后来看到太甲屡教不改,伊尹就把他放逐到商汤的坟墓所在地桐宫。太甲被放逐到了桐宫,祖父商汤的坟墓与他朝夕相伴。商汤虽然是商朝的开国君主,坟墓却与普通人的墓差不多,墓地上只有一座低矮的宫室,供一年一度的祭祖之用。守墓的老人听说太甲是因为违犯祖宗的制度被放逐到墓地上来的,就把当年商汤创业的故事,以及商汤定下的种种规矩,每天对太甲讲述,教育太甲应当以自己的祖父作榜样,做个贤明的君主。祖父商汤的伟大功绩,让太甲既神往又羞愧,反思自己的所作所为,越来越觉得自己对不起祖父在天之灵,就决心改正错误。他以祖父作榜样,尽自己的能力帮助老弱孤寡,做事情也变得雷厉风行,而违反祖制和朝廷法律的事,太甲是绝不会做的。

▼大型牛骨刻辞

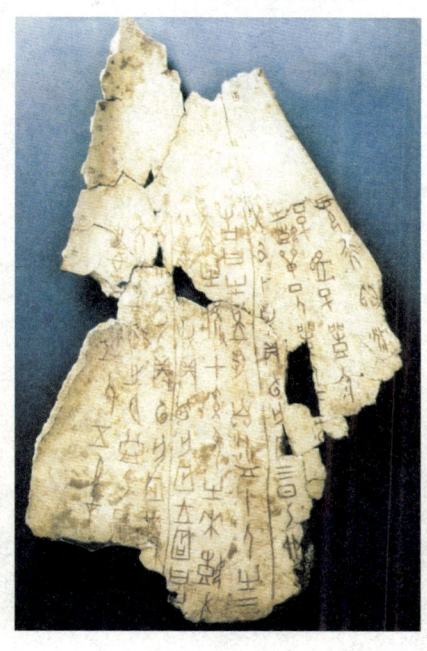

三年过去了。伊尹时刻关注着太甲在桐宫的所作所为,他的行动早已有人报告给伊尹了。太甲的悔过自新,让伊尹十分高兴,于是亲自带着文武大臣把太甲接回首都亳城,严肃而郑重地把政权交还给他。太甲二次即位,勤修德政,以前事为师,按商汤时传下来的章法循规蹈矩地做事,听从身边大臣的良言良策,把上至国家大事下到百姓生活都治理得井然有序,商朝进入了一个稳定发展的时期。

盘庚迁都的好处

商汤建立商朝的时候,最早的国都在亳。在以后三百年当中,都城一共搬迁了五次。这是因为王族内部经常争夺王位,发生内乱,再加上黄河下游常常闹水灾。有一次发大水,把都城全淹了,就不得不搬家。从商汤开始传了二十个王,王位传到盘庚手里。盘庚是个能干的君主。他为了改变当时社会不安定的局面,决心再一次迁都。盘庚定都于殷,不再迁徙,反映了这时候农业的重要性已经超过了畜牧业,人们有了定居下来的需要。

盘庚决定迁殷,是经历了一番斗争的。太甲以后,商朝历代的君主和奴隶主贵族们,过着腐化的生活。他们寄生在国人和奴隶身上,残酷地剥削人民和奴隶,任何事情都驱使奴隶去做。在奴隶和奴隶主之间,阶级矛盾十分尖锐,奴隶们不堪忍受折磨大批逃亡。在统治者之间,对王位的争夺也十分激烈,有的人说应当父死子继,有的人说应当兄终弟及,叔侄之间,兄弟之间,为争夺王位,常常展开你死我活的斗争,他们为私利把国家搞得混乱不堪。

商朝的国力被阶级矛盾和奴隶主内部的矛盾削弱,有些小国和少数民族也起来反叛,加上水涝、干旱等自然灾害,内外交困使得商朝这个奴隶制国家简直到了崩溃的边缘。盘庚即位之后,觉得国家不能再照老样子维持下去了,应当想出一个根除弊病的办法来解决这些问题,挽救商朝的衰亡。他想出来的办法是把都城迁到殷,因为到那里去有着几条好处:第一,殷地的土地比较肥沃,自然环境和现在的都城"淹"比起来,无论是建设都城还是发展农业生产,都会比现在的情况要好;第二,迁都以后,一切都得从头做起,王室、贵族将会受到抑制,这样阶级矛盾就可以得到缓和;第三,迁都可以避开那些叛乱势力的攻击,都城比较安全,外部的干扰少了,统治就可以稳定很多。

可是不少人反对迁都的决定,反对的人主要是奴隶主贵族。他们知道,到了新的地方不能像现在一样照旧享乐。盘庚是个意志十分坚定的人,决不因为有人反对就改弦易张。他把奴隶主贵族召集起来,对他们发表了两篇训话。第一篇训话是劝说,告诉大家迁都到殷去的好处。他说:"我要效仿先王关心臣民的样子,关心你们,保佑你们,带着你们去寻求安乐的地方。你们如果怀有二心,先王的在天之灵便要降下灾难,惩罚你们!"第二篇训话是示威,用强硬的口气,告诫人们一定要规规矩矩地服从迁都命令,否则就要受到严厉的制裁。

盘庚用了软硬兼施的手段,终于完成了迁都的计划,可是斗争并没有结束。老百姓到了一个新地方,好多方面不适应,就闹着要回老家。奴隶主贵族就乘机捣乱,煽动大家要求搬回老家去。盘庚又发表了一篇训话,用强硬的态度,毫不妥协地警告奴隶主贵族不要捣乱,否则必遭严惩。过了几年,局面才安定下来。奴隶们在这里被迫夜以继日地劳动,一个十分繁荣的都市出现在殷的土地上。从此,商朝的都城就永久地固定在殷城,由于盘庚的治理,商朝在这时政治上比较稳定,社会经济和文化因此有了更大的发展。

◀殷墟

商朝亡在纣的手中

商纣王天资聪明，办事利落，而且力气超人，能空手与野兽格斗。但他非常自负，总是向群臣夸耀自己，以为天下没有人能比得上他。

商纣王贪图享乐，荒淫无度，喜好喝酒，沉迷于女色之中，常常彻夜嗜酒寻欢。他尤其宠爱妲己，只听从妲己的话，对大臣们的话置若罔闻。妲己整日缠着商纣王变着法子玩乐。为了讨妲己的欢心，商纣王下令从各地收集各种奇珍异宝，不断扩建宫廷的园林楼台。他在宫廷里举行各种大型宴会，表演各种音乐、舞蹈、游戏。商纣王还让人挖了许多大池子，然后用酒灌满池子，可以供数千人狂饮不止；他还让人把熟肉悬挂起来，看上去像树林一样，人们可随便伸手摘取食用。为满足自己的淫乐，商纣王让成群的男男女女赤身露体在"酒池肉林"中追逐戏耍，彻夜狂欢。

▲商纣王像

面对商纣王的荒淫无度，很多大臣都埋怨责备他，甚至背叛了他，商纣王于是加重刑罚。反对他的人，甚至向他提出劝谏的亲信臣僚，都被施以重刑，轻者终生残疾，重者全家丧命。商纣王还设置了名叫"炮烙"的酷刑，就是用青铜铸造一根中间空的柱子，让"罪人"赤脚在烧红的铜柱子上走，走不过去就掉在下面的火里活活烧死。商纣王的大臣九侯有一个美丽的女儿，九侯把她献给了商纣王。后来九侯的女儿看不惯商纣的荒淫无耻，商纣一怒之下杀了她，并把九侯也杀了。大臣鄂侯来劝阻，商纣把鄂侯也做成了肉干。

▲比干墓庙

再没有大臣来劝谏了，商纣王更加淫乱。这时，商纣的叔父比干说："做大臣的，如果不能冒死劝谏国君，那还算什么忠臣！"于是，比干态度强硬地劝谏商纣。商纣大怒说："你这样做是想当圣人吧？我听说圣人的心脏有七个孔穴，我看看你有没有。"说罢下令剖开比干的胸膛，取出他的心脏来观看。

商纣王的残暴激起了越来越多诸侯的反对。此时，地处商朝西边的周日益强盛，最后终于在牧野之战中打败商军。商纣王在鹿台穿上他的宝玉衣，然后投火自焚而死。残暴的商纣王自取灭亡，周朝正式取代了商朝。

> 编者感言：商汤有一次看到一个老人正在林中布设捕鸟的网。老人在四面支好网，拜了几拜，嘴里喃喃祷告道："无论是空中落下来的，还是四面八方飞过来的，但愿都能落入我的网里。"商汤看到这种情景，忙走上前去，只留下朝东一个方向的，祷告道："林中的鸟啊，可千万不要朝东，钻到我的网里。"他能网开一面，用宽容的态度来对待人和事物，正是他能取得胜利的原因。而纣王无道，实施暴政，以致众叛亲离，亡国也是理所当然！回看夏朝的灭亡，桀也是施暴政，不能善待百姓，把自己的贪乐建立在百姓的痛苦之上，最后失掉民心，失去了夏朝。所以那句话说得好：失民心者，失天下。

第四讲
西周是奴隶制鼎盛时期

本讲述说西周立国、武王伐纣、称为天子、得到各诸侯国的拥戴。周朝是我国历史上第三个奴隶制国家,在周朝,社会生产力又有了很大发展,是奴隶制社会最兴盛的时代。

周文王如何举贤

商朝末年,渭水流域的周国兴起。周的远祖后稷在尧的时候担任农师,以后世世代代承袭这个职务,管理农业方面的事情。夏朝末年,社会动荡,农业衰落,周的祖先就西迁到现在的甘肃东部和陕西西部一带,渐渐发展形成了部落。商朝后期,周族的首领古公亶父因周族遭受西北方的戎族和狄族的侵扰,率领族人从岐山北边迁到岐山南边的周原上居住,并且在那里建筑城邑房屋,开垦荒地,设置官吏。由于农业生产的发展,迅速增加了周部族的实力,周族逐渐形成了奴隶制国家。古公亶父的儿子季历在位时,周的势力强大起来,统治着黄河流域,并且逐渐东扩,成为威胁殷商的强大力量。

季历死后,他的儿子姬昌继位,就是周文王。因为祖先做过农师,周文王十分重视农业。他待人宽厚,敬老爱幼,对国人也很爱护,所以老百姓都很拥护他。周文王特别敬重有本领的人,他选贤任能,请他们帮助他治理国家。许多有本领的人纷纷来投奔他,因此他手下聚集了许多博学之士和勇敢的战将,控制了黄河西岸一带的部落。

殷纣王看到周的势力越来越强,十分害怕,就找个理由把周文王找来,囚禁在羑里。周文王在被囚禁期间,并没有意志消沉。他潜心研究了伏羲氏的占卜之学,并对它做了深入的探讨,写成了《易经》。周文王的臣子为了搭救文王,搜罗了美女、好马和珍宝献给纣王,并收买商朝的奸臣,请他在纣王面前求情。纣王很贪财,又喜欢美女。他得了礼物,听了奸臣的话,释放了周文王。周文王获得自由以后,决心治理好自己的国家,并要报仇雪耻,推翻商朝。他看到自己手下虽然有不少文臣武将,可是还缺少一个运筹帷幄、掌控全局的人,协助他实现灭商大计,因此,他求贤若渴,处处留意这件事。

有一次,周文王外出打猎。在渭水的支流磻溪边上遇见了一位在水面三尺上垂钓的老人,文王看了很奇怪,就过去和老人攀谈起来。这老人姓姜名尚,又名子牙,是远古时代炎帝的后代。他到渭水边上来钓鱼,其实是在等待贤明的君主来寻访他。姜尚上通天文,下知地理,对政治、军事各方面都很有研究,特别是对于当时的政治形势,有着深刻的见解。他认为商朝的君主昏庸,臣子中真正为国的没有几个。而且纣王荒淫无道,只顾自己享乐,不管国人死活,更用酷刑杀害忠良,

▲周文王的军师姜尚

▲周文王汉石画像

其统治不会长久了；只要有一位英明的君主，振臂高呼，天下一定云集响应，推翻商纣不会费什么事，应当由贤明的领袖出来推翻它，建立一个圣明的朝廷。周文王从姜尚的谈话中，发现姜尚是一个志存高远、学问渊博的人，就恳切地对姜尚说："我们盼望您很久了。现在天下大乱，君主昏庸，民不聊生，请您来帮助我安定天下吧！"说完，文王邀请姜尚一同上车，把姜尚接回了都城。

文王很快重用姜尚，先立为国师，后来又任国相，总管全国政治和军事。姜太公果然不负文王的期望，他做了周文王的国相，辅佐周文王整顿政治和军事，在国内发展生产，使人民安居乐业；对外征服各部族，开拓疆土，并联合友邦，削弱商朝的力量。周文王在姜尚的辅佐下，先后打败了犬戎、密须等部族，征服了小国家，并吞并了与商朝结盟的崇国，在崇国的地域上营建了一个丰城。把都城从岐山南边的周原迁到了丰城，迁都以后向东发展。到周文王晚年的时候，周的国力已十分强盛，疆土大大扩充，西边收复了周族的老家，东北拓展到现在山西的黎城附近，东边到达今河南沁阳一带，逼近了殷纣王的都城朝歌，南边把势力扩张到了长江、汉水、汝水流域。据说，当时天下的三分之二已经控制在周文王的手里，为灭商奠定了可靠的基础。

▲"周文王访贤"图

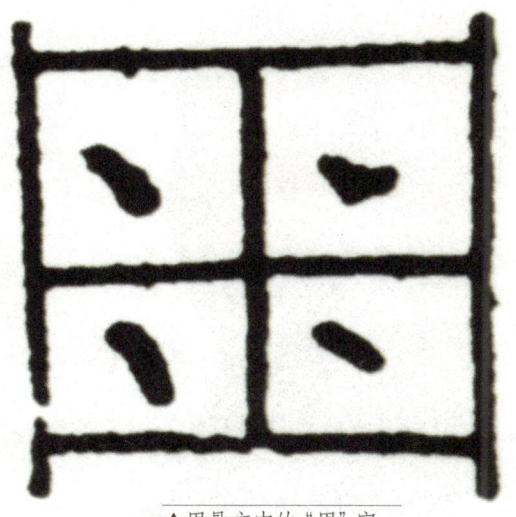

▲甲骨文中的"周"字

周武王如何建周

周文王死后，他的儿子姬发继承了王位，就是周武王。他继续拜姜太公为军师，并用自己的弟弟周公旦等为辅臣。君臣同心协力，上下齐心，抱定有朝一日灭商复仇的决心。

纣王不得人心，商朝眼看就要崩溃了。这时候，周武王和姜太公率领大军来到了黄河南岸的孟津。消息传开，邻近部族首领们也纷纷前来参战，据说有八百路诸侯之多。武王面对滔滔的黄河，对周军将士和各部族的首领们说道："我们周国接受上天的使命，从先王起就致力于顺天灭商，拯救万民。先王不幸早逝，归天前将重任托付于我。你们要全力助我，上顺天意，下合民心。我们一起来完成这伟大的功业！"周武王一方面扩充军队，积极备战，另一方面又派出侦察人员，去探听情况。周国派出的侦察人员相继回来，把侦察到的情况报告给武王。周武王看到出兵条件基本成熟，决定进攻商国。

第二年春天，周武王出动了三百辆兵车、三千名勇猛的先锋，四万五千名士兵，又召集各诸侯国和小部落的支援队伍，浩浩荡荡地从孟津向商朝的首都朝歌出发。这支讨伐大军所向无敌，一路上没有遇到多大的抵抗就到了牧野，离朝歌只有七十里路程。

在牧野，周武王召集部队，立起讨纣大旗。他站在高高的王车上，当众誓师："我们是正义之师，是任何敌人也不能战胜的！勇敢的将士们，在这场战斗中建立你们的功勋吧！"誓师完毕，挥动旗帜，发出命令，千军万马开始了进攻。这时候，商纣王正带着他的宠妃和一帮大臣，在鹿台上醉生梦死，吃喝玩乐，丝毫没有准备。手下的人把周军进攻的消息报告纣王，他这才着忙召集大臣们商量如何应战。商朝的军队当时正在东南地区对付少数民族，即便调动回来也远水不解近渴。纣王只好下令把大批奴隶和俘虏编入军队，号称七十万人，极为仓促地向牧野进发，与周军对阵。

▶ 周武王像

牧野之战，虽然在军队数量上，周武王的讨伐大军远远少于商纣王的部队，可是论士气，周武王的伐纣大军同仇敌忾；论战斗力，周武王的伐纣大军训练有素，这不是纣王的乌合之众所能比拟的。战斗开始，商军前排倒戈，队伍顿时大乱，溃不成军。商纣王闻讯大惊，知道自己的末日到了，可他临死还不肯放弃他的财宝，命人将宫里的珍宝全部搬到鹿台上。自己用绫罗缠身，躺在珍宝中，点火自焚而死。商朝就这样灭亡了。

武王建立周朝，自称为天子，定都于镐，得到各诸侯国的拥戴。周朝是我国历史上第三个奴隶制国家。在周朝，社会生产力又有了很大发展，是奴隶制社会最兴盛的时代。

周公辅政

武王伐纣成功，推翻了商朝，建立了周朝。为了使自己的统治得到加强，周武王实行了封侯制，即把自己的王室成员、有功之臣封为诸侯来分管各部地区。诸侯可以拥兵，但必须随时听候天子的调遣。定期向天子纳贡、朝贺，允许诸侯世代相袭，天子对诸侯有赏罚予夺之权。

武王把在东征灭殷之战中功勋卓著的军师姜太公封在营丘，称齐国；封弟弟周公旦在曲阜，称鲁国；封弟弟召公于燕，称燕国。周武王把殷纣王的儿子武庚安排在商朝的旧地，也就是一个诸侯国，让武庚去治理他们。武王想用这种办法，化解商朝旧奴隶主贵族的敌对情绪，保持天下的安定。可是把一块地方交给武庚去统治，也不是很稳妥，于是周武王又把商朝的旧地划分出两块来，让自己的两个弟弟鲜和度去管理，以便就近监视武庚，防止他作乱。鲜的封地被定名为管国，所以历史上就把鲜叫作管叔鲜；度的封地被定名为蔡国，历史上就把度叫作蔡叔度。分封完毕，诸侯们陆续前往封地。周公觉得周朝初建，战乱之后百废待兴，确实需要留在武王身边辅佐，于是就留在武王身边，让自己的儿子伯禽前往鲁国求封。

▲周公

封侯后，各诸侯国定期朝拜，如数纳贡。西周王朝繁荣昌盛，奴隶制也得到进一步发展。周武王在完成了灭商建国的大业后，积劳成疾。临终前，他把年幼的儿子姬诵和军国大事托付了周公。周公为武王举行了隆重的葬礼，把他安葬了，然后又把诵扶为天子，就是周成王。因为成王还没有成年，一切军国大事均由周公代理。

周公天资聪明，才华出众，从小又是在先王周文王身边长大，接受了文王的言传身教；另外，武王生前与他关系密切，感情极深，所以如今周公管理国家大事，不仅得心应手，而且尽心竭力。为了治理好国家，他想尽一切办法招贤纳士。为了接待贤能的人，他经常忙得不可开交。有一次，周公正在洗头发，他刚把头发浸湿，外面来人有急事要报告。周公连忙握着湿淋淋的头发，出去接待，办完事再回来接着洗；洗到一半，又有人来报告，他还是握住湿头发出去。忙着办完这些后，他才有空把头发洗完。周公正在吃饭，刚把一块肉放进嘴里，外边有客人来访。他马上把肉吐出来，起身去接客人。一顿饭的工夫，来了三次客人，周公就连吐了三次饭菜。家人在一旁见了心痛地说："您不

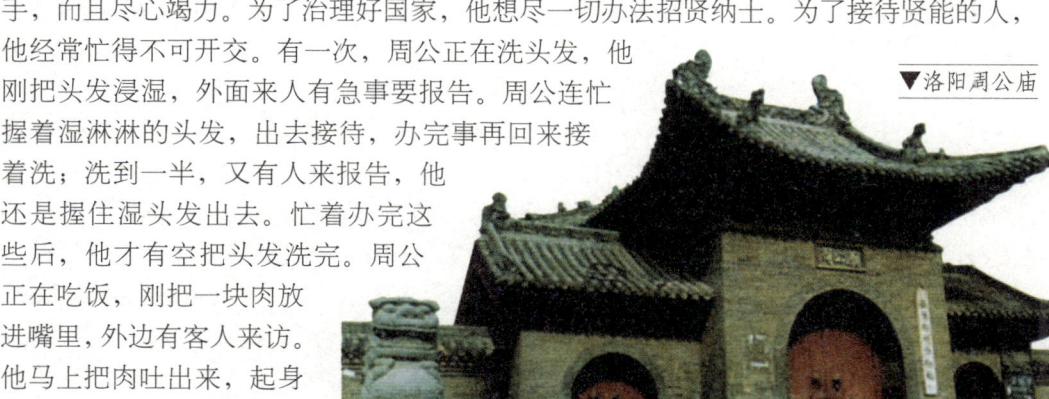

▼洛阳周公庙

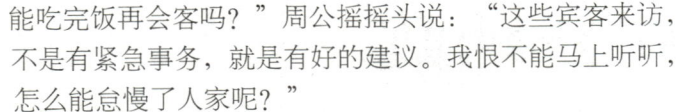

召公

能吃完饭再会客吗?"周公摇摇头说:"这些宾客来访,不是有紧急事务,就是有好的建议。我恨不能马上听听,怎么能怠慢了人家呢?"

周公为了周朝的大业,废寝忘食,呕心沥血。却也受到了旁人的非议,管叔鲜和蔡叔度散布谣言,说周公要废侄自代。周公遭到了诽谤,处理国家大事时更加勤勉,一面恳切地对人解释。他对姜太公、召公等人说:"先王灭纣之后,就希望国家能长久太平。现在刚刚立国,武王英年早逝,成王年纪还小,倘若有个什么闪失,我怎么对得起祖宗呢?我的作为,完全可以摆在天日之下,没有一点私心呀,希望你们相信我。"周公的一片诚心感动了太公、召公等人,他们不再对他有所怀疑了。人们见太公、召公都相信周公,又见他为国家办事确实尽心尽力,也都不再听信管叔鲜和蔡叔度的谣言。

殷纣王的儿子武庚却认为有机可乘,便来串通管叔鲜和蔡叔度,叫他们和自己一起发动叛乱,企图夺取天下恢复商朝,原来的一些诸侯国也乘机起兵反周。周公临危不乱,果断地下令出兵平叛。经过三年艰苦的战争,平叛终于取得胜利。武庚在战斗中被打死,管叔鲜兵败自杀,蔡叔度做了俘虏,被流放到远方去了。他们都得到应有的惩处。周公又攻取了那些反周的诸侯国,使周朝的疆土大大扩展了,周的势力扩大到了黄河下游和淮河一带。这场战争巩固了周朝的统治,使得周朝初年的经济迅速繁荣起来。

东征胜利后,周公认为发生这次叛乱的主要原因是镐京的位置太偏于西部,远离旧商的土地,不利于对那里进行管理,所以决定在东边建立一个新的都城。经过占卜,周公认为洛邑是个好地方。于是决定在洛邑建造一个新的都城——"东都"。

周公恪守文王、武王的遗训,不搞铺张,节俭办事。新建了东都,它的内城是九里见方,外城是二十七里见方,光是内城的面积就有八十一平方里,一共花了九年多时间才建成,东都的规模很宏伟,但是其中绝没有为追求享乐而建造的场所。周朝从此有了东西两个都城;原来的都城镐京称为宗周,表示那是周朝的根基所在;新建成的东都定名叫成周,表示那是周朝建成以后修建的。成王依旧在镐京居住,作为控制东方的政治、军事重镇的东都由周公坐镇。从此,周朝长期稳定的局面开始形成。

周公为了周朝的事业鞠躬尽瘁。他把自己的经验写成文章,还制定了许多法令,礼法是维系统治者内部等级制度的,而刑法主要是用来镇压人民和奴隶的。周朝实行了这些法令,比以前更加稳定了。周公死后,周成王用最隆重的天子礼节,把他葬在文王陵和武王陵附近,以此显示周公辅佐三代天子、强盛周朝的丰功。

烽火戏诸侯

周宣王即位后,以复兴周室、整顿国事为己任,挑选了召公虎等一批忠臣良将做自己的辅臣。在他们的辅佐下,宣王出兵讨伐各地叛逆。经过几年的征战,诸侯臣服,四夷归顺,在周宣王治理下,一度出现了兴盛的气象。公元前782年,周宣王由于出征战败,忧郁而死。众大臣们遵照遗嘱,立太子宫涅为天子,于灵前即位。他就是西周的末代天王周幽王。即位之后,周幽王传旨,立申侯女为后,立其子宜臼为太子。

幽王即位时,因宣王晚年四处征伐,国力已十分虚弱。周幽王即位之后,根本不理朝政,整天只知吃喝玩乐,耽于女色,曾一连三月不管国事,国政荒废。周朝有个诸侯国叫褒国。其国君褒珦见幽王这样昏庸,就来规劝。幽王大怒,反而把褒珦关进大牢。褒珦被幽王囚禁起来,褒珦之子洪德闻讯焦急万分,于是便与母亲商量怎样才能救父出狱。他们听说幽王非常喜欢美女,就四处寻访,用重金买来一个年轻漂亮的少女,取名"褒姒",教给她宫中礼仪,训练她歌舞技艺,然后献给幽王。幽王见了褒姒大喜,于是下令放了褒珦。

幽王十分宠爱褒姒,她入宫后,不久就生了一个儿子,取名叫伯服。幽王为了讨得褒姒的欢心,就找个借口废了申后及太子宜臼,把褒姒立为王后,伯服立为太子。申后遭此厄运,怕宜臼被幽王加害,就让他去投奔外公以保全性命。宜臼强忍悲伤辞别母后,趁夜逃出镐京,投奔了申侯。幽王没有了申后在身边规劝,更是不理朝政,整天与褒姒玩乐。幽王发现一件怪事,褒姒虽整日玩乐,可从没笑过,不管多么有趣的事情,她都没有露出过笑意,更别说笑出声来了。幽王觉得十分纳闷,于是贴出布告:"有能让王后一笑者,赏金一千。"告示一出,各种人争相献技。有的来讲令人捧腹大笑的笑话,有的来表演一些令人忍俊不禁的怪相。可褒姒听了看了,脸上依旧还是没有一丝笑容。

▼演易坊

▶先进的周朝兵器

幽王手下有个大臣叫虢石父,是个溜须拍马的高手。他想出了个办法奏与幽王,叫作"烽火戏诸侯"。原来周朝时遇到敌情,主要靠烽火台报警。那些烽火台遍布国中各地,相邻的两座能互相看见。如果发现了敌情,在白天就点燃晒干的狼粪,据说狼粪点燃,其烟不散,易于看到靠"狼烟"传递的情报;倘若是晚上,就点燃柴草,靠火光报告敌情。这样一台传一台,用不了多长时间,消息传遍全国,各地诸侯就会率部队赶往京都,听候调遣。幽王得了这个主意,高兴异常,决定一试。这一日,秋高气爽,幽王带着褒姒来到城楼,登台远望,山光水色,尽收眼底。幽王下令燃火报警,顿时狼烟点起,直冲云天。远近诸侯看到狼烟直上,还以为敌国来犯,于是纷纷点兵备马,奔向镐京。他们赶到镐京城下,只见幽王和褒姒坐在城楼上喝酒看热闹,哪有敌兵的影子。诸侯们的这一阵奔忙,可把褒姒给逗笑了。幽王见褒姒微笑如花,比平日更加可爱,心中大喜,马上给了虢石父千金的奖赏。可是诸侯们却白白奔波一场,只有忍着气带兵回去。申后的父亲申侯见到外孙宜臼,得知幽王废掉了申后和宜臼,非常生气,于是就设计向犬戎借兵攻周。犬戎兵强马壮,早有东侵之意,见申侯前来借兵,自然正中下怀,立刻发兵前来攻打镐京。幽王看到犬戎兵马打来,赶紧派人去点燃烽火,向诸侯求救。狼烟升起,却无诸侯一兵一马前来,原来诸侯上次受骗,这回却不再上当了。就这样,镐京被犬戎攻破,幽王逃到骊山脚下,被追兵所杀,褒姒也被戎人抓走了。申侯原来只是想兴兵问罪,哪想幽王被杀,虽是大仇得报,但想到周朝天下不能落戎人之手,于是又暗地里派人去联络各诸侯国,请他们派兵前来助战,赶走犬戎。诸侯们看到幽王已死,国中不可无主,遂拥立幽王的儿子宜臼继承王位,就是周平王。

犬戎虽然退兵,但都认为此次攻周,申侯的外孙登上王位,自己却没得到什么实惠,因此心中怨恨,从此屡屡出兵东侵,战火连绵不断。周平王即位后,怕犬戎人再一次打进来,而周朝已没什么力量抵抗了,加上镐京已被战争毁坏殆尽,于是在公元前770年,把王都从镐京迁到了周公营建的东都洛邑。因为镐京在西边,所以历史上把平王东迁以前的周朝称为西周,把平王东迁以后的周朝称作东周。迁都之后,周朝的实力和威望都一落千丈,不复往日的威风。

> **编者感言**:文王勤于政事,重视发展农业生产,礼贤下士,广罗人才,积善行仁,政化大行,天下诸侯多归从,使"天下三分,其二归周",奠定了灭商的基础。周公制礼作乐,建立了周朝的各项典章制度,确立了以宗法制度为中心的政治体制。昭王贵为天子,却被船夫暗算,葬身于鱼腹之中,王道微缺。穆王制定刑律,减轻刑罚,以加强对臣民的控制,施善政于天下。他西征犬戎,东平徐夷诸侯,南讨楚国,大会诸侯于涂山,也不能阻止周朝逐渐衰微。幽王奢侈腐化,贪得无厌,为了博得宠妃褒姒一笑,举烽火欺骗诸侯前来勤王,拿祖宗的基业开玩笑,亡国也是咎由自取!

第五讲
东周初期的大国争霸

本讲着重讲述了春秋时期的五霸争雄。宋襄公争霸未成，反而丧生。秦穆公东进受阻，向西发展，独霸西戎。他二人都未成为中原霸主。我们叙述的春秋五霸，主要讲的是齐桓公、晋文公、楚庄王、吴王阖闾和越王勾践的争霸情况。

齐桓公称霸

东周时期，周天子已经徒有虚名了。但名义还是至高无上的，比较强大的诸侯国，总是"挟天子以令诸侯"，达到称霸的目的。而大国争霸成为春秋时期的主要特色。

齐国在今山东北部。齐桓公称霸主要得益于管仲的辅佐，能得到管仲是鲍叔牙大力举荐的结果。管仲和鲍叔牙是好朋友。

齐国的国君襄公没有儿子，只有两个异母兄弟——公子纠和公子小白。管仲对鲍叔牙说："依我看，将来继位当国君的，不是公子纠，就是公子小白，我和你每人辅佐一个吧。以后无论谁当政，我们之间都要互相提携。"鲍叔牙同意管仲的看法。从此管仲当了公子纠的老师，鲍叔牙做了公子小白的老师。齐襄公十分残暴昏庸，找碴儿责骂大臣是经常的事。管仲、鲍叔牙知道他不会有好结果，找了个机会，分别带着公子纠和公子小白到外国去了。公元前685年，齐国发生内乱，齐襄公被公孙无知杀死，夺了君位。不到一个月，公孙无知又被大臣们杀死了。齐国有些大臣暗派人马迎立公子小白即位。

鲁庄公听到齐国内乱，决定亲自护送公子纠回齐国；又听说有人接公子小白回国，他就让管仲带着三十辆兵车，在即墨赶上并射中公子小白，公子小白急中生智，咬破舌头，假装吐血而死，抄近道急奔回国。管仲自算公子小白必死无疑，便回去向鲁庄公报告。鲁庄公听说公子小白已经死了，便不再急于赶路，带着公子纠，从从容容地向齐国而来。公子小白率先回国，即日登基，就是齐桓公。

过了好几天，鲁庄公才率领大军到达齐国的边境。他实闻公子小白并没有死，而且已经当上了国君，怒不可遏，下令即刻攻齐。齐桓公发兵应战。两军在乾时恶战一场，鲁军大败。鲁庄公弃车逃跑，齐军乘势占领了鲁国的汉阳之田。鲁庄公大败回国，惊魂未定，齐国大军又打上门来了，要鲁庄公杀死公子纠，交出管仲。鲁庄公一看，为一个公子纠而冒亡国的风险，太不值得，就急忙下令杀死了公子纠，把管仲抓起来准备送给齐国。谋士施伯对鲁庄公说："管仲是天下奇才。如果他为齐国效力，对我国是莫大的威胁，不能把他交出去。"鲁庄公动了心，打算杀死管仲。隰朋被鲍叔牙派到鲁国去接管仲，听说鲁庄公要杀管仲，大吃一惊，急忙跑去对鲁庄公说："我们国君对管仲恨之入骨，要亲手除之而后快。你们赶快把他交出来吧！"鲁庄公只好将公子纠的首级连同管仲交给了隰朋。管仲到了齐国的边界，鲍叔牙早就迎候在那儿。他一见管仲，欢喜异常，马上让人将囚车打开，换乘马车，一同回到临淄。鲍叔牙把管仲安置妥当，随后去向齐桓公推荐管仲。齐桓公说："管仲想射死我，他那支箭至今我还留着呢！我恨不得抓住了他食肉寝皮！你还想让我重用他？"鲍叔牙说："那时是各为其主。您现在要定国安邦、称雄天下，必用管仲！"于是齐桓公亲自出宫迎接管仲，并邀管仲同车进城。管仲进宫，向齐桓公谢罪，齐桓公赶忙把管仲扶

▼齐都遗址

起，虚心地向他请教富国强兵、建立霸业的方法。两人越谈越投机，三天三夜都没有休息。于是，齐桓公拜管仲为相。

▲管仲像

齐桓公依靠管仲，把齐国治理得国强兵壮，他觉得称霸的时机已到。公元前681年，他对管仲说："现在咱们兵强马壮，可以会合诸侯了吧？"管仲说："如今南方的楚国、西方的秦国和晋国，都拥有强过我国的实力，可他们都没有能够称雄于世。这是什么道理呢？因为他们只知扩张疆土，对周王室却不尊崇，更不懂得借用天子名义号令天下的好处。"齐桓公听管仲这么一说，便问："那该怎样做呢？"管仲回答说："宋国刚经过内乱，至今各国诸侯还没有承认宋国新君的地位。而周釐王刚刚即位，我们不妨遣使前去周室，一来去朝贺，二来请天子下令，让诸侯承认宋君的君位。只要天子同意，我们就可以借此机会召集诸侯了。"齐桓公便依计行事，派使臣朝见周釐王。

周釐王刚即位，见强大的齐国前来贺喜，心里说不出多高兴，就把召集诸侯承认宋国君位这件事，派给了齐桓公。齐桓公得到天子的授权，便通知各国诸侯，本年三月初一在齐国的北杏大会诸侯，共同确认宋国君位。原来宋国大将南宫长万打死了原来的国君宋闵公，并立宋闵公的堂弟公子游为国君。宋闵公的弟弟公子御说逃亡国外，后来他联络国内各大族，把公子游杀死，赶走南宫长万，身任国君，这便是宋桓公。管仲就借着宋桓公刚即位，需要诸侯确认这个机会，让齐桓公打着天子的旗号，会盟诸侯，当上霸主。

会期临近，宋桓公早早就来了，对齐桓公发起这次会盟表示感谢。第二天，陈国、邾国、蔡国的诸侯也陆续到了，但是到了二月最后一天，其他诸侯还没有来。齐桓公对管仲说："诸侯没有来齐。改个日期吧？"管仲说："第一次会合诸侯，怎能再改日期？'三人成众'，现在已经来了四国，可以开会。"

三月初一，大会按时举行。五国诸侯会面叙礼毕，齐桓公说："我奉了天子的命令，会盟各位，一起商量怎样扶助王室。今天这个大会，得先推选一位盟主来主持大事，请大家公议。"陈宣公起来说："天子把会合诸侯的使命交给了齐侯，齐侯为盟主是顺理成章的事，就由齐侯当盟主吧。"各诸侯都表示赞同。齐桓公谦让一番，就顺势地坐上了盟主的位子。他率领大家先向台上虚设的天子的座位行礼如仪，然后宣读了盟约。盟约约定，尊重王室，扶助弱小国家，共同抵御夷狄入侵；还写明若是哪一个国家违背了盟约，其他各国要联合起来，共同讨伐它。对盟约的内容，各国诸侯都表示同意，并宣誓联盟。接着，管仲走上台来，对大家说："鲁、卫、郑、

▼齐长城遗址

▲曹刿挟齐桓公

曹四国不听天子命令,不来参加大会,这是对天子的不忠,应该讨其不敬之罪。"齐桓公接着说:"敝国力量不足。请各位多多帮忙。"陈、蔡、邾三君齐声响应,只有宋桓公一声不吭。宋桓公回到住地,对大夫戴叔皮说:"齐侯仗着自己强大,全不把我放在眼里,刚刚当上盟主,便作威作福,这怎么得了!"戴叔皮说:"齐国若称雄天下,宋国先受其害。咱们这次只是为了确定您的君位而来,如今这个目标已经实现了,管他别国如何?咱们回去吧!"宋桓公听了,急忙收拾行李,连夜走了。宋桓公不辞而别,惹得齐桓公大怒,要派兵去追。管仲说:"我们本来是请人家会盟,人家走了,我们派兵去追,没有这个道理。再说宋国远,鲁国近,不如先去讨伐鲁国。"齐桓公问:"如何去打呢?"管仲说:"我们如果先去攻打鲁国的附庸遂国,鲁国一定害怕。然后再派人去责问鲁国,大兵压境,鲁国敢不来赔礼道歉吗?"于是,齐桓公亲率大军攻打遂国。鲁庄公得知消息,急忙召集群臣商议。大臣施伯和曹刿都主张和好。正在这时候,齐桓公派来送信的人到了,信中责备鲁庄公不去北杏会盟。鲁庄公复信答复说:"开大会的时候我正好生病,没来得及参加,实在抱歉。如果您把军队撤回齐国境内,我马上就去会盟。"齐桓公接到回信,非常高兴,就撤了兵。

鲁庄公带着曹刿去齐国会盟,只见会场的前后左右都布满了士兵,气氛十分紧张。鲁庄公见这阵势,先就胆怯了,上台阶的时候,两腿直发软。曹刿镇定自若地手提利剑,紧跟在鲁庄公的后面保护。齐、鲁两君见过面,一位大臣捧着一盘牛血上来,请两位国君歃血立盟。按照当时的规矩,立盟约的人为表示诚意要把牛血涂在嘴唇上,两位国君刚要伸手沾血,只见曹刿抢上前一步,扯住齐桓公就要举剑。管仲急忙跑上前来,用自己的身体挡住齐桓公,厉声质问曹刿:"你要干什么?"曹刿说:"鲁国连年战争,已濒临绝境。你们不是说要扶助弱小国家吗,为什么不替鲁国想想呢?"管仲问:"那你想怎么办?"曹刿说:"齐国凭借着力量强大,欺负弱小的鲁国。我们的汶阳之田被你们占去,今天就请你们还给我们,否则我们决不订立盟约!"管仲回头对齐桓公说:"主公,你答应吧!"齐桓公见曹刿的剑在眼前晃来晃去,忙说:"我答应!我答应!"曹刿这才收起宝剑,转身接过盛牛血的盘子,请两位国君歃血。曹刿又对管仲说:"您是齐国的相,我想和您歃血,请您担保实现贵国国君的诺言。"齐桓公说:"无须如此,我向你起誓。"说完便面对曹刿手指天空说:"让上天做证,我一定退还汶阳之田。"曹刿见桓公对天立誓,便向齐桓公拜了两拜。

会盟结束以后,齐国的大臣们很生气,都要求齐桓公把鲁庄公杀掉,好出这口窝囊气,然而齐桓公却不同意。他心里想:"土地与信用比起来,信用是更重要的。有了信用,才可以称霸,霸业既成何患无?用不着为一小块土地耿耿于怀。"他对大臣们说:"我既然答应人家了,说话要守信的!"大臣们只好作罢。第二天,齐桓公摆下酒席,送鲁庄公回国,并且把汶阳之田如数还给鲁国。鲁庄公带着曹刿,兴高采烈地回国了。

诸侯们听说这件事，齐桓公讲信用的风度令他们敬佩，都想向齐国示好。卫、曹两国也派人来赔礼道歉，并且请求会盟。齐桓公就请他们一起去讨伐宋国。

　　公元前680年，齐桓公派使臣去周天子那里告状，说宋桓公无视天子威严，不听号令，请天子出兵，讨伐宋国。周釐王答应了齐桓公的请求，出兵开到了宋国边界。大夫宁戚对齐桓公说："主公奉天子的命令，讨伐宋国，最好是先礼后兵。您让我先去劝宋桓公认错求和，不是更好吗？"齐桓公一心想让各国诸侯对他心悦诚服，便传令军队暂不进攻，让宁戚去见宋桓公。宁戚见了宋桓公，深深地行了个礼。宋桓公毫不理会，视而不见。宁戚见此情景，抬起头来长叹一声，说："宋国真危险啦！"宋桓公说："你这话是什么意思？"宁戚不答话，却问宋桓公："以您的看法，您和周公，谁更贤明？"宋桓公回答说："周公是圣人。我怎敢和圣人相比？"宁戚说："周公在周朝最强盛的时候，尚且礼贤下士，曾经'一饭三吐哺'，您可是怎么做的呢？宋国这样混乱，国内接二连三发生杀国君的事情，您的君位并不牢靠。就算您像周公那样礼贤下士，恐怕也有人不愿意到您这儿来。常言说'君子不居危国'，何况您还如此骄傲呢！宋国的处境还不危险？"宁戚这一番话说动了宋桓公，忙说："我的见识浅薄，先生不要介意。"宁戚说："如今王室衰落，诸侯互不相识，篡国杀君的事常常发生。齐侯看着天下这样混乱下去心中不忍，奉了王命，在北杏会盟诸侯，帮助您确定了君位，订立了盟约。不想字迹未干，您就暗地里跑掉了。您的眼里还有天子位置吗？现在天子大怒，派齐侯兴师问罪。您不服从天子的命令在前，现在又和天子的伐罪大军对抗，触犯了众怒在后，哪还用战场上兵戈相见，战争的胜负不是明摆着吗？"宋桓公忙说："请先生教我个好办法？"宁戚说："依我看，您不如准备些礼物，和齐国会盟，这样天子和盟主见您已经认错，仗就打不起来，宋国就没有忧虑了。"宋桓公说："眼下齐国兵马已到，求和是不是晚了呀？"宁戚安慰他说："齐侯一向心胸宽广，不会计较的。您看，鲁国没去开会，后来认错了，齐侯不但和鲁国订了盟约，连汶阳之田都退还了，何况上次会盟您还参加了呢！"宋桓公忙派使臣，带着礼物，和宁戚一起到齐桓公那里认错求和。齐桓公很高兴，将宋国送来的礼物交给天子的使者，让他献给天子，并同意了宋国重新入盟的请求。

　　公元前679年，齐桓公再次约会卫国、郑国、陈国、宋国，在鄄地会盟，成为春秋时期第一个霸主。

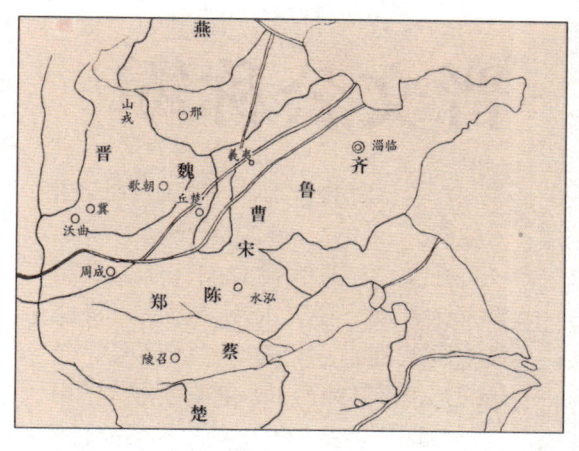

▲齐桓公霸业图

◀老马识途

晋文公称霸

▼春秋时期战车

在春秋时的争霸中，晋文公继齐桓公之后真正实现了称霸。

晋文公，是晋献公的儿子，名叫重耳。晋献公在夫人死了以后，将他最宠爱的骊姬立为夫人。骊姬要立自己的儿子奚齐为太子，就逼死了太子申生，并且欲阴谋杀害比奚齐年长的公子重耳和夷吾，重耳和夷吾于是分别逃到国外去避难。晋献公死后，在秦穆公的帮助下，公子夷吾于公元前650年回国当上国君，就是晋惠公。

晋惠公在即位后的第十四个年头得了重病，无法临朝。留在秦国做人质的太子圉得到这个消息，恐怕君位被人抢走，乘天黑逃归晋国。晋惠公也担心公子重耳归国抢夺君位，急得寝食不安。大夫郤芮献计说："重耳在外流亡，毕竟是个祸害，不如设法把他杀了。"晋惠公就派了一个叫勃鞮的人去刺杀重耳。重耳逃出晋国以后，一直住在狄国避难，这一住就是十二年。晋国有才干的人，像狐毛、狐偃、赵衰、介子推等人全跟随他。有一日，狐毛、狐偃兄弟俩收到父亲狐突的信，信中写道："有人三天内即去谋刺公子，快作准备。"他们赶快报告重耳。大家商量准备逃往齐国。第二日，重耳还在收拾行李，只见狐毛、狐偃慌慌张张地跑了过来说："我父亲现派人送来急信，说杀手现在提前动身了，让咱们赶快离开！"重耳听后，扔开行李，撒腿就跑，一口气跑出了城外，等了很长时间，跟随他的人则陆陆续续赶了上来。大家商量了一下，觉得到齐国去还可以安身。要从狄国到齐国去，必须通过卫国，卫文公却不让重耳进城。没有法子，他们只得绕道走。一路上无依无靠，没有干粮，只得沿路乞讨。

齐桓公听说重耳投奔而来，知道重耳将来是个有作为的人，马上派人迎接，给他们安置住处，提供车马，送肉送米，招待特别周到，又把本家的一个美女齐姜嫁给重耳作夫人。重耳更加感激齐桓公，在齐国前后住了七年。齐桓公在公元前643年死了，齐国的五个公子争夺君位，国势逐渐衰落下来，追随重耳的几个人商量要离开齐国。但是，重耳迷恋当前的安逸生活，整天陪伴着齐姜，再也不想离开齐国了。于是，追随重耳的几个人决定以在郊外打猎的名义骗重耳出城，然后逃出齐国。没料到齐姜的几个使女正在树上采桑叶，听见了他们的谈话，回去后就一五一十报告了齐姜。齐姜恐使女们走漏消息，将她们杀了，随后对重耳说："我听说您要离开齐国？"重耳说："谁说的？这儿挺舒服，又有你陪伴着，我还到哪里去？"齐姜对他说："您放心去吧！一味贪图享乐，会将您毁了。再说，夷吾目前已经闹得众叛亲离，晋国连年得不到安宁。公子借这个机会回国，一定能够得到君位，开创霸业。"可重耳就是不听。

第二日天刚亮，赵衰、狐偃来请重耳，重耳正在酣睡。齐姜将狐偃叫了进来，问他什么事。狐偃说："公子过去在狄国时，每日乘车驰骋，现在长久没出去活动，我们恐怕他闷坏了，要请他去打猎。"齐姜笑道："您别讲笑话，去打猎，为什么要作远行的准备？"赵衰、狐偃听了大吃一惊。齐姜说："你们不要骗我了。你们商议的事，我都知道了。我很敬佩你们的一片忠心，我也曾经劝过公子，但是他不听，这回我一定给你们帮助。今日晚上我陪公子喝酒，把他灌醉，你们乘夜里将他拉出城去，做你们的大事去吧。"狐偃见齐姜是个非同寻常的女子，不由肃然起敬。当日晚上，齐姜在宫内摆下酒席，将重耳灌醉，齐姜找来狐偃等人把醉得不省人事的重耳抬上车，直奔曹国而去。

重耳一行人来到曹国，曹共公是个贪吃喝、图玩乐的家伙，他身边的大臣也多是趋炎附势的奸人，对重耳这位落难公子傲慢无礼，不愿搭理。因此，重耳在曹国只住了一夜，第二天就动身前往宋国了。宋襄公的大腿在泓水之战中受了伤，正在养伤。他虽然被楚兵战败，可对称霸之事还念念不忘，总想找到能人帮助他，再整旗鼓，报仇雪耻；现在他听说重耳来投奔他，十分高兴，立即就派公孙固去迎接，下令要用国君的礼节招待重耳。可是宋襄公有心无力，加上伤势越来越重，哪有能力帮助重耳回国呢？狐偃等人见到这情况，只得告别宋国君臣，来到楚国。

重耳受到楚成王非常隆重的欢迎，用招待国君的礼节招待他。楚成王待重耳越恭敬，重耳表现得越谦虚，跟住在齐国的时候不一样了，现在经常想到回晋国这件大事。有一日，二人谈得正高兴，楚成王问重耳道："公子若回到晋国，怎样回报我呢？"重耳说："珠宝金银，您多的是；异兽珍禽，本为楚地的特产，我真不知道用什么报答您。"楚成王笑道："那就不报答我了？"重耳想了一下，说："果真托您的福，我能够回了晋国，一定与楚国和睦相处，将来一旦两国打起仗来，我一定下令晋军退避三舍，来答谢您的恩情。"楚成王认为重耳是说笑话，他也笑了笑就过去了。楚将成得臣却气坏了，他和楚成王说："重耳狂妄自大，他居然想将来跟咱们较量，野心真不小，趁早将他杀了吧！"楚成王说："哪能这样呢？晋公子志向高远，跟随他的人也都有才干，将来肯定会成大事的。"从这以后，楚成王更加器重重耳。

秦穆公在各处打听重耳的消息，听说他正在楚国，马上派人来接。楚成王和重耳说："秦伯派人来接您了，他将帮助您回国，这真是再好没有的事情。"重耳听到了这个消息十分高兴，他知道秦国力量很大，送他回国没有问题，但他为了向楚成王讨好，假意说："我宁可跟着您，不愿到秦国。"楚成王道："可别这么讲。我国离贵国远，当中隔着好几个国家；秦国与贵国紧挨着，早上出发晚上就到了。再说秦伯和晋君有矛盾，他对晋君很不满意，他一定会尽力帮助您的。别犹豫了，快走吧。"重耳便告别了楚王，带着一行人向秦国而去。重耳到达秦国，秦穆公热情接待，还把孀居的女儿怀嬴嫁给重耳。

有一日，正当大家高兴谈笑的时候，狐毛、狐偃兄弟两人跑了进来，捶胸大哭，要重耳为他们报仇。原来在晋惠公死后，

▼春秋战车复原图

▲秦穆公

继位的怀公（即公子圉）和他父亲一样，日夜担心重耳回来抢夺王位，下令凡是追随重耳的人，三个月内必须回国；过时不归，或者在国内的父兄没叫他们回来，统统处死。狐突因为不肯召他的两个儿子回来，就被晋怀公杀了。重耳把这事告诉了秦穆公，秦穆公说："这乃天赐良机，不要错过，我亲自率兵送你们回国。"

公元前636年，秦国大军来到了黄河。秦穆公派公子絷率兵护送重耳过河，自己带兵驻在黄河西岸，以作为接应。公子絷护送重耳过河以后，一连攻下好几座城。晋军大将吕省、郤芮看到秦军势不可挡，又见人心全向着重耳，就和公子絷订立盟约，投降了。晋怀公弃城逃命，不久被人杀死。晋国的文武大臣拥戴重耳为国君，就是晋文公。

晋文公大封功臣，随从他出亡的人掌握大权；接着是平息叛乱，稳定局势。在这个基础上，改革晋献公以来的弊政，举贤任能，兴利除害，减轻人民的赋税和刑罚，把晋国的两军扩编为上、中、下三军，晋国大治，日趋富强。此时周王室发生了政变。周襄王的异母弟，借兵入城赶走襄王，霸占了襄王的王后狄隗，自己做了周天子。周襄王逃到郑国，立即向诸侯国告急，同时专门派使者到晋国求援。晋文公觉得这是实现奉天子以令诸侯愿望的最好机会，于是就迅速行动，兵分两路，一路去攻城平息叛乱，一路去迎周襄王。结果很快就消灭了叛逆，把周襄王护送回王城。周襄王对晋文公十分感激，赏给晋国四座城池，这样就大大提高了晋国在诸侯间的威望。

公元前633年，楚国联合了陈、蔡、郑、许四国诸侯攻宋国，宋国向晋求援。此时晋国已有了与齐、楚争霸的条件，便准备救宋，在救宋的过程中扩大自己的势力范围。晋文公采用了大臣狐偃等人的方案：攻曹救宋、假道伐卫。于是晋文公派兵伐曹，向卫借道。卫成公不肯，于是舍曹攻卫。晋军绕道渡过黄河，一气打下卫国的五鹿，接着又攻克卫都楚丘；然后挥师向曹，捃捉了曹共公。当时楚国的带兵将领子玉，一听晋军伐卫破曹，便撤离了宋国，亲率大军要与晋军一决雌雄。于是两军在城濮排开了战场，这就是历史上著名的晋楚城濮之战。战斗一开始，楚军处于攻势，也取得了一些小胜利。但晋军元帅先轸老谋深算，先攻陈蔡两国组成的右军，右军溃退，再用伪败的策略，诱敌深入，包抄围攻，打败了楚的左军。子玉居于中军，势孤力单，无法再战，终于突破重围，逃回楚国，受到楚王的斥责而自杀了。这一战，晋国大获全胜，中原诸侯尽皆震慑。

晋文公一举克卫胜曹，击败楚师，显示了晋国力量的空前强大。周天子从洛阳亲到践土慰劳晋军，许多诸侯也都前来祝贺。晋文公趁此机会带着齐、宋、鲁、郑、陈、蔡、莒等国的诸侯朝拜周天子，并献楚俘。周襄王册封晋文公为方伯，随即又封他为盟主，给他以"得专征伐"的权力。从此，晋文公就成了名正言顺的诸侯霸主。

楚庄王称霸

楚国在城濮被晋国战败以后不久，楚成王就被他的儿子商臣害死了。商臣做了国君，便是楚穆王。楚穆王对失败不甘心，抓紧操练兵马，发誓要与晋国决一雌雄。他首先将附近的几个小国兼并了，又将中原的陈、郑等国拉了过去。公元前613年，楚穆王正要雄心勃勃发愤大干的时候，突然得暴病死了。他的儿子旅即位，就是楚庄王。

晋国见楚国忙于办丧事，晋国又重新会盟诸侯，订了盟约，随即将楚国拉过去的陈、郑等国又收回到自己的势力范围之内。这一下，楚国的大臣们全急了，要与晋国决战。但是，楚庄王仍无动于衷。即位近三年以来，他整天打猎、喝酒，不理政事，还在宫门口挂起块大牌子，上边写着："进谏者，杀毋赦！"

这一天，大夫伍举进见楚王。楚庄王手中端着酒杯，口中嚼着鹿肉，醉醺醺地在观赏歌舞。他眯着眼睛问道："大夫来此，是想喝酒呢，还是要看歌舞？"伍举说："有人让我猜一个谜语，我怎么也猜不出，特此来向您请教。"楚庄王一边喝酒，一边问："什么谜语，这么难猜，你说说。"伍举说："谜语是'楚京有大鸟，栖上在朝堂，历时三年整，不鸣亦不翔。令人好难解，到底为哪桩？'您请猜猜，不鸣也不翔，这究竟是只什么鸟？"楚庄王听了，心中明白伍举的意思，笑着说："我猜着了。它可不是只普通的鸟。这只鸟啊，三年不飞，一飞冲天；三年不鸣，一鸣惊人。你等着瞧吧。"伍举明白了楚庄王的意思，便高兴地退了出来。

楚庄王首先整顿内政，起用有才能的人，将伍举、苏从提拔到关键的职位上去。当时楚国的令尹斗越椒野心勃勃，想要篡位。楚庄王便任命了三个大臣去分担令尹工作，削弱了他的权力，防止斗越椒作乱。楚庄王一边改革政治，一边扩充军队，加强训练军士，准备与晋国决战以雪城濮之恨。他在即位的第三年，率兵灭了庸国；第六年，战败了宋国；第八年，又战败了陆浑的戎族。楚庄王还在周朝的边界上阅军示威，吓得周定王急忙派大臣王孙满去慰劳。楚庄王见到王孙满，头一句话便问周朝京城宗庙里的九鼎有多重。这九鼎就是当初大禹所铸，是天子权力的象征，询问九鼎的重量，实际上便是对周天子地位的威胁。经过这一回耀武扬威，楚国的势力和声威便大大振作起来。

公元前605年，楚庄王讨伐陆浑的戎族返回时，斗越椒造反，占据了郢都，又急忙发兵拦阻楚庄王，想将楚庄王消灭在郢城之外。楚庄王见斗越椒以逸待劳，自己带的兵刚刚打完仗回国，非常疲惫，知道硬拼于自己不利，便说："斗氏一家于楚国有大功，宁肯越椒负我，我不负越椒。"便派苏从去讲和。斗越椒以为楚庄王已是囊中之物，只等伸手擒拿了，哪里肯罢手，便对苏从说："回去告知熊旅（楚庄王的名字），有胆量

▼楚兼并地图

来决一死战，不然便赶快投降！"楚庄王假作退兵，到了晚间，却把军队埋伏于漳水东岸，又派一队士兵在河岸活动，引诱斗越椒渡河；自己则率着少数士兵，躲在桥的下面。第二日早上，斗越椒见河对岸有楚兵，果然追过河来。待发现中了计，想向回撤退，桥已被拆毁了。斗越椒惊慌失措，急忙命令士兵涉水过河。士兵们正待下水，只见对岸一员楚将大声喊："大将乐伯于此，斗越椒赶快投降！"说罢，便令士兵奋力射箭，斗越椒也急令士兵往对岸射箭。在双方对峙之中，乐伯手下的神箭手养由基，用箭射死了斗越椒。斗家兵马见主将身亡，四处逃散。楚军分兵追剿，取得了大胜。楚庄王平定完内乱，又经过多年精心的准备，决定挥军北上，与晋国争霸。

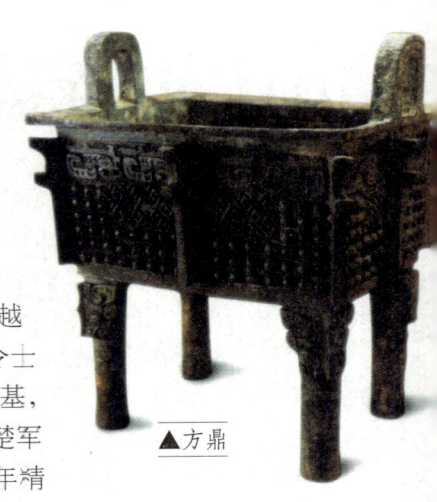
▲方鼎

公元前598年，楚庄王趁陈国内乱的时机，发兵降伏了陈国。次年，楚庄王亲自率领大军去进攻郑国。陈国、郑国全是晋国的保护国，楚国发兵陈国、郑国，便是向晋国挑战，威胁晋国的霸主地位，晋国自然不甘示弱。在这年的夏天，晋景公命荀林父为大将，先轸的孙子先毅任副将，统领六百辆兵车，来援救郑国。大队人马强渡黄河。

楚庄王听说晋兵已经渡过黄河，便召集将领们商量对策。令尹孙叔敖主张与晋军讲和，然后收兵，而一批年轻的将士都主张迎战，楚庄王一时拿不准主意。有一位叫伍参的小臣说："晋军主将荀林父刚掌兵权，还没有威信，副将先毅倚仗父辈的功劳，看不起荀林父。三军的将领虽想主动出击，又没有权力做主，三兵们不知道听谁的号令。晋军上下不齐心，没什么战斗力。面对这样的敌人，却不去攻打它，恐怕有损我们楚国的尊严吧？"楚庄王听伍参分析得合情合理，便命令楚军摆开阵势，把战车一律朝向北方，准备出战。孙叔敖见晋军来了六百辆兵车，军力雄厚，总觉放心不下，他和楚庄王说："我看不如先派人去议和。他们如果不愿议和，偏要打，我们再迎战却也不迟，到那时候，理就在我们这方了。"楚庄王同意了这个建议，派蔡坞居前往晋军。荀林父令人接待蔡坞居，表示同意议和，并且建议双方同时退兵。蔡坞居完成了任务，准备返还楚营。谁知先毅早在营帐外面等着，他见蔡坞居从帐中出来，一下拦住道："刚才接待你的人未曾说清楚，你回去告知你们国君：我们这回来，不将你们杀个落花流水，誓不收兵！即使我们主将愿和，我先毅也不会答应！"蔡坞居十分气恼，没有理先毅，继续向外走，才到军营门口，又碰到了赵同、赵括。这两个人拿弓指着蔡坞居的头骂道："小心你的脑袋！回去告知你们那个蛮子头，小心碰到我们手上！"蔡坞居返回楚营，将他受侮辱的情况向楚庄王讲了一遍。庄王顿时大怒，问："谁敢冲头阵，给晋军些厉害瞧瞧？"大将乐伯应声挺身而出，跳上战车，径奔晋军大营。走不远便碰上了十几个巡逻的晋兵，乐伯也没说话，一箭一个，接连射倒三个，还下车活捉一人，然后跳上战车，向回便走。晋军看有楚将杀人，分三路来追。乐伯大叫："晋军小心，我左边射人，右边射马。看箭！"说完便左一箭，右一箭地射起来。果然箭无虚射，左边射倒三四个人，右边射伤三四匹马，吓得晋兵谁也不敢再追，眼睁睁地看着乐伯返回楚军大营。

荀林父见楚兵来挑战，急忙又派魏铸去议和。魏铸就是跟随晋文公重耳逃难的魏犨的儿子。魏铸要当大夫，没能当上，一直不满意，恨不得晋军大败。荀林父被治罪，自己好取而代之。荀林父命他去讲和，他反下了战书，回来后却向荀林父说："楚王不同意议和，一定要一决胜负。"晋将赵荫认为自己高强，总想露一手让主将看看。到晚间，他乘着夜色带领部下去偷袭楚营，不小心被楚兵发觉。楚兵大声发出警报，他吓得上车便跑。楚庄王弄明情况之后，驾车前去追赶。楚军将领见庄王亲自出马，纷纷跟了上来。孙叔敖和庄王说："兵法曰：'宁可我追人，别让人追我。'晋兵欺人太甚！既然众将都跟出来了，咱们何不乘其不备，冲杀过去！"这时候，天还没亮，楚庄王下令攻击。刹时间，鼓声似雷，兵车飞驰，楚军将士争先朝晋国军营冲去。晋军将士睡得正香，没有半点准备；荀林父听到鼓声阵阵，赶忙下令抵抗，两国兵马在邱城郊外大战起来。晋兵才从梦中惊醒，乱哄哄的，阵容不整，指挥失灵，抵抗无力；而楚军斗志正高，往来冲杀，如入无人之境，没多长工夫，就把晋军打得溃不成军了。荀林父领着残兵败将，仓皇逃跑。只见先毅自后边赶了上来，头上中了箭，满面鲜血，用战袍裹着。荀林父恼恨地说："猛将也落得这样的下场吗？"正说话间，晋国残兵都跟上来了，荀林父下令赶紧渡河。怎奈船少人多，你争我抢，自相践踏。船上的人装满了，后来的人抓住不放，把船挤翻了不少。先毅站在船头，喊道："谁再抓住船不放，用刀剁他的手。"于是那些上了船的士兵举起刀来，砍那些攀船的士兵。只见刀起手落，惨不忍睹。失去手的晋兵掉到河里，被水冲走，把河水都染红了。楚庄王率领楚兵开进邱城，有人劝他乘胜追击，楚庄王说："楚国自从城濮之战输给晋军，就不敢与晋国争锋。这回胜利，足以洗耻。晋国、楚国都是大国，早晚总得议和，何苦多杀人呢？"因此，下令楚军当即收兵，不再追赶，放晋国官兵渡河回国。

邱城大战，拥有六百辆兵车的晋国人马，一夜之间几乎全部覆灭，而三年未鸣的楚庄王终于一鸣惊人。以后，楚庄王又陆续迫使鲁、宋、郑、陈等国归顺，他继齐桓公、晋文公之后，也当上霸主。他前后统治楚国二十三年，楚国强盛一时。

▼楚故都纪南城遗址

吴越争霸

吴、越两国领土相连，两国之间摩擦不断，以致愈演愈烈，到了势不两立的地步。公元前496年，吴王阖闾听说越王允常死去，他的儿子勾践继位，就想趁越国丧乱之际打过去，重臣伍子胥不同意。吴王不顾伍子胥的反对，亲自带兵攻打越国，双方在今浙江嘉兴一带开战。

越兵背水一战，吴军大败，倒退了几十里。吴王在仓皇出逃中右脚被剑砍伤，当天创伤发作而死，越国取得了战斗的胜利。阖闾临死之前，吩咐立太子夫差为王。夫差当了吴王，任命伯嚭为太宰，管理国家大事，伍子胥照样为国家的重要谋臣。夫差以国耻父仇绝不敢忘，精心治理国家，训练军队，大量网罗贤人。经过三年的努力，吴国的力量大增。伍子胥认为时机已成熟，就劝说吴王攻打越国。

▲兵圣孙武

于是夫差倾国出动，大败越军，越王勾践带着五千残兵败将逃到会稽山上。夫差率领大队人马追赶上去，夫差在船头亲自击鼓为将士助威。吴兵士气高昂，快速向越兵冲去，团团包围了会稽山。越王勾践觉得大事不好，就急忙和谋臣范蠡和文种商量。勾践对范蠡说："我后悔当初没有听从你的话，对吴国掉以轻心，才有今天之祸。"范蠡说："现在说那样的话也救不了越国了，您只有带着礼物到吴国去认罪求和。如果他们不答应，那您只好给人家做奴隶，以求得人家的宽容，其他的事以后再说。"于是勾践派文种带着大量的礼物到吴军中去求和。

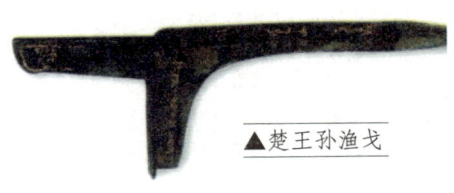

▲楚王孙渔戈

文种来到吴军阵中，跪在夫差面前，给夫差反复叩头，行臣子之礼。他说："我奉亡国之君的命令来给大王请安，冒昧地向您转达勾践的心愿。他愿意做您的臣子，他的妻子愿意做您的仆人，日日夜夜服侍大王，从今以后，我们越国的所有土地、人口、财宝都是您的。如果大王不能答应，一定要把我们消灭，勾践将命令所有的人杀死自己的妻子、儿女，将五千将士集中起来，和大王决一死战。"伯嚭也在一旁劝解，他说："我看勾践这次是有诚意的，如果允许他做我们吴国的臣子，这对我们吴国的霸业也是十分有利的。"于是夫差答应求和。

此时吴国盛极一时，乘胜向北进击，大败齐军，成为霸主。

勾践作为亡国之君来到吴国，吴王让他们夫妻白天放养

▼吴国都城遗址

马匹,晚上为吴的先王守墓;夫差出行时,勾践在车前牵马,受尽了羞辱。

勾践把仇恨藏在心里,表面上对吴王十分恭顺,又经常贿赂伯嚭,请他在吴王面前多说好话。夫差一高兴,就放勾践回国了。勾践从吴国回到国内,就尽心治国。他整天忧心苦思,为国操劳,食不甘味,睡不安席,一心致力于复国大业。他将一枚苦胆挂在自己的座位旁边,睡的时候看着它,休闲的时候也打量着它,吃饭之前,也要先尝尝这苦胆。他常常提醒自己:"你忘掉了在吴所受到的耻辱吗?"他亲自纺织,亲自种地,不吃肉食,只吃蔬菜,不穿华丽的衣服,和百姓们一样,只穿粗衣粗衫。他放下国王的架子,谦虚待人,热情地接待四方宾客,所以在短短的几年时间里,就有大量有德行有智谋的人归顺越国。

他让范蠡掌握国家大权,范蠡说:"我不合适,军事方面,我可能比文种强一些;但是治理国家,文种比我强得多。我看还是让文种来当此大任吧。"于是,就让文种来管理国家大权,而范蠡另有大任,他和另外一位大夫到了吴国做人质,这样可以迷惑对方,赢得发展的机会。

经过了十年生息,越国的力量大增,越王勾践觉得时机已经成熟,就准备向吴国报仇。大夫逢同说:"我看现在还不是时机。目前吴国是诸侯中力量最强的国家之一,我们不能轻易和它相斗。我们只能胜,不能败。凶猛的鸟袭击目标时,一定要善于隐藏它的身体,对待吴国也是如此。现在许多国家都不满于吴国,我们可以联合楚、晋、齐三国。吴国的野心很大,如果这三个国家不听他们的,他们一定会发动战争,让这三个国家先和吴交战,我们利用它的疲惫再消灭它。"

▲吴王夫差鉴

▶越王勾践剑

勾践觉得这一想法很好,就采用了。过了两年,果不出逢同所料,吴国征讨齐国,伍子胥哭着进谏:"我听说勾践能和老百姓同甘共苦,这个人不除去,一定是我吴国的心头大患,而齐国之事对我们来说只是像身上长了个脓包。大王真是打错了对象,你应该先去攻打越国。"

可是这时的夫差哪里能听进去这样的话,执意攻打齐国,得胜而归。他从战场回来后,讽刺伍子胥:"我要是听你的,在家里睡大觉,哪里会有今天的胜利?"

伯嚭与伍子胥有仇,在夫差面前离间他们的关系。夫差等到伍子胥从齐国回来,就派人赐给他一把"属镂"剑,让他自己结果自己。伍子胥拿着那把剑,知道他所预料的事发生了。他来到夫差面前,大笑不止。

夫差被他吓得向后退了几步,颤抖地说:"你死到临头,还笑什么?"伍子胥道:"我笑你这个昏君不明真相!我帮助你父亲成了霸业,又拥你为王。你当初要把江山分一半给我,我都没接受。可没过多久,你就听信谗言,要加害于我。我老了,死又何足惜!我为我们吴国的未来在心里痛哭。你这个昏君,吴国就毁在了你的手中!"夫差脸色铁青,说:"快快把这个老儿拿住杀了。"伍子胥举起"属镂"剑,喝退了上前来杀他的人,对旁边他的家人说:"我死后,把我的眼睛挖下来,挂在都城的东门上,我要亲眼看

▲范蠡

▲西施浣纱图

看越国的将士是怎样开进我心爱的国家的。"说罢,向着自己的胸膛猛地一刺,他躺在了血泊中,尸体被吴王派人扔到了江中。

在伍子胥死了之后,勾践曾经想攻打吴国,范蠡认为时机没有成熟;又过了四年,越国的力量足以和吴国抗衡了,于是勾践动员全国的力量,全民同心,讨伐吴国,以雪国耻。吴国人做梦都没有想到,越国怎么有这么多的军队。勾践率领几十万大军向吴国进发,这时的夫差沉迷于酒色,流连于美景,早就不是当年伐越时的情况了。吴国的军队也失去了起码的战斗力,根本就不堪一击。两军刚一交战,吴军便节节败退,越军长驱直入,将吴王夫差一直赶到姑苏山上,夫差派大夫公孙雄下山求和。公孙雄比当初文种表现得更加彻底,他全裸着身子,背着荆棘,跪在地上向前爬行,一直到勾践的面前,说:"无路可走的夫差派我来向您传递他的心里话,他以前得罪了您,他给您赔不是。如今您要是能高抬贵手放我们回去,他说他一定甘心做您的臣民、一定听从您的任何命令。当初在吴国时,夫差对您还是不错的,夫差愿意您对他也能像以往一样。"

勾践把夫差安置到甫东,给他五百户口,供他养老。曾经不可一世的吴王夫差对越国使者说:"我老了,不能服侍你们的君王了!"便拔剑自刎了。临死前大声说道:"我对不起伍子胥!我真没脸见他于地下啊!我死之后把我的面孔用三层布遮起来吧。"越王的军队攻进了吴国的都城,杀了好进谗言的伯嚭。到此,吴国灭亡,勾践北上与齐晋会盟于徐,拥有了今天的江苏、江西、浙江、安徽几省大部分地域的统治权,称霸一时。

▼苏州盘门

编者感言:西周强盛时,周王室直接管辖从镐京到洛邑方约千里的土地。平王东迁后,西土为秦国所有,王室直接管辖的土地还有方约600里。后来,由于诸侯的侵吞、戎族的占据和对立功诸侯的赏赐,土地越来越少,最后只有方约百里的土地。土地减少了,人口自然也跟着减少。土地、人口减少了,财力、物力、兵源自然又跟着减少。西周强盛时,王室直接管辖的军队多达14万人以上。平王东迁后,还有3万人。后来逐渐减少到几千人了。周王室自身的实力严重削弱。

作为"天下共主"的周天子,虽然名存实亡,但是周天子过去享有的权威,却是一些较大的诸侯国所朝思暮想的。于是,一些较大的诸侯国为了争夺土地、人口,为了获取周天子过去享有的政治特权和经济特权,不断进行兼并战争,争当霸主,这才是诸侯争霸的实质。

第六讲
战国时期的士大夫政权

　　本讲述说了自公元前433年，韩、赵、魏三家瓜分晋国后打发使者上洛邑去见周威烈王，要求周天子把他们三家封为诸侯。周威烈王有违名分，把三家正式封为诸侯。从那以后，韩、赵、魏都成为中原大国，加上秦、齐、楚、燕四个大国，称为"战国七雄"。

三家分晋

经过春秋时期长期的争霸战争,许多小的诸侯国被大国并吞了。有的国家内部发生了变革,大权渐渐落在几个大夫手里。这些大夫原来也是奴隶主贵族,后来他们采用了封建的剥削方式,转变为地主阶级。有的为了扩大自己的势力,还用减轻赋税的办法来笼络人心,这样,他们的势力就越来越大了。

一向称为中原霸主的晋国,到了这个时候,国君的权力也衰落了,实权由六家大夫把持。他们各有各的地盘和武装,互相攻打。后来有两家被打散了,还剩下智家、赵家、韩家、魏家。这四家中,又以智家的势力最大。

智家的大夫智伯瑶想侵占其他三家的土地,对三家大夫赵襄子、魏桓子、韩康子说:"晋国本来是中原霸主,后来被吴、越夺去了霸主地位。为了使晋国强大起来,我主张每家都拿出一百里土地和户口来归给公家。"三家大夫都知道智伯瑶存心不良,想以公家的名义来压他们交出土地。可是三家心不齐,韩康子首先把土地和一万家户口割让给智家;魏桓子不愿得罪智伯瑶,也把土地、户口让了。智伯瑶又向赵襄子要土地,赵襄子可不答应,说:"土地是上代留下来的产业,说什么也不送人。"智伯瑶气得火冒三丈,马上命令韩、魏两家一起发兵攻打赵家。

公元前455年,智伯瑶自己率领中军,韩家的军队担任右路,魏家的军队担任左路,三队人马直奔赵家。赵襄子自知寡不敌众,就带着赵家兵马退守晋阳,智伯瑶率领的三家人马已经把晋阳城团团围住。赵襄子吩咐将士们坚决守城,不许交战。逢到三家兵士攻城的时候,城头上箭好像飞蝗似的落下来,使三家人马没法前进一步。晋阳城死守两年多,三家兵马始终没有能把它攻下来。

有一天,智伯瑶到城外察看地形,看到晋阳城东北的那条晋水,忽然想出了一个主意:晋水绕过晋阳城往下流去,要是把晋水引到西南边来,晋阳城不就淹了吗?他就吩咐兵士在晋水旁边另外挖一条河,一直通到晋阳,又在上游筑起坝,拦住上游的水。这时候正赶上雨季,水坝上的水满了,智伯瑶命令兵士在水坝上开了个豁口。这样,大水就直冲晋阳,灌到城里去了。城里的房子被淹了,老百姓不得不跑到房顶上去避难,灶头也被淹没在水里,人们不得不把锅子挂起来做饭。可是,晋阳城的老百姓恨透了智伯瑶,宁可淹死,也不肯投降。

智伯瑶约韩康子、魏桓子一起去察看水势。他指着晋阳城得意地对他们两人说:"你们看,晋阳不是就快完了吗?早先我还以为晋水像城墙一样能

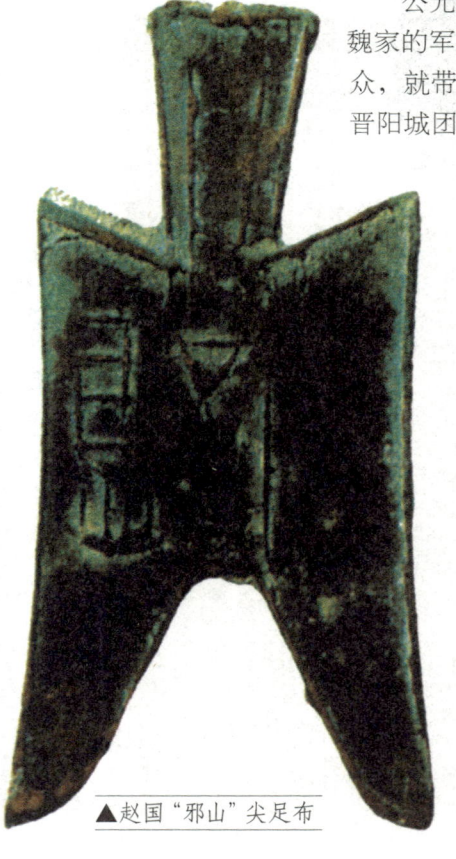

▲赵国"邪山"尖足布

拦住敌人,现在才知道大水也能灭掉一个国家呢。"韩康子和魏桓子表面上顺从地答应,心里暗暗吃惊。原来魏家的封邑安邑、韩家的封邑平阳旁边各有一条河道。智伯瑶的话正好提醒了他们,晋水既能淹晋阳,说不定哪一天安邑和平阳也会遭到晋阳同样的命运呢。

晋阳被大水淹了之后,城里的情况越来越困难了。赵襄子非常着急,对他的门客张孟谈说:"民心固然没变,可是要是水势再涨起来,全城也就保不住了。"张孟谈说:"我看韩家和魏家把土地割让给智伯瑶,是不会心甘情愿的,我想办法找他们两家说说去。"当天晚上,赵襄子就派张孟谈偷偷地出城,先找到了韩康子,再找到魏桓子,约他们反过来一起攻打智伯瑶。韩、魏两家正在犹豫,给张孟谈一说,自然都同意了。

第二天夜里,过了三更,智伯瑶正在自己的营里睡着,猛然间听见一片喊杀的声音。他连忙从卧榻上爬起来,发现衣裳和被子全湿了,再定睛一看,兵营里全是水。他开始还以为大概是堤坝决口,大水灌到自己营里来了,赶紧叫兵士们去抢修。但是不一会,水势越来越大,把兵营全淹了。智伯瑶正在惊慌不定,一霎时,四面八方响起了战鼓声。赵、韩、魏三家的士兵驾着小船、木筏一齐冲杀过来,智家的兵士,被砍死的和淹死在水里的不计其数。智伯瑶全军覆没,他自己也被三家的人马逮住杀了。赵、韩、魏三家灭了智家,不但把智伯瑶侵占两家的土地收了回来,连智家的土地也由三家平分。以后,他们又把晋国留下的其他土地也瓜分了。

公元前433年,韩、赵、魏三家打发使者上洛邑去见周威烈王,要求周天子把他们三家封为诸侯。周威烈王想,不承认也没有用,不如做个顺水人情,就把三家正式封为诸侯。从那以后,韩、赵、魏都成为中原大国,加上秦、齐、楚、燕四个大国,历史上称为"战国七雄"。

▼水军作战图

商鞅变法

战国初年,秦国旧贵族势力较强,阻碍了政治经济的发展。到秦孝公时,局面依然无法改变,又受到魏、楚两国的侵迫,中原各国常以夷狄视之。在内外压力之下,秦孝公迫切要求变法图强。卫人公孙鞅闻孝公求贤,入秦与孝公讨论富国强兵之道。孝公立即任用公孙鞅为左庶长,开始变法。后来秦封公孙鞅于商,故又号商鞅。

公元前356年,商鞅南门立木,下变法令:鼓励地主垦荒,发展封建经济;要求努力耕织,生产多的可免徭役;废除奴隶主贵族世袭特权,制定普遍按军功给予爵位的制度,根据爵位等级占有田宅和奴隶;采用李悝《法经》作为法律,编制户籍,实行连坐法;规定凡民有二子以上不分家者,"倍其赋"。商鞅的新法令与旧贵族的利益相抵触,太子师傅公子虔、公孙贾等鼓动太子反对变法。商鞅严罚太子的师傅以儆众,从此无人敢公开反对,新法得以顺利推行。

公元前350年,秦从雍迁都到咸阳,商鞅又下第二次变法令:为使父子、男女有别,禁止家人"同室内息";统一度量衡制;将全国的小都、乡、邑集合成41县,县置令、丞,旧贵族的封邑被彻底破坏;废井田,开阡陌,允许土地买卖,承认土地私有权,改变了对田地的使用和分配方法,为地主经济的发展铺平道路。秦国经过变法,成为新型的地主政权,国家富强起来,开始逐步向东发展。公元前338年,秦孝公死,子惠王即位,奴隶主贵族乘机反攻,商鞅被车裂的酷刑杀害。由于新法顺应了封建制发展的历史趋势,因而其成果仍沿袭不变,终于使秦走上日益强大的道路,为秦后来剪灭群雄、统一中国奠定了基础。

▲商鞅

▲南门立木

胡服骑射

当楚国正在遭到秦国欺负的时候，北方的赵国倒在发愤图强。赵国的国君武灵王，眼光远，胆子大，想方设法要把国家改革一番。

赵武灵王对他的臣子楼缓说："我觉得咱们穿的服装，长袍大褂，干活打仗，都不方便，不如胡人（泛指北方的少数民族）短衣窄袖，脚上穿皮靴，灵活得多。我打算仿照胡人的风俗，把服装改一改，你们看怎么样？"

楼缓听了很赞成，说："咱们仿照胡人的穿着，也能学习他们打仗的本领了，是不是？"赵武灵王说："对啊！咱们打仗全靠步兵，或者用马拉车，但是不会骑马打仗。我打算学胡人的穿着，就是要学胡人那样骑马射箭。"

第二天上朝的时候，赵武灵王首先穿着胡人的服装出来。大臣们见到他短衣窄袖的穿着，都吓了一跳。赵武灵王把改胡服的事向大家讲了，可是大臣们总觉得这件事太丢脸，不愿这样办。赵武灵王有个叔叔公子成，是赵国一个很有影响的老臣，头脑十分顽固。他听到赵武灵王要改服装，就干脆装病不上朝。

赵武灵王下了决心，非实行改革不可。他就亲自上门找公子成，跟公子成反复地讲穿胡服、学骑射的好处，公子成终于被说服了，赵武灵王立即赏给公子成一套胡服。大臣们一见公子成也穿起胡服来了，没有话说，只好跟着改了。赵武灵王正式下了一道改革服装的命令。过了没有多少日子，赵国人不分贫富贵贱，都穿起胡服来了。有的人开头觉得有点不习惯，后来觉得穿了胡服，实在方便得多。

赵武灵王接着又号令大家学习骑马射箭。不到一年，训练了一支强大的骑兵队伍。公元前305年，赵武灵王亲自率领骑兵打败邻近的中山，又收服了东胡和邻近几个部落。到了实行胡服骑射的第七年，中山、林胡、楼烦都被收服了，还扩大了好多土地。赵武灵王就打算同秦国比个高低。

赵武灵王经常带兵在外打仗，把国内的事交给儿子管。公元前299年，他正式传位给儿子，就是赵惠文王，武灵王自己改称"主父"。

赵主父为了要打败秦国，把国内的事安排好以后，决心亲自到秦国去考察一番地形，并且观察一下秦昭襄王的为人。他打扮成赵国的一名使臣，带着几个手下人，上秦国去。到了咸阳，赵主父以使臣的身份拜见秦昭襄王，还向他报告了赵武灵王传位的事情。秦昭襄王接见了那个假"使臣"后，觉得那个"使臣"的态度举止，既大方，又威严，不像个普通人，心里有点犯疑。过了几天，秦昭襄王又派人去请他，发现那个"使臣"已经不告而别了，客馆里留着一个赵国来的手下人。秦昭襄王把他找来一问，才知道他接见的原来就是有名的赵主父。秦昭襄王大吃一惊，立刻叫大将白起带领精兵，连夜追赶。追兵到函谷关，赵主父已经出关三天了。

▲赵国马匹护甲

完璧归赵

公元前283年,秦昭襄王派使者带着国书去见赵惠文王,说秦王情愿让出十五座城来换赵国收藏的一块珍贵的"和氏璧",希望赵王答应。赵惠文王就跟大臣们商量,要不要答应。想要答应,怕上秦国的当,丢了和氏璧,拿不到城;要不答应,又怕得罪秦国。议论了半天,还不能决定该怎么办。

当时有人推荐蔺相如,说他是个挺有见识的人。赵惠文王就把蔺相如召来,要他出个主意。蔺相如说:"秦国强,赵国弱,不答应不行。"赵惠文王说:"要是把和氏璧送了去,秦国取了璧,不给城,怎么办呢?"蔺相如说:"秦国拿出十五座城来换一块璧玉,这个价值是够高的了。要是赵国不答应,错在赵国。大王把和氏璧送了去,要是秦国不交出城来,那么错在秦国。宁可答应,叫秦国担这个错。"赵惠文王说:"那么就请先生上秦国去一趟吧。可是万一秦国不守信用,怎么办呢?"蔺相如说:"秦国交了城,我就把和氏璧留在秦国;要不然,我一定把璧完好地带回赵国。"

蔺相如带着和氏璧到了咸阳,秦昭襄王得意地在别宫里接见他。蔺相如把和氏璧献上去,秦昭襄王接过璧,看了看,挺高兴。他把璧递给美人和左右侍臣,让大伙儿传着看。大臣们都向秦昭襄王庆贺。蔺相如站在朝堂上等了老半天,也不见秦王提换城的事。他知道秦昭襄王不是真心拿城来换璧,于是上前对秦昭襄王说:"这块璧虽说挺名贵,可是也有点小毛病,不容易瞧出来,让我来指给大王看。"秦昭襄王信以为真,就吩咐侍从把和氏璧递给蔺相如。蔺相如一拿到璧,往后退了几步,靠着宫殿上的一根大柱子,瞪着眼睛,怒气冲冲地说:"大王派使者到赵国来,说是情愿用十五座城来换赵国的璧。赵王诚心诚意派我把璧送来。可是,大王并没有交换的诚意。如今璧在我手里,大王要是逼我的话,我宁可把我的脑袋和这块璧在这柱子上一同撞碎!"说着,他拿着和氏璧,对着柱子做出要撞的样子。秦昭襄王怕他真的撞坏了璧,连忙向他赔不是,说:"先生别误会,我哪儿能说了不算呢?"就命令大臣拿上地图来,并且把准备换给赵国的十五座城指给蔺相如看。蔺相如说:"赵王送璧到秦国来之前,斋戒了五天,还在朝堂上举行了一个很隆重的仪式。大王如果诚意换璧,

▼蔺相如像

▲完璧归赵

也应当斋戒五天,然后再举行一个接受璧的仪式,我才敢把璧奉上。"秦昭襄王说:"好,就这么办吧。"吩咐人把蔺相如送到宾馆去歇息。

蔺相如回到宾馆,叫一个随从的人打扮成买卖人的模样,把璧贴身藏着,偷偷地从小道跑回赵国去了。

过了五天,秦昭襄王召集大臣们和别国在咸阳的使臣,在朝堂举行接受和氏璧的仪式,叫蔺相如上朝。蔺相如不慌不忙地走上殿去,向秦昭襄王行了礼。秦昭襄王说:"我已经斋戒五天,现在你把璧拿出来吧。"蔺相如说:"秦国自秦穆公以来,前后二十几位君主,没有一个讲信义的。我怕受欺骗,丢了璧,对不起赵王,所以把璧送回赵国去了。请大王治我的罪吧。"秦昭襄王听到这里,大发雷霆,说:"是你欺骗了我,还是我欺骗你?"蔺相如镇静地说:"请大王别发怒,让我把话说完。天下诸侯都知道秦是强国,赵是弱国。天下只有强国欺负弱国,绝没有弱国欺压强国的道理。大王真要那块璧的话,请先把那十五座城割让给赵国,然后打发使者跟我一起到赵国去取璧。赵国得到了十五座城以后,绝不敢不把璧交出来。"秦昭襄王听蔺相如说得振振有词,不好翻脸,只得说:"一块璧不过是一块璧,不应该为这件事伤了两家的和气。"结果,还是让蔺相如回赵国去了。

蔺相如回到赵国,赵惠文王认为他完成了使命,就擢升他为上大夫。秦昭襄王本来也不存心想用十五座城去换和氏璧,不过想借这件事试探一下赵国的态度和力量。蔺相如完璧归赵后,他也没再提交换的事。

政归嬴政

公元前 251 年,秦昭襄王去世,子嬴柱继承了王位,是为孝文王。孝文王立子嬴异人为太子。

公元前250年,孝文王正式继承了王位,但在位三天就去世了,嬴异人继位,是为秦庄襄王。公元前 249 年,庄襄王去世后,太子嬴政继承了王位。当时嬴政只有十三岁,吕不韦任秦国的相国,决定一切国家大事,嬴政称他为"仲父"。

▲吕不韦像

在秦王嬴政刚即位时,太后赵姬保持着与文信侯吕不韦的私情。嬴政渐渐长大,吕不韦担心此事败露,给自己招致祸患,便将自己的舍人嫪毐假充作宦官,献给太后。太后宠幸嫪毐,与他生有二子,并封嫪毐为长信侯,把太原作为嫪毐的封地,并由嫪毐来决定政事。宾客中请求做嫪毐舍人的人非常多,嬴政身边有人曾与嫪毐发生过争执,因此告发嫪毐实际并不是阉割过的宦官。嬴政于是下令将嫪毐交给司法官吏治罪,嫪毐惊恐,便盗用御玺,假托秦王之命调兵遣将,企图攻打嬴政居住的蕲年宫,发动叛乱。嬴政派相国昌平君、吕文君发兵讨伐嫪毐,在咸阳开战,杀死叛军数百人,嫪毐在败逃之时被秦王的军队抓获。九月,嬴政下令诛灭嫪毐父族、母族、妻族三族,并将其党羽车裂,杀掉这些党羽的宗室,舍人中因罪过较轻被放逐到蜀地的共四千多家。同时将太后囚禁到雍城,杀了她与嫪毐所生的两个儿子。

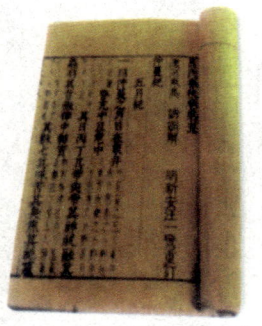

▲《吕氏春秋》书影

嬴政下令说:"有敢于因为太后之事对我进行规劝的,一律斩首,砍断四肢,堆积在宫阙之下!"于是,有 27 人为此而死。

齐国来的客卿茅焦来见秦王说道:"我听说有生命的人不讳谈人死,有国家的人不讳谈国亡;忌讳死的人不能维持人的生命,忌讳亡的人也不能保证国家的生存。有关生死存亡之道,是圣明的君主急于了解的,陛下不想听我说一说吗?"嬴政道:"你要谈什么?"茅焦说:"陛下有狂妄悖逆的行为,难道自己不知吗?车裂仲父,把两个弟弟装进囊袋中用刑具拷打致死,将母亲迁移到雍城囚禁,残杀敢于进谏的臣子,即使是夏桀、商纣王也不至于暴虐到这个地步!如今天下的人听说了这些暴行,人心便全都涣散瓦解,再也不会有人向往秦国了。我为此私下里替陛下担忧!我的话都说完了!"于是便解开衣服,伏身在刑具上,等待受刑。嬴政闻言顿悟,急忙下殿,亲自搀扶茅焦说:"我愿意接受你的劝导!"并授予茅焦上卿的爵位。

翌日,嬴政亲自驾车接太后回咸阳,母子和好如初。

▼彩绘铜车

秦灭六国

公元前258年,秦国灭周,秦昭襄王就把九鼎迁到秦国国都咸阳去了,这标志着秦国完全取代了周王室的地位。

秦国从公元前278年起,开始对关东六国展开了凌厉的攻势,就是在这一年,秦将白起率军攻下了楚都郢,秦在这里设立了南郡,迫使楚迁都于陈,白起因功封为武安君,揭开了秦灭六国、统一中国的序幕。次年,秦派蜀守张若夺得楚的巫郡和黔中郡。

▲秦长城

公元前260年,白起攻韩,又与赵争夺韩的上党郡。在长平,大破赵军,杀赵军统帅赵括,全坑杀赵的士卒四十余万人,此战役的胜利奠定了秦灭六国、统一中国的基础。

公元前230年,秦国派内史腾灭韩,前225年灭魏。前224年,秦将王翦以六十万大军伐楚,次年灭楚。前222年灭燕、赵,前221年灭齐,统一了六国。

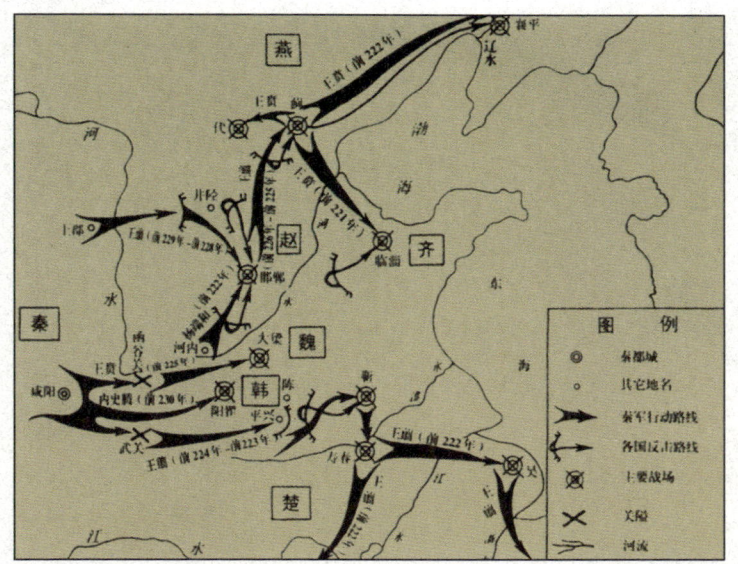
◀秦灭六国图

编者感言:周文王演绎《周易》,天尊地卑,确定了乾坤、规范了礼教。使君臣有别、名分有序。文王、武王开创的政权能够绵绵不断地延续下来,就是因为周王朝前期的子孙后裔能够守定名分的缘故。晋文公为周朝建立了大功,就向周襄王请求允许他死后享用王室的随葬礼制,而周襄王不答应,说:"周王朝制度明确。没有改朝换代而有两个天子的,这也是叔父你所反对的。如果不是这样,叔父你有地,愿意随葬,又何必请求我呢?"晋文公于是感到畏惧而不敢破坏礼制。还有像鲁国的季氏、齐国的姜氏、晋国的智伯,其势力都大得足以废君而自立,但都始终不敢这样做,就是害怕有违名分而招致天下的讨伐。

但自幽、厉王后,纲纪破坏,国运衰败,士大夫擅自为政,礼教从总体上已经有十之七八沦丧了。田氏可以代齐,三家可以分晋。所以泱泱成周的灭亡,正是因为它自己破坏了礼教啊!

第七讲
中华一统大秦帝国

秦王嬴政统一了天下,建立了秦朝,实行了一系列新的政策和措施,创立了一套以皇帝为中心的官僚制度,把全国大权都集中到皇帝手里,加强了皇权。传至二世而折,迅即覆亡。

秦始皇统一后实行的改制

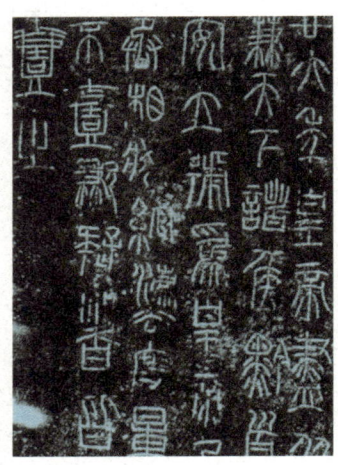

秦王嬴政统一了天下,建立了秦朝,定都咸阳。秦朝疆域西自陇西,东到大海,北起长城一带,南至象郡。

秦以前,统治者最高称号是王。商、周君主都称为王。后来周室衰微,群雄并起,各诸侯国君相继称王。经过十几年的你兼我并,最后秦国统一。

▲秦统一度量衡制度诏版

▲秦始皇

秦朝建立后,秦王嬴政觉得自己具备了三皇德行,功业超过了五帝,所以改称号为皇帝,自称"始皇帝",继承者依次为二世、三世皇帝,直至万世,无穷无尽地传下去。

为了巩固统一,维护封建统治,秦朝实行了一系列新的政策和措施,创立了一套以皇帝为中心的官僚制度,把全国大权都集中到皇帝手里。在皇帝下面,设置了丞相、御史大夫和太尉等官职,协助皇帝处理朝政。他们都由皇帝任免,绝对服从和执行皇帝的命令,皇帝具有至高无上的权威。

秦朝推行郡县制。秦朝废除了古代分土封藩的制度,把全国划分为三十六个郡(以后陆续增设到四十多个郡);郡下设县,郡县的长官都由皇帝直接任免。这样,

▶▼秦始皇宣扬统一全国功绩的琅琊刻石

皇帝把统治全国的权力紧紧掌握在自己手中,加强了封建专制的中央集权。

战国时代各国度量衡的长度、容量、重量不同,单位名称也不一致。秦朝把商鞅制定的度量衡标准作为统一标准,在全国范围内使用。

战国时代各国货币的形状、大小、轻重和计算单位不同。秦朝把货币分作二等——黄金为上币,圆形方孔的铜钱为下币,以此通用全国。

战国时代,各国使用的文字不同。秦朝以小篆作为标准字体,在公文法令中通用,接着又将比小篆书写更简便的字体隶书推行全国。

秦朝通过这些政策和措施,消除了分裂割据的影响,促进了全国范围内的经济、文化联系,巩固和加强了封建中央集权和多民族国家的统一。秦朝建立的封建专制的中央集权制度,两千多年来基本上一直为后来的封建朝代所沿用,后人赞誉这种情况是"百代皆行秦政法"。

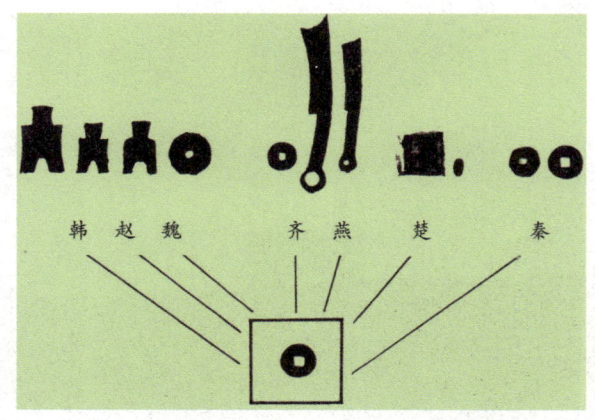

▲秦统一各国货币示意图

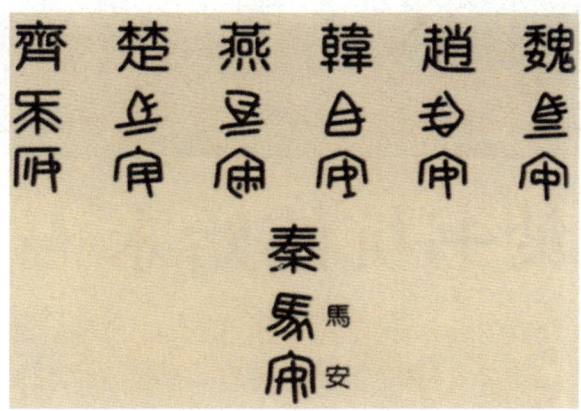

▲秦统一文字表

▼秦代长城示意图

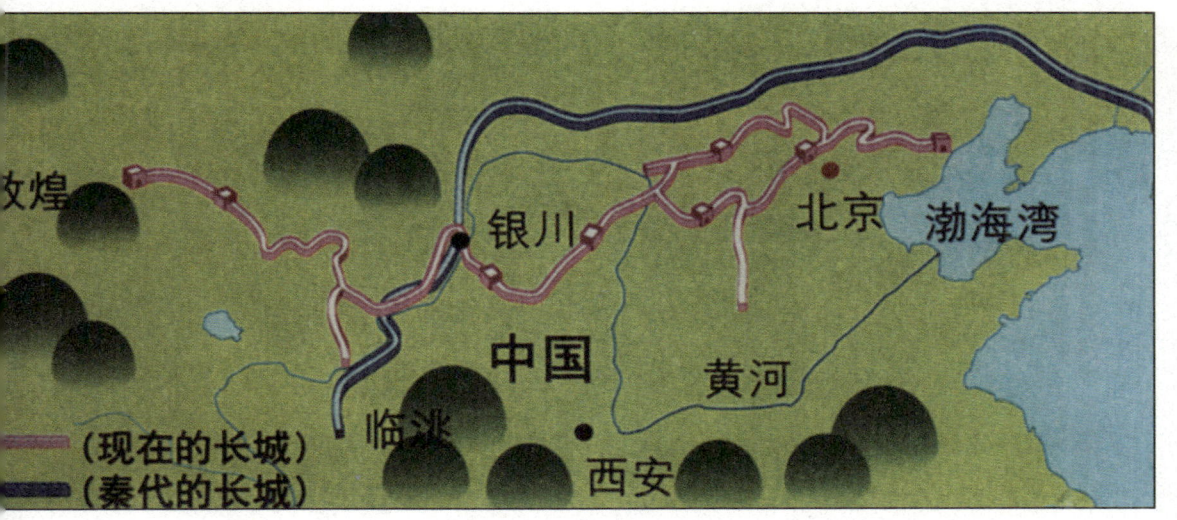

▲秦坑儒谷

焚书坑儒始末

秦朝统一以后，博士淳于越又提出恢复分封制的主张。大臣李斯坚决反对，李斯说："五帝不相复，三代不相袭。"认为不同的时代，有不同的统治方法，儒生以古非今，私学诽谤朝政，要求对他们加以禁止。

公元前213年，秦始皇下令：除秦朝国史、医药、术数、农技、园艺等著作，其他一律限期交到官府，统一焚毁。逾期不交者处以黥刑或罚做苦役，凡谈论《诗》《书》等儒家经典者处死，借古谤今者灭族，废止私学，欲学者以吏为师。这就是著名的"焚书"。

秦始皇晚年为求长生不老，遂寄望方士可为他寻觅不死仙药。但因方士侯生、卢生等人斥骂秦始皇，始皇大怒，说："卢生等人，我尊敬他们，并重重地赏赐他们，现在竟敢诽谤我！这些在咸阳的人，我曾派人去访过，其中有的人竟妖言惑众！"于是下令御史拿问诸生。其时受株连的儒生达四百六十余人，全部被活埋于咸阳。谪罚更多的人流放到边地戍守，还向全国宣扬，让大家都知道这件事，以惩戒后世。这就是后世所说的"坑儒"。

秦始皇的"焚书坑儒"虽加强了思想控制，但对中国文化则是一次严重的摧残，标志着封建文化专制主义的开始。

▲秦始皇焚书坑儒图

秦始皇的死与胡亥篡位

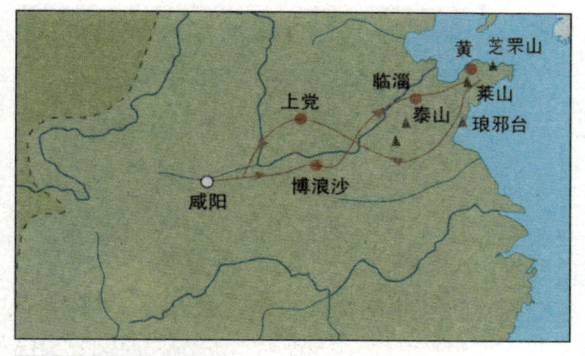

▲行刺博浪沙地理图

秦始皇在统一全国后的第二年,下令开始修筑驰道,以供巡狩之用。为了"示疆威,服海内",秦始皇先后五次巡视全国,足迹所至,北到今天的秦皇岛,南到江浙湖北湖南地区,东到山东沿海,并在邹峄山、泰山、芝罘山、琅琊、会稽、碣石等地留下刻石,以表彰自己的功德。此外又依古代帝王惯例,于泰山祭告天地,以表示受命于天,谓之"封禅"。

公元前218年,秦始皇再次东出函关巡行东方,当其车驾行至河南阳武博浪沙时,从道旁杂草树丛中突然跳出一个人,此人将手中的凶器掷向安车,但是秦始皇坐在安车后面的专车中,因此没有受伤。秦始皇十分愤怒,下令搜遍天下,杀人无数。

公元前210年,秦始皇最后一次巡游,南下云梦,沿长江东至会稽,又沿海北上返山东莱州,在西返咸阳途中于沙丘病逝。李斯和赵高密不发丧,毁掉秦始皇遗诏,又伪造了一份假遗诏,处死太子,改由次子胡亥继位。当时天气很热,秦始皇的尸体很快就发臭了,李斯便让从官用车装了很多鲍鱼,用鲍鱼的臭味掩盖尸体的臭味,回到咸阳,发布治丧的报告。于是胡亥继承了皇位。

▲秦始皇陵遗址

▼秦始皇陵兵马俑

秦朝当亡

二世胡亥和赵高葬了秦始皇以后，做贼心虚，怕篡夺皇位的事泄露出来。赵高撺掇胡亥杀害自己的兄弟和大臣，把十二个公子和十个公主都定了死罪，受株连的大臣更是不计其数。过了一年，赵高又用诡计唆使二世把丞相李斯也逮捕起来杀了。赵高自己当了丞相，独掌大权。公元前209年7月，有900多人被征发到渔阳屯戍，行至大泽乡，为大雨所阻，不能如期到达戍所。按照秦律，失期当斩，所以人人惶恐。戍卒中有两名屯长，一是陈胜，字涉，阳城人；一是吴广，字叔，阳夏人。他们用"鱼腹丹书""篝火狐鸣"的计策，策动戍卒起义，提出"大楚兴、陈胜王"的口号，起兵反秦。

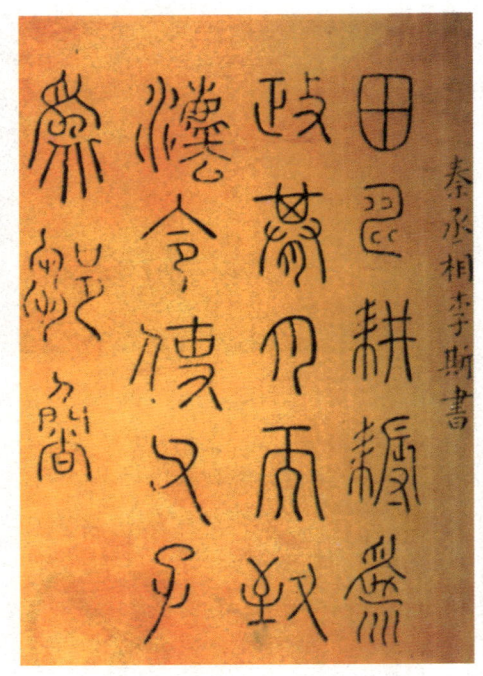

▲李斯的书法

▲秦二世铁诏版

起义军迅速攻下了好几个县城，由于不断有百姓参加，部队发展得很快，当攻占陈县时，已拥有步兵数万，骑兵千余，战车六七百辆，陈胜就自立为王，国号张楚（意为张大楚国），任命吴广为假王，率军向西进攻荥阳，命武臣、张耳、陈余等北伐赵地，邓宗南征九江郡，周市夺取魏地。在全国范围内，尤其是旧楚国境内，百姓和旧贵族也纷纷起兵反秦。吴广围攻荥阳不下，陈胜另派周文为将军西向击秦。秦二

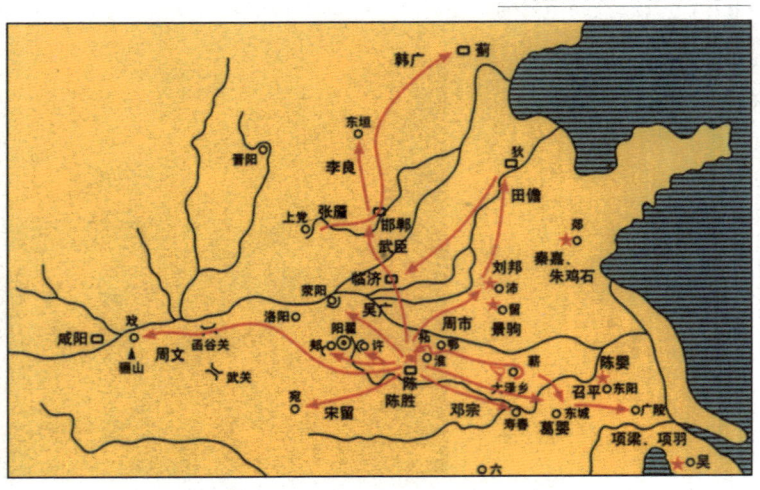

▼陈胜、吴广起义示意图

世慌忙令少府章邯将修筑秦始皇坟墓的刑徒和奴隶编成军队迎战。义军由于缺乏战斗经验，又孤军深入，接连受挫，周文自杀。

随着反秦战争的发展，起义军内部的弱点和矛盾也逐步暴露出来，陈胜变得骄傲，听信谗言，诛杀故人，与起义群众日益疏远，派往各地的将领也不再听从他的节制。围攻荥阳的假王吴广也与义军将领田臧意见不合，田臧竟假借陈胜的命令杀死吴广，结果导致这支队伍全军覆灭。章邯在荥阳获胜，乘胜猛扑陈县，陈胜接战不利，突围逃至城父，被叛徒庄贾杀害。此后陈胜的部将吕臣率领的苍头军虽两度收复陈县，处死庄贾，但张楚政权已不复存在。陈胜、吴广起义虽不到一年而败亡，但因此而在全国燃起反秦烈火，以项梁、项羽为盛。

公元前208年，项梁战败被杀，楚怀王迁都彭城。他把部队作了一番调整，派宋义、项羽救赵，遣刘邦向西进攻关中，并与诸将约定"先入关中者王之"。刘邦率军从彭城出发，过昌邑，遇彭越，共同攻打秦军，战不利；听从郦食其的建议攻破陈留，获得秦积粟；继而攻略南阳，招降宛城守将，宛城以西的郡邑闻风而降，遂迅速攻入武关，于公元前206年10月进抵灞上。此时秦朝廷又发生政变，丞相赵高杀死秦二世而立其侄儿子婴为秦王，子婴又杀赵高。子婴虽还想抵抗倒秦势力，但秦军屡败，不得已，只得向刘邦投降，秦朝灭亡。

▲写有"张楚"二字的帛

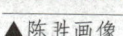

▲陈胜画像

▶秦二世陵

编者感言： 始皇曾以何等之气势鲸吞六国、完成一统。为了谋求秦帝国之长治久安、千古不灭，以成就万世一系之帝业，使子孙万代永承秦祚，始皇又雷霆万钧地推行了一系列大一统之措施，并遣人四处寻访长命不死之仙药。结果不仅始皇本人无法长生不老，就连秦王朝亦二世而折、迅即覆亡，前后不过十五年。秦始皇时的苦役重税、严刑峻法、焚书坑儒诸般暴政，早已决定了秦帝国之短命，有道是"秦皇帝身在之时，天下已坏矣，而弗自知矣"。而秦二世之暴虐昏庸，赵高等之擅权乱政，则更加速了秦之灭亡。在暴秦之统治下，不但平民无以为生，而六国贵族亦深感国破家亡之苦，时时不忘复国。故陈胜、吴广揭竿而起，全国瞬即骚动，秦朝顷刻覆灭。在各地倒秦的势力之中，六国遗民实是不容忽视的力量。

第八讲
刘邦与项羽：楚汉相争

本讲讲述刘邦、项羽逐鹿中原。项羽不善用人，政事军事又连连失策；刘邦聚萧何之深、张良之谋、韩信之诈、陈平之诡，熔于一炉，融会贯通，打败项羽，终于赢得天下。

鸿门之宴

陈胜、吴广起义失败后,项梁的义军得以强大。项羽是项梁的侄儿,刘邦是项梁的部下。巨鹿一战,项羽名声大振,已是楚军与各路诸侯的首领,刘邦攻下武关,约法三章,深得民心,人们都望刘邦能留在关中为王。

刘邦至咸阳,原欲住下,因听从樊哙、张良的

▲项羽像

劝谏,遂封存秦廷的重宝府库,还军灞上,以待项羽和诸侯到来再作处分。按照当初约定,先入关中者为王。项羽军后至,他恐怕刘邦称王,便欲兴兵伐之。刘邦害怕,便收买了项羽的叔父项伯,让他转告项羽自己并无背反之意,并答应次日到项羽军中谢罪。项羽的谋士范增主张利用刘邦前来谢罪之机除掉他。第二天,项羽在鸿门摆下酒宴,并设下埋伏。

刘邦第二天带领一百骑兵随从到鸿门来见项羽,道歉说:"我与将军你合力攻打秦,您在黄河以北作战,我在黄河以南战斗,没想到自己能先进入关中破秦,得以与您再次相见。如今有小人搬弄是非,使你我之间产生了隔阂。"项羽说:"这是你的左司马曹无伤散布的流言,否则我何至于此啊!"于是留刘邦一起喝酒。范增频频使眼色给项羽,要他杀死刘邦,项羽毫无反应。范增起身出帐,招来项庄,要他以舞剑为由击杀刘邦,却每每被项伯所阻,项庄没有下手的机会。

坐了一会,刘邦假装如厕,叫出

◀古画《鸿门宴》

樊哙。刘邦说:"我现在不告而别,如何是好?"樊哙道:"人为刀俎,我为鱼肉,还有什么好告辞的!"于是刘邦独自骑马,樊哙、夏侯婴等持剑快步相随,取道芷阳,抄小路奔回灞上,留下张良向项羽辞谢。

张良估计刘邦已到军中,方才进去告罪:"沛公不胜酒力,无法前来告辞,特派我捧上白璧一对,敬献给将军,玉杯一双,敬献亚父。"项羽说:"沛公现在哪里?"张良说:"听说你要责备他,便独自抽身离去,现在已到军中。"项羽接受了玉璧,放置座上,范增拔剑击碎玉杯道:"竖子不足与谋,夺取天下的肯定是刘邦!"刘邦回到军营,立诛曹无伤。二月,项羽封刘邦为汉王,统辖巴、蜀两地和汉中郡。

▲张良像

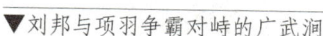

▼刘邦与项羽争霸对峙的广武涧

楚汉之争

刘邦以汉中为基地，安定巴蜀，收复三秦；后乘项羽出击，攻占关中。双方在彭城展开决战，汉军大败。刘邦逃至下邑，收集散亡的士卒，于公元前205年5月驻军荥阳南。萧何又发关中老弱前往增援，汉军复振。刘邦筑通道以取敖仓粟济军。这样，楚汉双方在此对峙了一年多。项羽屡次侵夺甬道，汉军乏食，刘邦向项羽求和，请割荥阳以西为汉地，项羽不同意。当时为项羽出谋划策的主要是亚父范增，陈平用计离间项、范君臣，项羽果然中计怀疑范增，范增怒而辞归，中道病死，项羽失去臂助。

公元前204年，项羽兵围荥阳，汉军绝食，危在旦夕。陈平先将城内二千余女子穿上军装，在晚上放出东门，楚军以为汉军，四面合击；同时，将军纪信装扮成刘邦模样，乘坐汉王车驾，驰赴楚营，声称："食尽，汉王降。"楚军信以为真，山呼万岁，奔到城东围观。刘邦趁机率领数十骑从东门逃遁，纪信则为项羽所烧死。刘邦临逃前又令周苛、魏豹和枞公守荥阳。魏豹就是项羽分封的西魏王，后叛楚附汉。周苛与枞公商量，认为"反国之王，难与守城。"就杀了魏豹。后城破，周苛、枞公都为项羽所杀。

公元前204年5月，汉王刘邦从荥阳围城中逃出，先至成皋，又西进函谷关征集兵力，出军于宛叶间，并派人说服项羽的悍将英布叛楚附汉。项羽闻讯，引兵前来，刘邦坚壁不与他交战。此时正好彭越攻下邳，大败楚军，项羽遂先引兵东击彭越。汉王乘机移军攻占成皋。项羽击退彭越后，再度引兵西向，攻破荥阳，围困成皋。刘邦从北门逃出，北渡黄河至修武。次日晨，自称汉王使者驰入韩信、张耳军营，收取军权，而命他们另行召募军队击齐。刘邦收得韩、张之军，声势复振，固守修武，与彭越复击破楚军，攻下梁地十余城。项羽反攻梁地，令大司马曹咎固守成皋，嘱咐他"若汉军来挑战，慎勿与战"。汉军果然来挑战，楚军不出，于是汉军百般辱骂，如是者五六日，曹咎怒不可遏，遂渡汜水应战。当半渡时，汉军击之，大败楚军，曹咎自杀，汉军重新占领成皋，屯军广武，控制敖仓，取得军粮。项羽闻成皋失守，不得已改变原来作战计划，引军复来。从此，楚汉大军对垒于广武。就军力而言，楚强汉弱；但就整个形势而言，恰恰相反。汉军兵源粮秣自关中顺黄河而下源源接济；楚军的后勤补给线却为彭越所绝断。项羽希望速战速决，刘邦则是固垒自守。

项羽把刘邦的父亲太公（在彭城之战时抓来的）置于高俎上，令人对刘邦说："如果不立即投降，我便把太公烹了。"刘邦却沉着回答说："我和项羽当年都是楚怀王的臣子，相约为兄弟，我的父亲也就是他的

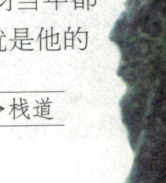

▶栈道

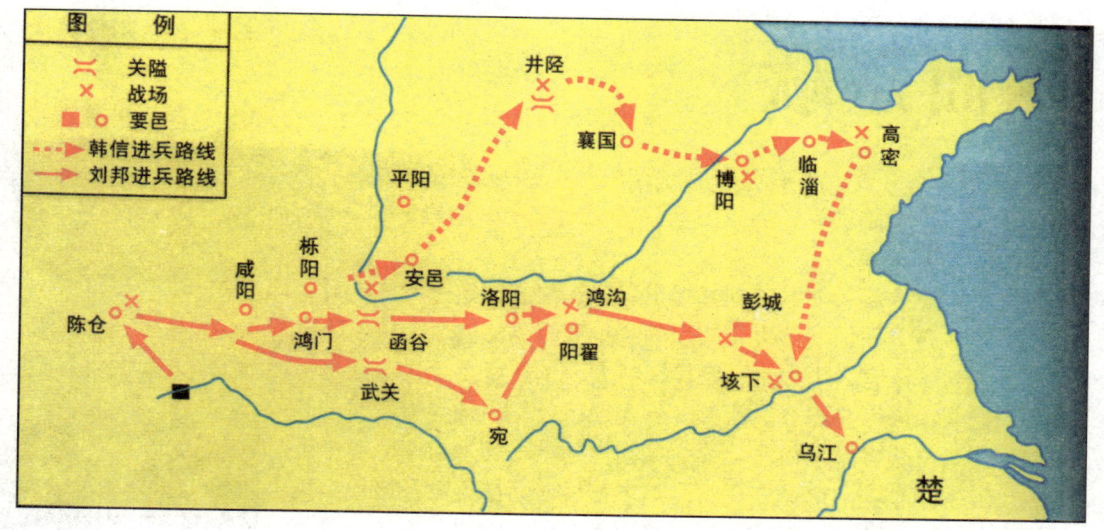

▲楚汉之争示意图

父亲,如果他一定要烹太公,就请他分我一杯羹吧!"项羽虽然很恼,但经项伯一劝,觉得杀太公也无济于事,只得作罢。

项羽约请刘邦阵上相见,项羽对刘邦说:"天下汹汹已经好几年了,都是因为我们俩的缘故,愿与您一决雌雄,何必老是使老百姓受苦!"刘邦笑着拒绝,说"我宁斗智,不与您斗力",并历数项羽十大罪状。项羽大怒,伏弩射中刘邦胸部,刘邦却说射中脚趾。刘邦受伤后,听从张良建议,强起劳军,以安军心,劳军后,再回成皋。

公元前205年,汉王刘邦暗度陈仓,平定关中,留萧何经营,自率大军出关与项羽逐鹿中原,三月到达洛阳,听从新城三老董公的建议,为义帝发丧,遍告诸侯"愿从诸侯王击楚之杀义帝者"。各诸侯王响应号召,由刘邦统率,合计兵力五十余万,向楚都彭城进发。到达外黄,彭越又将兵三万归汉,刘邦封他为魏相国,令其率部平定梁地。当时西楚霸王项羽正在全力进攻齐国,彭城空虚,所以刘邦所率的联军在四月就攻下彭城。胜利来得太容易了,刘邦就骄傲起来,收宝货美女,日日置酒高会。项羽闻讯,留其部将驻守齐地,亲率精兵三万,星夜回军,越过胡陵,赶到彭城附近的萧县。次日晨,与汉军在彭城灵璧东睢水上大战,汉军大败,被杀、被溺死的二三十万人,"睢水为之不流"。项羽又派人到沛县把刘邦的父母妻子抓到自己的军中作为人质。诸侯王见楚强汉败,复又背汉附楚。

▼张良吹箫破楚兵

四面楚歌

项羽不善用人,政事军事又连连失策;刘邦善用谋略,一方面调兵遣将,包围项军,另一方面又派韩信攻齐、赵等地,令项羽腹背受敌,进退失据。

公元前203年,项羽向刘邦提出建议,双方约定以鸿沟为界,西为汉、东属楚。后项羽率兵东归,刘邦也欲西还。这时张良、陈平对汉王说:"汉有天下大半,诸侯皆附之。楚兵疲食尽,这正是天亡楚国之时。今若勿击,真所谓'养虎遗患'"。刘邦听从。刘邦一面派使者联络各地诸侯王,约定共同灭楚,一面亲自率军追击项羽。十二月,项羽败逃至垓下,已兵少食尽,而被汉军及诸侯兵重重围困。霸王项羽夜不能寐,忽听四面楚歌同时响起,原来此为张良的计谋。他知道项羽军士都是楚地人,于是便命汉军高唱楚歌,以动摇楚军军心。项羽听后大惊,叹道:"难道汉王已经得到楚地?怎么他军中楚人这么多?"于是起床,在帐中饮酒。霸王有宠姬虞姬和乌骓骏马,乃慷慨悲歌,他唱道:"力拔山兮气盖世,时不利兮骓不逝,骓不逝兮可奈何,虞兮虞兮奈若何。"虞姬和歌而舞,霸王见此情况,自知将败,泣泪数行。左右见霸王别姬也都凄然泪下,莫能仰视。项羽辞别爱姬,乘黑夜率领壮士八百余人乘马突围。天明,汉军发觉,以五千骑追之。项羽渡淮时,跟随他的已只剩百余骑。至阴陵迷道问路,被农民所骗,又误入大泽之中,被汉兵追上。项羽复引兵向东,至东城时仅剩二十八骑。项羽来到乌江边,乌江亭长将船停在江边,对项羽说:"江东虽小,却地方千里,有众数十万人,足以使您称王。愿大王赶紧渡江,此茫茫大江仅有我一只船,汉军即使追到这里也无船可渡。"项羽听后微微一笑,说:"天要亡我,我还渡江干什么!况且我与江东子弟八千人渡江而西,如今无一人生还,纵使江东父老可怜我而称我为王,我还有什么面目去见他们?纵使他们不说什么,我难道就问心无愧吗?"说完,便将坐骑赐予亭长,又回身手持短兵与汉军步战。项羽一人杀了汉军数百,但终因寡不敌众,自刎于乌江边。

▲韩信

▼京剧《霸王别姬》剧照

编者感言:楚汉战争以刘成项败告终。然而,如果不以成败论英雄,则项羽实为一顶天立地之男儿。以亡秦之功而论,项羽当居首位,如无项羽巨鹿之战全歼秦军主力二十万,刘邦安能顺利西向如入无人之境?难道可以因此而谴责项羽之残暴?项羽在鸿门宴放走刘邦,往往被讥为"妇人之仁";他没有独霸天下而广封众王,则被视为"不合时宜";他在以鸿沟划分楚河、汉界后,遵守诺言解兵东归,被说成"缺乏远大志向";他因无颜见江东父老而自刎乌江,被当作"怯弱"的表现。其实这些正从另一角度说明项羽乃一勇敢、诚实、仗义、自尊的正人君子,是故李清照之绝句有云:"生当作人杰,死亦为鬼雄,至今思项羽,不肯过江东"。反观刘邦,唯因其善于挥长藏拙、投机取巧,能聚萧何之深、张良之谋、韩信之诈、陈平之诡,冶于一炉,融会贯通,终于赢得天下,于是被认为所作为"切合时宜"。后世重视的是他的成功,而以其阴狠奸诈为细小瑕疵。事实上,从刘邦见自己的父亲将被项羽烹杀而表示欲"分一杯羹",及项羽在乌江自刎前将战马交托乌江亭长以示"不忍其死"这两件事,已充分反映二人性格上的差别了。

第九讲
两汉的强盛与终结

本讲讲述两汉政权。刘邦建汉,大分诸侯,导致七国之乱。景帝的时候,御史大夫晁错提出削藩,景帝削藩平乱,加强了中央集权。武帝大兴武略,中国版图大幅增加,却也导致国困民乏。王莽篡权,光武中兴,汉家大业得以承袭。后外戚专权,宦官夺政,大汉政权覆灭殆尽。

汉初设制

公元前202年，刘邦经诸侯王和群臣拥戴，在氾水之阳称帝。自秦末以来，战乱已有八年，全国人民喁喁望治，但是，此时各地封建割据依然存在，所以，西汉新政权的第一件措施是将其直接统治的地区推行郡县制；不能直接控制的旧六国贵族后代的地区封为七个异姓王国，也就是说暂时承认原有的割据势力。后来又封同姓诸子为王。这种郡县与封国并存的制度称为郡国制。第二件措施是定都。他接受娄敬的建议，决定定都关中，但咸阳城早被项羽烧毁，于是决定在咸阳附近另建新城长安作为都城。第三件措施是制定律令。刘邦在入关亡秦时，用张良计，废秦苛法，与关中父老约法三章，原只是为了收买人心的临时办法，不能长久施用。为巩固统治，于是便命原是秦吏出身的丞相萧何制定新律，他所制定的法律，几乎就是秦代原有律令的翻版；又令原来是秦朝博士的叔孙通制定朝仪，也和秦代朝仪差不多。总之，西汉初的律令制度基本沿用秦朝之旧，当中再以整修，以利稳定局面。

吕后本性阴险残酷，在楚汉战争期间曾被项羽掳去作为人质，在高祖末年剪灭异姓王的过程中她已颇显身手。公元前

▲汉高祖刘邦

▲斩韩信

▼刘邦祭孔图

▲吕后像

197年刘邦率兵亲伐陈，她留守长安，与萧何合议将已被贬为淮阴侯的韩信处死，夷灭三族；又指使人巫告已被废为庶人的彭越谋反，夷灭其宗族。这可以说是吕氏擅权的开始。高帝死后，吕后顾忌大减，先与其亲信审食其密商，意欲诛杀诸将。郦商得悉，极力反对，吕后才不敢贸然下手。其次是成功诛杀高祖本想立为嗣子的赵王如意和他的生母戚夫人，齐王刘肥则幸得惠帝暗中援救而幸免于难。后来吕后又逼死淮阳王刘友、梁王刘恢，取消了燕王。更重要的当然是树立吕氏的势力。惠帝死后，吕后临朝称制，先后封吕氏为王者四人（吕台、吕产、吕禄和吕通），为侯者六人；并以吕产为太傅将南军，吕禄为上将军将北军，掌握了中央兵权。

尽管在吕后临制的八年中吕氏势力日益膨胀，刘氏势力日益削弱，但元老功臣在外还有相当大的兵力，在朝也还有相当地位。所以吕后死后，元老功臣们和刘氏势力联合起来，发动政变，彻底消灭吕氏势力，结束吕氏擅权的局面。

此后，西汉文帝、景帝两代四十年左右的时间，政治稳定，经济生产得到显著发展，呈现"盛世"之象，史称"文景之治"。

汉文帝在位期间，继续执行汉初与民休息和轻徭薄赋的政策。他多次下诏劝课农桑，又"弛山泽之禁"，鼓励农民发展生产。同时又减少税率，曾两次将田租减为三十税一，及后更全部免去田租。此后，三十税一成为汉代定制。文帝十二年，废除了过关用传的制度，有利于商品流通和各地区间的经济联系。律令方面也有重大改革，文帝下诏废除黥、劓、刖，改用笞刑代替，因而狱事简省，减轻人民所受的压迫。文帝自身又躬自俭约，不允许贵族官僚滥事搜刮，从而减轻了人民的负担，保证了政府的财政收入。于是西汉王朝统治渐趋稳定，社会富庶繁荣。

▲汉文帝刘恒像

文帝死后，其子景帝即位。他继续推行文帝发展农业生产的政策，即位后节俭爱民，与民休息，田赋三十税一，人民负担减轻。他还大力兴办水利事业，以促进农业生产。又省刑减罚，减轻了笞刑，官吏断狱，但责大指，不求细苛。任内又平定七国之乱，并将诸侯王任免官吏的权力收归中央，打击割据势力，巩固中央集权。

文景二帝统治时期，百姓安居，人民乐足。加上文、景二帝少起边衅，对少数民族注意怀柔，不轻易动兵，尽力维持相安的关系。于是百姓乐业、社会繁荣。

▲萧何像

七国之乱

　　西汉初期，刘姓诸侯王的势力渐渐强大，一些有识之士深感担忧，建议对这种势力加以控制。文帝的时候，贾谊就提出把大的诸侯国变成几个小的，以削弱其面积及实力。景帝的时候，御史大夫晁错又提出削藩的建议，即削夺诸侯的封地。他指出："今削之亦反，不削亦反。削之，其反亟，祸小；不削之，其反迟，祸大。"汉景帝觉得晁错的话很有道理，决心削减诸侯的封地。就以诸侯荒淫无度、横行不法作为削减封地的理由，诸侯有的被削去一个郡，有的被削掉几个县。

　　晁错的父亲听到这个消息，从家乡颍川赶到长安对晁错说："你当了御史大夫，地位已经够高的了。怎么不安分守己，来管闲事？你想想，诸侯王都是皇室的骨肉至亲，你把他们的封地削了，他们哪一个不怨你、恨你，你这样做究竟是为的什么？"晁错说："不这样做，皇上就没法行使权力，国家也一定要乱起来。"他父亲叹了口气说："你这样做，刘家的天下安定，我们晁家却危险了。我老了，不愿意看到大祸临头。"于是回到颍川老家，服毒自杀。

▲晁错像

　　公元前154年，吴、楚、赵、胶西、胶东、淄川、济南等七个诸侯王打着"惩办奸臣晁错，救护刘氏天下"的幌子发动叛乱。历史上称为"七国之乱"。叛军声势很大，汉景帝有些害怕了。他想起汉文帝临终的嘱咐，拜善于治军的周亚夫为太尉，统率三十六名将军去讨伐叛军，并杀了晁错，派人下诏书要七国退兵。这时候吴王濞已经打了几个胜仗，夺得了不少地盘。

▶周亚夫像

　　汉军营里有个官员名叫邓公，到长安向景帝报告军事情况。汉景帝问他说："你从军营里来，知不知道晁错已经死了？吴、楚愿不愿意退兵？"邓公说："吴王为了造反已经准备了几十年了。这次借削地的由头发兵，哪里是为了晁错呢？陛下把晁错错杀了，恐怕以后谁也不敢替朝廷出主意了。"汉景帝这才知道自己做错了事，但后悔已来不及。亏得周亚夫很能用兵，他先不跟吴、楚两国的叛军正面作战，却派一队轻骑兵抄了他们的后路，断绝了叛军的粮道。吴、楚两国军队没有粮食，自己先乱起来。周亚夫才发动精兵出击，把吴、楚两国的兵马打得一败涂地。吴、楚两国带头叛乱，两国一败，其余五个诸侯国也很快地垮了。不到三个月时间，汉军就把七国的叛乱平定了。

　　汉景帝平定了叛乱，虽然仍旧封了七国的后代继承王位，但是自那以后，诸侯王只能在自己的封国里征收租税，不许干预地方的行政，权力大大削弱，汉朝的中央政权才巩固下来。

汉武雄风

▲汉武帝刘彻像

公元前135年,汉武帝遣唐蒙出使招抚夜郎,以其地设犍为郡,后又遣司马相如招抚邛、笮、冉等地。及公元前125年张骞自西域回,武帝得知从西南夷地区经身毒(即印度)可通至大夏、乌孙,想联合西域乌孙等国夹击匈奴,于是重视经营这一地区,但派出的使者虽得滇王之助,却被昆明夷人所阻。武帝遣中郎将郭昌、卫广,与部分南越降军击西南夷,杀且兰王。夜郎王惧,入朝,封之为王,以其地置柯郡。汉军乘胜前进,诛邛君、笮侯,于是冉等皆望风内附。武帝于是以邛都为越郡,以笮都为沈黎郡,以冉为汶山郡,以白马为武都郡。武帝又遣使者赴滇国晓谕,使者行至滇国东北方,被劳深、靡莫诸夷所袭,遂于公元前109年发蜀兵前往讨伐。滇王恐,请降。武帝即以其地为益州郡;并赐滇王王印,使治其部族。

▲桑弘羊像

公元前135年,闽越王骆郢率兵进击南越,武帝派兵援助南越。骆郢弟余善杀闽越王以首级献朝廷,武帝下令撤兵,立勾践后裔丑为越繇王,余善不服,与越繇王对峙,武帝遂以余善为东越王,与越繇王分地而治。南越王赵胡感激朝廷,遣子婴入侍。婴在汉娶妻,生子兴。赵胡死,婴返国嗣位,婴死兴嗣,年幼,氏以太后秉政。相国吕嘉历事三王,宗族子弟满布国中,势力很大。公元前113年,武帝遣使谕太后与子兴入朝。吕嘉不满太后内附,发动政变,杀氏母子及所有汉使者,立婴越妻所生之子建德为王。武帝闻讯,调水陆大军十万南伐,以杨仆为楼船将军出豫章下横浦,路博德为伏波将军出桂阳下湟水,以南越降将出零陵下漓水。杨仆与路博德抵番禺城下,吕建与建德等逃入海,为汉军所追杀,于是南越各地纷纷投降。武帝遂以其分建九郡:儋耳、珠崖、南海、苍

▶汉武帝独尊儒术

梧、郁林、合浦、交趾、九真、日南。

匈奴自殷周以来，一直侵扰中国的北方边境。秦末汉初，匈奴在冒顿单于的统治下，国力强盛，占地空前广大，而且不断南侵汉地。西汉前期对匈奴采取和亲政策，但匈奴仍不断入侵。到汉武帝时，便开始对匈奴采取强硬政策，转守为攻，以打垮匈奴的南侵企图和野心。从公元前127年以后，主要进行了下列三次对匈奴的战争。

▼飞将军李广

第一次在公元前127年，派卫青率大军自云中向西击溃匈奴，收复秦时河南地，并建立朔方郡作为边防重镇。第二次在公元前121年，派霍去病率大军自陇西两次出击匈奴，歼灭匈奴四万余人，匈奴浑邪王率众数万人来降。汉随后建立河西四郡：武威、酒泉、张掖、敦煌，开辟了通向西域的河西走廊。第三次在公元前119年，派卫青、霍去病各领兵数十万深入漠北打击匈奴，匈奴溃逃远遁。为确保西北边境的安全，汉武帝又开始筑新长城，自敦煌郡起，东接秦长城。每隔五里、十里，设烽火台，派戍卒驻守。今河西地方仍保存许多汉代的长城遗址。

▲卫青像

▼霍去病像

公元前109年，武帝令辽东都尉涉何召谕右渠。涉何在归途中杀死护送他的使者，诡称斩朝将邀功，后涉何也为朝军所袭杀。武帝于是年秋，遣楼船将军杨仆率舟师自齐渡海，左将军荀彘率步骑出辽东两路会师朝鲜，围王险城。朝人杀右渠王投降。汉以其地置乐浪、临屯、真蕃、玄菟四郡。乐浪，以王险城为中心，统治鸭绿江以南、清川江南北地区；临屯，在乐浪郡以东，统治以貊为主体的部落；真蕃，统治乐浪郡以南的真蕃部落；玄菟，统治东临日本海的沃沮部落。朝鲜半岛此时唯东南角辰韩尚独立。

王莽篡汉

王莽字巨君,是汉元帝之后王政君的侄子,父亲早死,没有被封侯,王政君便把他接进宫抚养起来。他的大伯父王凤临死前,把他托付给成帝,任命他为黄门郎,后迁射声校尉,从此踏上仕途。公元前16年,王莽被封为新都侯,并被任为骑都尉、光禄大夫、侍中,成为皇帝的近臣。

▲王莽像

王莽矫情伪饰,广结名士和将相大臣,深得人心,取得了大司马的高位。汉哀帝时,由于外戚王氏被排挤,王莽回家闲居。汉哀帝死,王莽回京,以太后名义执掌军政大权,立九岁的汉平帝,太后临朝称制,政归王莽。公元元年,王莽被封为"安汉公",第二年他把自己的女儿嫁给平帝为皇后,公元5年受"九锡",不久汉平帝死,他另立一个两岁的孩子为帝,是为孺子婴,自己则摄行皇帝事,称"假皇帝"。公元8年,王莽逼孺子婴禅让,登上帝位,定国号为"新"。

王莽附会《周礼》,进行改革,故后人称为"托古改制"。在政治方面,他废王号改为五等爵;中央置四辅、三公、九卿、六监等;地方改太守为大尹,改县令为县宰等;改长安为常安等。在土地和奴婢等社会方面,更名天下田为"王田",奴婢为"私属",皆不得买卖。凡男口不满八人而土地超过一井(九百亩)的,分余田予九族邻里乡党,无田地的按一夫百亩的制度受田。在经济方面,屡次改革币制,货币名目繁多,换算极不合理,甚至将早已失去交换价值的龟、贝等也作为货币。由于王莽的改革流弊丛生,加上吏治败坏、豪强反对及社会危机深重等因素,很快便以失败告终。

▲王莽与王皇后

新莽末年,天灾连年,人民生活困苦,大规模民变随即爆发。当时反对王莽统治的主要势力有绿林、赤眉、舂陵、铜马等,而其中以绿林势力最为强大。公元23年,绿林军各部推刘玄为帝,是为更始帝,恢复汉的国号,并定是年为更始元年。更始帝遣绿林军分路进攻河南各地,直逼宛城,且不断获得胜利。王莽闻讯后,急忙派王邑、王寻率军反扑,包围绿林军于昆阳;后绿林军将领刘秀率军突围,大破王莽军,杀死王寻。同年八月,更始帝刘玄派王匡北略洛阳,并遣李松、申屠建西攻武关,直取长安。及后,洛阳被克,更始帝由南阳迁都于此。九月,长安发生暴动,王莽为商人杜吴所杀。新朝至此遂亡,前后共历十五年。

光武中兴

　　公元17、18年，爆发了绿林、赤眉大起义。公元23年，绿林军攻入长安，推翻了王莽的统治。起义军进攻长安时，汉朝皇室刘秀联合地主武装，吞并农民起义军，扩大了自己的势力。

　　公元25年，刘秀进入洛阳，自称皇帝，重新建立汉政权。历史上称为东汉。东汉光武帝刘秀长期在军旅，知道天下百姓疲惫贫困，渴望休息。于是在位期间，以礼乐教化进行统治。他撤销邓禹、贾复军权，保留他们的爵位和封地，让他们潜心研究儒家经典，加以特进之衔，定期进朝，共商国事。

　　光武帝在位期间，每日早晨主持朝政，午后才散。每每召见朝臣讲说经书义理，直到夜半才睡。皇太子见光武帝辛勤劳苦不知疲倦，找机会劝谏说："陛下有夏禹、商汤的圣明，却没有黄帝老子涵养中性的福分。儿臣希望父皇爱惜身体而颐养精神，优游岁月而自求宁静。"光武帝说："我自己乐于做这些事，并不为此感到劳累！"

　　光武帝虽以武力建功立业，总揽大权，但是重视、提拔文人。他谨慎地制定国策，审时度势，尽力而为，举措十分恰当。由于光武帝不断调整统治政策，社会经济得到恢复和发展，在有生之年实现了天下太平。

▼光武帝像

▼刘秀在昆阳大战中获胜

黄巾起义

东汉到了汉灵帝是日趋腐败。汉灵帝昏庸透顶、信任宦官，只知道吃喝玩乐。库房里的钱不够用了，就在西园开了一个公开卖官职、卖爵位的铺子。他们在鸿都门外张贴榜文，标出了买官的价格。买个郡太守定价二千万，买个县令定价四百万；一时付不出钱的可以暂时赊欠，等他上任以后加倍付款。这些花了钱买官的官吏，一上任当然更加起劲地搜刮民脂民膏。朝廷的腐败，地主豪强的压迫，再加上接二连三的天灾，逼得老百姓没法活下去了，纷纷起来反抗。

公元174年，吴郡一带农民起来攻打县城，杀了官吏。会稽人许生在句章起兵，几天内聚集了一万多人。汉灵帝下令叫扬州刺史和丹阳太守发兵围剿，被起义的农民打败。许生的声势越来越大，自称"阳明皇帝"。吴郡司马招募人马，联合州郡官兵打败了许生。吴郡的起义军虽然被镇压下去，但是更大的武装起义却正在酝酿着。

巨鹿郡有弟兄三个，老大名叫张角，老二叫张宝，老三叫张梁。张角懂得医道，给穷人治病，从来不要钱，所以穷人都拥护他。他知道农民受地主豪强的压迫和天灾的折磨，盼望有一个太平世界，让他们安安乐乐过日子。于是决定利用宗教把群众组织起来，创立一个教门叫太平道，收了一些弟子，跟他一起传教。相信太平道的人越来越多。张角又派他的兄弟张宝、张梁和弟子周游各地，一面治病，一面传道。大约花了十年工夫，太平道传遍了全国。老百姓不论是信或者不信，没有不知道太平道的。各地的教徒发展到几十万人。当时，郡县的官吏也只认为太平道是劝人为善、给人治病的教门，谁也没有认真过问。

张角他们把全国八个州几十万农民都组织起来，分为三十六方，大方一万多人，小方六七千人，每方都推举一个首领，由张角统一指挥。他们秘密约定三十六方在"甲子"年（公元184年）三月初五，京城和全国同时起义，口号是："苍天当死，黄天当立；岁在甲子，天下大吉。""苍天"，就是指东汉王朝；"黄天"，就是指太平道。他们还暗暗派人在洛阳的寺庙和各州郡的官府大门上，用白粉写上"甲子"两字，作为起义的暗号。在离起义时间还有一个多月时，起义军内部出了叛徒，向东汉政权告了密。朝廷立刻在洛阳进行搜查。在洛阳做联络工作的马元义不幸被捕牺牲，和太平道有联系的群众一千多人也遭到杀害。由于形势突然变化，张角当机立断，决定提前一个月起义。张角自称天公将军，称张宝为地公将军，张梁为人公将军。三十六方的起义农民，一接到张角的命令，同时起义。所

▲ "苍天已死"字砖

有起义的农民头上都裹着黄巾,作为标志,所以称作"黄巾军"。各地起义军攻打郡县,火烧官府,打开监狱,释放囚犯,没收官家的财物,开放粮仓,惩办官吏、地主豪强。不到十天,全国都响应起来了。各地起义军从四面八方向洛阳涌来,各郡县频频告急。汉灵帝慌忙召集大臣,商量镇压措施。拜外戚何进为大将军,同时派出大批人马,由皇甫嵩、卢植率领,分两路去镇压黄巾军。并吩咐各州郡自己招募人马,对付黄巾军。这么一来,各地的宗室贵族、州郡长官、地主豪强,都借着打黄巾军的名义,趁机抢夺地盘,扩张势力,国家四分五裂。黄巾军面对东汉朝廷和各地地主豪强的血腥镇压,坚持了九个月艰苦顽强的战斗。在紧张战斗的关键时刻,黄巾军领袖张角不幸病死。张梁、张宝带领起义军将

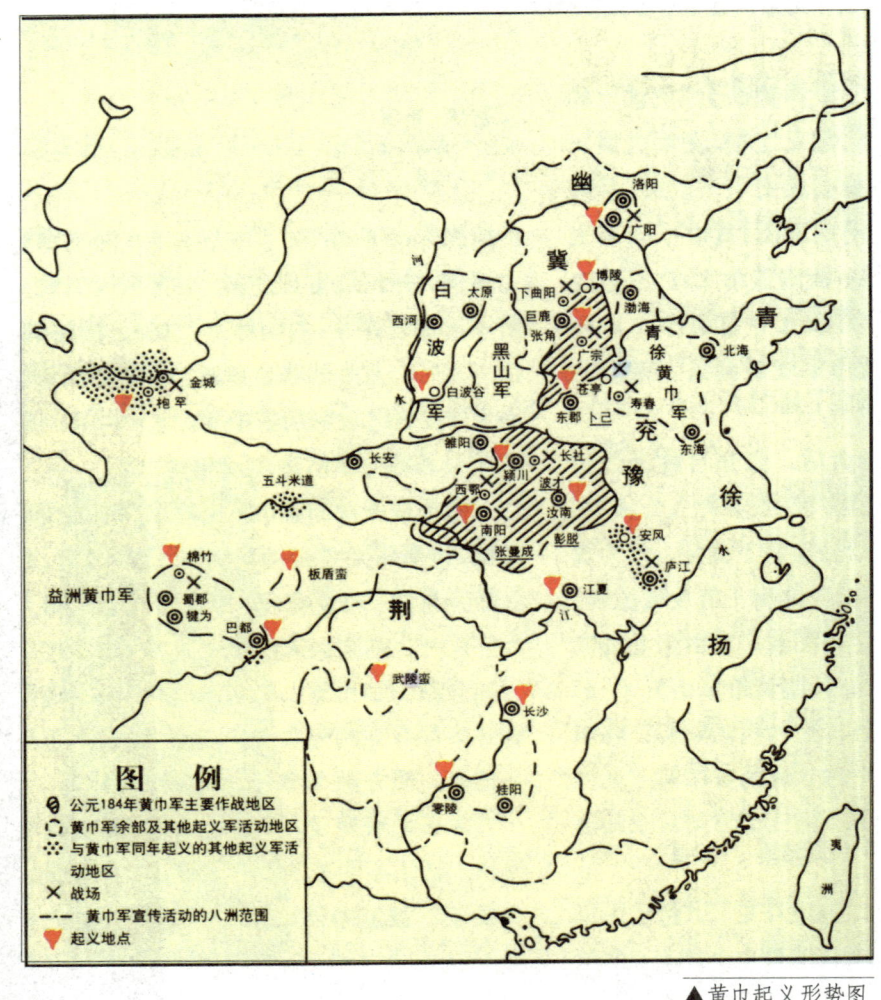

▲黄巾起义形势图

士和敌人进行殊死搏斗以后,先后在战斗中牺牲。起义军的主力虽然失败,但是化整为零的黄巾军一直坚持战斗了二十年。东汉王朝的腐朽统治,经过这场大规模起义的致命打击,已是奄奄一息,直至终结。

> **编者感言**:宦官是皇帝的奴才,伺候皇帝是把好手;外戚是皇帝的亲戚,只是因自家的女眷而取得富贵。他们都不懂得治理国家,一旦操纵起国家的政治,只能把国家引向深渊。而他们所处的地位,又使他们极易操纵国家政治,这正是大汉政权败亡的原因之一!

第十讲
波澜壮阔的三国时代

本讲叙述了汉末天下凌乱、三国分立之势。从董卓擅权至晋灭东吴近 100 年间,动荡不安、群雄并起、桀犬吠尧、国土龟裂。魏、蜀、吴三国纷争四起,波澜壮阔!

董卓擅权

公元189年，汉灵帝死，皇子刘辩即位，何太后临朝，其兄大将军何进辅政。当时宦官蹇硕为上军校尉，总领八校尉兵，何进想杀蹇硕并领其禁兵。中军校尉袁绍劝何进尽诛宦官，被太后阻止。袁绍又献策召地方将士入京威逼太后，于是何进与袁绍密召董卓进京诛杀宦官。董卓按兵不动，驻扎河东以待时机。后来何进入宫要求太后尽诛宦官以谢天下，宦官张让等就在八月何进入宫时，杀死何进。袁绍便与其弟虎贲中郎将袁术率军闯入宫中，不分老幼，杀宦官二千余人。中常侍张让、段颎劫持刘辩出宫，逃至黄河南岸，被尚书卢植等率兵赶上，张、段投河而死。

袁绍尽诛宦官，董卓即率军火速赶至洛阳，兼领何氏部曲，又让吕布杀并州刺史丁原而并其众。于是董卓势力大盛，得以擅政，废少帝，立年仅九岁的陈留王刘协为帝，是为献帝。后卓进相国，带剑上殿，入朝不跪。卓又纵兵大肆掳掠奸淫，名之谓"搜牢"；又虐刑滥罚，以致京师百姓、官员人人自危。他又以恢复党人名义，起用士大夫，笼络人心。

▶ 董卓辅政图

群雄起兵

董卓性情残忍,一旦独揽朝政大权,越发威震天下,而他的欲望也就更加地没有止境。他曾对门下的宾客说:"我的相貌尊贵无上,也许不适合做臣子!"

董卓起初追捕袁绍、曹操,二人逃脱,袁绍回南阳,曹操回陈留,各自集结队伍。董卓又使安抚策略,任命袁绍为渤海太守、袁术为后将军,封曹操为骁骑校尉。

公元190年春,袁绍、韩馥兴兵讨伐董卓,联合各地拥兵的州牧。此后各州牧又互相兼并,已形成州牧割据局面。至公元196年时,主要的割据州牧有曹操据兖州,公孙度据辽东,刘虞、公孙瓒据幽州,袁绍据冀、青、并三州,袁术据扬、豫二州,陶谦据徐州,刘表据荆州,刘焉据益州。还有些虽非州牧,也据地自雄,如孙策据江东,韩遂、马腾据凉州,张鲁据汉中。各个割据势力彼此互相攻伐兼并,造成天下大乱的局面。当时内心都偏于袁绍,只有鲍信对曹操说:"当今谋略出众,能拨乱反正的人,就是阁下了。"在州牧割据的情况下,东汉已名存实亡。

◀董卓像

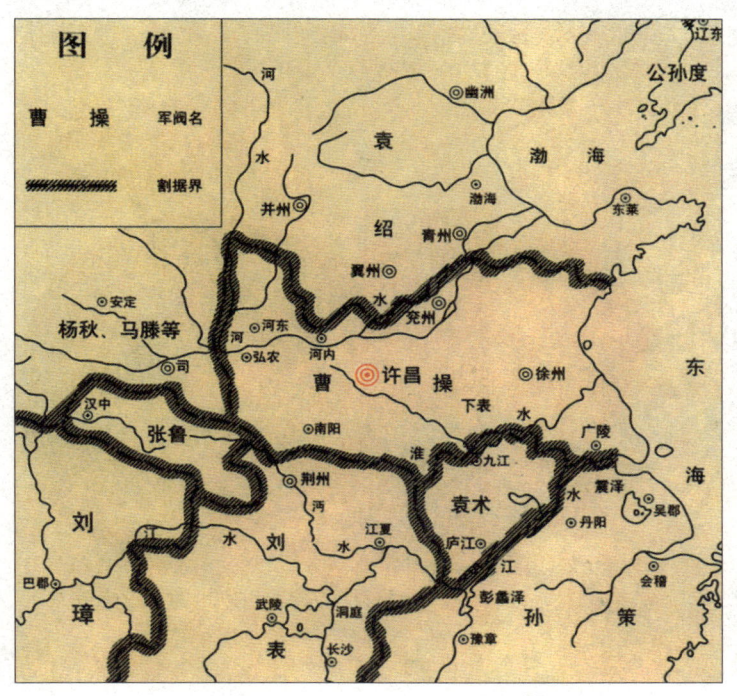

◀东汉末年群雄割据形势图

官渡之战

公元200年,曹操和袁绍在官渡爆发了一场决定性大战。当时北方割据势力以袁绍最大,曹操次之,两大势力决战是势所必然的。袁绍有军队数十万,占地面积又大,但不得人心;曹操能用于对抗袁绍的军队仅三四万,但比较得到百姓拥护,而且献帝在他手中,可以"挟天子以令诸侯"。

二月,袁绍遣谋士郭图、大将颜良直扑白马,自己亲率大军驻屯黎阳。曹操采用声东击西的战略,引兵向延津,袁绍派兵增援。曹操见袁绍中计,立即亲率轻骑直趋白马,阵斩颜良,袁军大乱溃散。袁绍大怒,下令渡河追击曹操。在延津以南,曹操故意将辎重弃置路上,袁军纷纷抢夺。操乘

▼除董卓故事年画　　▲官渡之战

▲ 曹操逼宫年画

机败袁军，诛袁军大将文丑。

曹操尽管在白马、延津取得局部胜利，但敌强我弱的态势仍未根本改变，于是决定诱敌深入，主动撤退到官渡，深沟高垒，固守阵地，以待有利时机。双方在官渡相持数月后，曹操出奇兵火烧乌巢，尽焚袁军粮草辎重，并趁机向袁军全力进攻，一举消灭袁军七万余，袁绍和儿子袁谭率亲兵八百余骑逃过黄河。此一战役，曹操以少胜多，歼灭袁绍的主力。袁绍兵败，逃回邺城，积郁成疾，于公元202年病卒。其子谭、尚争权，曹操同年九月攻占黎阳。九年邺城降，袁尚奔幽州依次兄袁熙；后兄弟二人逃奔乌桓。十年正月操杀袁谭。乌桓是北方少数民族，东汉末年逐渐强大，拥有辽东、辽西、右北平三郡。袁绍在公元196年兼并公孙瓒土地时曾利用乌桓力量，事后矫旨封其首领蹋顿为单于，所以袁熙、袁尚此去是想借乌桓力量与曹操抗衡。曹操为了消灭袁氏残余势力，准备远征乌桓。他首先开凿两条人工水道，即从呼入滹水的平房渠，以及从河口入潞河通渤海的泉州渠，解决远征的军需运输；又大封功臣，以鼓励士气。

公元207年5月，曹操亲率大军北伐，到达易县，再轻装兼程来到无终。此时他得当地汉人田畴的指点和帮助，从已断绝近二百年的卢龙塞越险径过白檀，到达距乌桓根据地柳城仅二百里时，乌桓王才知曹军到来消息，仓促迎战，兵败被杀。曹操收降二十余万人编为青州兵，并将为乌桓掳掠去的十余万汉人送回内地。袁熙、袁尚兄弟率少数士卒前去投奔辽东太守公孙康（瓒子），公孙康将他们杀死，表示归附曹操。至此，曹操终于完成统一北方的大业。

▲三顾孔明

三顾茅庐

刘备到荆州以前,在各路诸侯的征战中屡次失败,他从失败中总结的经验就是没得到有高才的人辅佐自己。他来到荆州刘表处,想从这里寻找人才。他在这里见到了徐庶,认为他是人才,对他很器重。徐庶见刘备爱才,就对他说:"此地有诸葛孔明,有卧龙之称,将军愿意见他吗?"刘备说:"你可以约他一起来见我。"徐庶说:"卧龙先生乃大才之人,只可前去拜见,不可屈使他前来。将军若有意,就应该亲自前去。"于是,刘备便亲自到诸葛亮隐居的隆中去拜访,共去了三次才见到了他。诸葛亮也深被刘备的爱才之心感动,当下就献上了有名的《隆中对》,并出山助刘备成就大业。

曹操进攻荆州,荆州刺史刘琮投降,刘备率军分水陆两路向江陵方向退却,准备利用江陵这个战略要地与曹操抗衡。江陵地处长江之滨,且粮草充足,工事坚固,有利于扎根立足。曹操发现刘备的战略意图后,率领轻骑五千,

▲诸葛亮像

以一天一夜行三百里的速度在长坂追上了刘备。此时刘备军中大部分为老弱百姓,战斗力不强,很快就被曹操的骑兵冲垮击溃。幸得赵云力保刘备的妻儿,又有张飞等猛将在后面掩护,刘备一行才得以脱身。长坂败兵后,刘备不敢再往江陵,折头向东,在汉水边上与关羽的水军会合,向江夏方向撤退。

◀古隆中牌坊

▲赤壁之战油画

火烧赤壁

公元208年,曹操率大军攻荆州,刘琮(刘表已死,琮为其次子)降,刘备已无立锥之地。诸葛亮对刘备道,孙权也已感到极大压力,不能再观望不前,他可以去东吴说服孙权联盟抗曹。刘备同意。

诸葛亮来到东吴,见了孙权,首先分析当前形势,说:"曹操已统一北方,又占据荆州,威震四海。我主无力挡其兵锋,吃了败仗,退到夏口。请您根据自己的力量,决定是和是战。如能战,则马上同曹操断绝关系,不能,就趁早投降。若像现在那样,外托服从之名,内仍犹疑不决,大祸即将临头。"孙权一听,反唇相讥,问道:'既然如此,刘将军为什么不降?"亮乘机激将,答道:"我主是王室后代,英才盖世,天下仰慕。即使大事不成,这是天意,哪能屈膝降曹!"权被亮一激,激动地说:"我不能将江东地方和十万士兵受制于人,决心抗曹。"诸葛亮怕孙权仍有顾虑,对孙权进一步着重分析曹操的弱点,说:"我主虽兵败长坂坡,但关羽、刘琦尚有水陆精锐两万多人。而曹军北来,长途跋涉,已十分疲乏,几战之后,已成强弩之末,而且北人又不习水战。此外,荆州百姓归附曹操,只是迫于兵势,并非心服。如果您能派猛将统率数万士兵,与我主同心协力,是能够把曹操打败,形成三足鼎立的局面。成败之机,就在今朝。"

▼诸葛亮舌战群儒

孙权听了这番合情合理的分析,增加了联刘抗曹的信心。但孙权的大臣又因主和主战分成两派,势均力敌,故孙权决定在内部再作讨论。讨论结果,主战派占了上风,此后孙刘联盟。

孙权命周瑜为主将,程普为副,率三万精锐水军,联合屯驻樊口的刘备军,共约五万人溯长江西进,迎击曹军。十一月,孙刘联军与曹军对峙于赤壁。曹操将战船首尾相连,结为一体,以利演练水军,伺机攻战。周瑜的部将黄盖看到这个情况,向周瑜献个计策,说:"敌人兵多,我们兵少,拖下去对我们不利。现在曹军把战船都连接在一起,我看可以用火攻办法来打败他们。"周瑜觉得黄盖的主意好,两人还商量好,让黄盖派人送了一封信给曹操,表示要脱离东吴,投降曹操。曹操以为东吴将领害怕他,对黄盖的假投降,一点也没怀疑。黄盖叫兵士偷偷地准备好十艘大船,每艘船上都装着枯枝,浇足了油,外面裹着布幕,插着旗帜,另外又准备一批轻快的小船,拴在大船船尾上,准备在大船起火时转移。

隆冬十一月,天气突然回暖,刮起了东南风。当天晚上,黄盖带领一批兵士分乘十条大船,驶在前面,后面跟随着一批船只。船队到了江心,扯满了风帆,像箭一样驶向江北。曹军水寨的将士听说东吴的大将来投降,正纷纷挤到船头看热闹。没想到东吴船队离开北岸约摸二里光景,前面十条大船突然同时起火。火借风势,风助火威,十条火船,闯进曹军水寨。曹军船舰都挤在一起,很快地都燃烧起来,已成一片火海。曹军一大批兵士被烧死,不少人被挤在江里淹死。周瑜一看北岸起火,马上带领精兵渡江进攻。北岸的曹军不知道后面有多少人马进攻,吓得全部崩溃。曹操拖着残兵败将向华容的小路上退却。那条小路全是水洼泥坑,骑兵没法通过。曹操赶忙命令老弱兵士找了一些稻草铺路,他带着骑兵好容易才通过,可是那些填铺稻草的兵士,却被人马踩死了不少。

刘备和周瑜一起,分水陆两路紧紧追赶,一直追到南郡,曹操的几十万大军战死的加上得疫病死的,损失了一大半。曹操只好派部将曹仁、徐晃、乐进分别留守江陵和襄阳,自己带兵回到北方去了。

经过这场赤壁大战,三国分立的局面已经基本形成。

▼火烧赤壁曹操败北图

进踞益州

赤壁之战以后,周瑜又花了一年多时间,把曹操的人马逐出荆州。刘备认为,荆州本来是刘表的地盘,他和刘表是本家,刘表死了,荆州应该由他接管;但孙权认为,荆州是靠东吴的力量打下来的,应该归东吴。所以周瑜只把长江南岸的土地交给刘备管。刘备认为分给他太少了,很不满意。不久,周瑜病死了,鲁肃才劝说孙权把荆州借给刘备。

按照诸葛亮的计划,本来是要向益州发展的。正好在这个时候,益州法正到了荆州见到刘备。刘备很殷勤地接待他,同他一起谈天下形势,谈得十分融洽。法正直截了当地告诉刘备说:"益州是十分富庶的地方。像将军这样英明,又有张松做您的内应,取得益州,真是再容易也没有的事。"刘备还有点犹豫不决,庞统坚决主张刘备到益州去,他说:"荆州土地荒凉,而且东有孙权,北有曹操,不容易得志,要建立大业,就应该拿下益州做基础。"刘备听从了法正、庞统的劝说,就派诸葛亮、关羽留守荆州,自己带领人马到益州去。

张松做内应的事被刘璋发现了。刘璋把张松杀了,布置人马抵抗刘备。刘备带领人马向成都进军,打到雒城,受到雒城守军的坚决抵抗,打了一年还没攻下来。庞统在战斗中中箭死了。刘备攻破雒城后,进攻成都。诸葛亮也带兵从荆州赶来会师。刘璋眼看守城无望,只好投降。

▼蜀先主刘备

公元214年,刘备进了成都,自称益州牧。刘备论功行赏,认为这次进益州,法正功劳最大,把他封为蜀郡太守。不光成都归他管,还把他当作谋士中的主要人物。

诸葛亮帮助刘备治理益州,执法严明,不讲私情。法正劝告诸葛亮说:"从前汉高祖进关,只有约法三章,百姓都拥护他。现在您刚到这儿,似乎也应该宽容些,才合大家心意。"诸葛亮说:"您只知其一,不知其二。秦朝刑法严酷,百姓怨恨,高祖废除秦法,制定约法三章,正是顺了民心。现在的情况完全不同。刘璋庸碌软弱,法令松弛,蜀地的官吏横行不法,弄得乱糟糟的。现在我要是不注重法令,地方上怎么能安定下来啊。"法正听了诸葛亮的话,始佩服诸葛亮。

三国分立

公元 219 年，刘备攻汉中，杀夏侯渊，自称汉中王。于次年（公元 221 年）在成都即皇帝位，是为昭烈帝（或称蜀先主）。刘备一向以"兴复汉室"为号召，所以国号仍称"汉"，改元章武。史称蜀或蜀汉。刘备以诸葛亮为丞相，许靖为司徒，设置百官。

公元 220 年正月，曹操病死，其子曹丕继位为魏王，并逼早已徒具虚名的汉献帝"禅让"。同年 10 月，汉献帝宣布退位及将皇位"禅让"给曹丕。曹丕故作推辞，在"三让"之后才答允接受。10 月 29 日，丕登坛受禅，改国号为魏，改元黄初，是为魏文帝，并尊曹操为武皇帝，庙号太祖。11 月 1 日，丕废献帝为山阳公。至此，历 190 余年的东汉正式结束，三国时代的魏国正式建立。

公元 225 年，曹丕三攻吴地无功而返，次年丕又病死，且吴蜀也早已修好，孙权称帝条件已经齐备。他于公元 229 年 4 月在武昌称帝，改元黄龙，国号为吴，追尊孙坚为武烈皇帝、孙策为长沙桓王，立子孙登为皇太子。9 月，迁都建业。三国之中，吴立国最晚，但自孙氏割据江东算起，则其政权最早建立，历时也最久。

◀ 孙权雕像

水淹七军

▼关羽夜读图

刘备占领了益州以后,东吴孙权派人向他讨还荆州,刘备不同意。后来把荆州分为两部分,以湘水为界,湘水以西归刘备,湘水以东归东吴。

刘备议和东吴,专心对付曹操,请诸葛亮坐镇成都,亲自率领大军向汉中进兵,叫法正当随军谋士。曹操听到刘备出兵,马上组织兵力,和刘备对抗。曹操也亲自到长安去指挥汉中战事。双方相持了一年。到了第二年,在阳平关一次战役中,蜀军大胜,魏军的主将夏侯渊被杀。曹操不得不退出汉中,把魏军撤退到长安。刘备乘势从东面的荆州直接攻打中原,命令关羽进攻樊城。关羽派两个部将留守江陵和公安。自己亲自率领大军进攻樊城。樊城的魏军守将曹仁赶快向曹操求救。曹操派了于禁、庞德两员大将率领七支人马前去增援。曹仁让他们屯兵在樊城北面平地上,和城中互相呼应,使关羽没法攻城。正在双方相持不下的时候,樊城一带下了一场大雨。汉水猛涨,平地的水高出地面有一丈多。于禁的军营扎在平地上,四面八方大水冲来,把七军的军营全淹没了。于禁和他的将士不得不泅水找个高地避水。关羽早就抓住于禁在平地上扎营这个弱点,趁着大水,安排好一批大小船只,率领水军向曹军进攻。他们先把主将于禁围住,叫他放下武器投降。于禁被围在一个汉水中的小土堆上,逼得无路可退,只好投降了。庞德带了另一批兵士避水到一个河堤上。关羽的水军向他们围攻,船上的弓箭手一起向堤上射箭。庞德手下有个部将害怕了,对庞德说:"我们还是投降了吧!"庞德骂那部将没志气,拔剑把他砍死在堤上。兵士们看到庞德这样坚决,也都跟着抵抗。

这时候,大水越涨越高,堤上露出的地面越来越小。关羽水军的大船进攻更加猛烈,曹军的兵士纷纷投降。庞德趁着这乱哄哄的时候,带了三个将士,从蜀军兵士中抢了一只小船,想逃到樊城去。不料一个浪头袭来,把小船掀翻了。庞德掉在水里,关羽水军赶上去,把他活捉了。关羽劝他投降。庞德不肯,于是关羽杀了庞德。

关羽消灭了于禁、庞德的七军,乘胜进攻樊城。樊城里里外外都是水,城墙也被洪水冲坏了好几处。曹仁手下的将士都害怕了。有人对曹仁说:"现在这个局面,我们也没法守了,趁现在关羽的水军还没合围,赶快乘小船逃吧!"曹仁也觉得守下去没希望,就跟一起守城的满宠商量。满宠说:"山洪暴发,不会很久,过几天水就会退下去。听说关羽已经派人在另一条道上向北进攻。他自己没有敢进兵,是因为怕咱们截他的后路。要是我们一逃,那么黄河以南,恐怕就不是我们的了。请将军再坚持一下吧。"曹仁觉得满宠说得有理,就鼓励将士坚守下去。这时候,陆浑百姓孙狼发动起义,杀了县里的官员,响应关羽。许都以南,其他响应的人也不少。关羽的威名震动了整个中原。

败走麦城

关羽水淹七军，魏王曹操跟百官商议，准备暂时放弃许都，避避关羽的势头。司马懿说："大王不必担心。我看刘备和孙权两家，表面很亲热，实际上互相猜忌得厉害。这次关羽得意了，孙权一定不乐意。我们何不派人去游说孙权，答应把江东封给他，约他进攻关羽，这样，樊城之围自然会解除了。"

当时，刘备和孙权两家虽然结了盟，但是矛盾很大。鲁肃在世的时候，是主张吴蜀和好，一起对付曹操。后来鲁肃死了，接替他职务的大将吕蒙，就和鲁肃的主张不同。

吕蒙是东吴名将。他从小就练得一身好武艺，年轻时候立了不少战功，受到孙权的器重。有一次，孙权对吕蒙说："你现在责任重了，应该抽时间读点书才好。"吕蒙说："在军营里事务那么多，哪儿还有时间读书呢？"孙权笑着说："我并不是要你像博士（官名）那样精通经书，只是要你多浏览一些兵法，懂得一点历史罢了。你说事情多，总比不上我多吧！我自己就有这个经验，读了一些兵法、历史，对自己很有帮助。你不妨试一试。"吕蒙听了孙权的劝告，一有空就认真读书。

鲁肃刚代替周瑜当大将的时候，经过吕蒙的驻地，看望吕蒙。当时鲁肃以为吕蒙不过是一员武将，没有什么雄才大略。这回，他和吕蒙谈话以后，听到吕蒙议论风生，见解精辟，十分佩服，说："你现在的才能胆识，跟当年吴下阿蒙，大不一样了。"吕蒙自豪地说："对一个人，三天不见就应该另眼看待。您可不能用老眼光看人哪！"

◀孙权像

吕蒙接替了鲁肃的职位以后，率军驻扎在陆口。他认为关羽有兼并东吴的野心，向孙权上书要求出兵对付关羽，说："刘备、关羽君臣，都是反复无常的人，不能把他们当盟友看待。"孙权也觉得关羽狂妄自大。孙权曾经派人去向关羽求亲，希望关羽把女儿嫁给他儿子。关羽不但不答应，反而把使者辱骂了一顿，使孙权气得要命。这次，孙权接到了吕蒙的信，更觉得非把关羽除掉不可。正好在这个时候，曹操派使者来联络，要他进攻关羽。孙权马上复信，表示愿意袭击关羽的后方。

关羽也听说吕蒙厉害，他虽然亲自率大军进攻樊城，在蜀吴交界一带却也布置得严严实实。吕蒙本来经常有病，这一回，他就装作旧病发作，而且说是病得很厉害。孙权正式发布命令，把吕蒙调回去休养，另派了一个年轻的陆逊去接替吕蒙。这个消息很快传到樊城。关羽听到吕蒙病重，又听说陆逊是个年轻的书生，心里暗暗高兴。没过几天，陆逊从陆口特地派人拜见关羽，关羽接见使者，使者献上了书信和礼品。信中大意是说，听说将军在樊城水淹七军，俘获于禁，远远近近哪个不称赞将军的神威。这次曹操失败了，我们听得也高兴。我是个书生，很不称职，今后还得靠将军多多照顾呢！关羽看了陆逊的书信，觉得陆逊态度谦虚、老实，也就放了心，把原来防备东吴的人马陆陆续续调到樊城那边去了。陆逊把关羽人马调动的情况，随时报告给孙权和吕蒙。

　　关羽在樊城接受了于禁的投降兵十几万人，粮草供应发生了困难，就把东吴贮藏在湘关的粮食强占了。孙权得知湘关的米被抢，就派吕蒙为大都督，命令他迅速袭击关羽的后方。吕蒙到了浔阳，把所有的战船都改装作商船，选了一批精锐的兵士躲在船舱里。船上摇橹的兵士扮作商人，一律穿上商人穿的白色衣服，向北岸进发。到了北岸，蜀军守防的兵士一看都是穿白衣的商人，就允许他们把船停在江边。没想到一到晚上，船舱里的兵士一齐出来，偷偷摸进江边岗楼，把蜀军将士全部抓住，占了岗楼。吕蒙大军占领了北岸，进军公安。留守公安、江陵的蜀军将领本来对关羽很不满意，经吕蒙一劝降，都投降了。吕蒙进了城，派人慰问蜀军将士家属，并且吩咐东吴将士严守纪律，不许侵犯百姓。有一个东吴兵士，是吕蒙的同乡，因为天下雨，拿了老百姓家的一顶斗笠遮盖铠甲。吕蒙发现后，认为这个兵士违反了军令。虽说是同乡人，但是犯了军令不能不办罪，就把他杀了。这样一来，全军将士都震动了，谁也不敢违反军令。这时候，曹操派去的徐晃率领的援军，已到了靠近樊城的前线。徐晃把孙权答应曹操夹攻关羽的信抄写了许多份，射进关羽营寨里。关羽得知吕蒙袭击后方的消息，正在进退两难的时候，徐晃发起进攻，打败了关羽，使关羽不得不撤去对樊城的包围。

▲关林中的关羽塑像

　　关羽派使者到江陵去探听情况。使者一到江陵，吕蒙派人殷勤招待，还叫使者到蜀军将士家去看望，这些家属都说东吴的人待他们不错。使者回到自己的军营后，兵士们向他探问家里情况，他就照实说了。大伙儿一听东吴人好，就不愿意再跟东吴打仗，有些兵士甚至偷偷地逃回江陵去了。关羽到这时候才知道对东吴的防备太过大意，可是已经来不及。他只好带了人马逃到麦城。孙权进军麦城，派人劝关羽投降。关羽带着十几个骑兵往西逃走。孙权早已派兵埋伏在小道上，把关羽十几个骑兵截住，活捉了关羽。孙权知道关羽不肯投降，下令就地把他杀了。曹操认为孙权立了大功，把孙权封为南昌侯，到了曹丕即位称帝以后，又封为吴王。

夷陵之战

刘备听说东吴占领荆州,擒杀关羽后万分悲痛。于是下令进攻东吴,报仇雪耻。大将赵云说,篡夺皇位的是曹丕,不是孙权。如果能灭掉曹魏,东吴自然就会屈服,不该放了曹魏去打东吴。别的大臣劝谏的也不少,但是刘备说什么也听不进去。他把诸葛亮留在成都辅佐太子刘禅,亲自率领大军去征伐东吴。刘备一面准备出兵,一面通知张飞到江州会师。还没有等刘备出兵,张飞的部将叛变,杀了张飞投奔东吴。刘备一连丧失两员猛将,力量大大削弱,但他急于报仇,欠缺冷静考虑。孙权听说刘备这次出兵,派人向刘备求和,但是遭到刘备的拒绝。没过几天,蜀汉人马已经攻下巫县,一直打到秭归。孙权知道讲和已经没有希望,就派陆逊为大都督,带领五万人马去抵抗。

▲陆逊

刘备出兵没几个月,就攻占了东吴的五六百里土地。他从秭归出发,急于向东继续进军。随军官员黄权拦住他说:"东吴人打仗向来很勇猛,千万别小看他们。我们水军顺流而下,前进容易,要退兵可就难了。还是让我当先锋,在前面开路,陛下在后面接应,这样比较稳妥。"刘备不听黄权的劝告,要黄权守住江北,防备魏兵,自己率主力沿长江南岸推进。东吴将士看到蜀军得寸进尺,步步紧迫,都摩拳擦掌,想和蜀军大战一场。可是大都督陆逊却不同意,陆逊说:"这次刘备带领大军东征,士气旺盛,战斗力强。再说他们在上游,占领险要地方,我们不容易攻破他。要是跟他们硬拼,万一失利,丢了人马,这是非同小可的事。我们还是积蓄力量,考虑战略。等日子一久,他们疲劳了,我们再找机会出击。"

▼张飞庙

陆逊部下的将军,有的还是孙策手下的老将,有的是孙氏的贵族,对孙权派年轻的书生陆逊当都督,本来已经不大服气。现在听到陆逊不同意他们出战,认为陆逊胆小怕打仗,更不满意,在背地里愤愤不平。

蜀军从巫县到夷陵沿路扎下了几十个大营,又用树木编成栅栏,把大营连成一片,前前后后长达七百里地。刘备以为这样好比布下天罗地网,只等东吴人来攻,就能把他们消灭。但是陆逊一直按兵不动,双方相持了半年。刘备派将军吴班带了几千人从山上下来,在平地上扎营,向吴兵挑战。东吴的将军耐不住性子,要求马上出击。陆逊笑笑说:"我观察过地形。蜀兵在平地里扎营的兵士虽然少,可是周围山谷一定有伏兵。他们大声嚷嚷是想引诱我们出击,我们可不能上他们的当。"将士们还是不相信。过了几天,刘备看见东吴兵不肯交战,知道陆逊识破他的计策,就把原来埋伏的蜀军陆续从山谷中撤出来。东吴将士这才知道陆逊神算。

一天,陆逊突然召集将士们,宣布要向蜀军进攻。将士们说:"要打刘备,早该动手了。现在让他进来了五六百里地,主要的关口要道,都让他占了。我们打过去,不会有好处。"陆逊向他们解释说:"刘备刚来的时候,士气旺盛,

▲火烧连营图

我们是不能轻易取胜的。现在,他们在这儿待了这么多日子,一直占不到便宜,兵士们已经很疲劳了。我们要打胜仗,是时候了。"他派了一小部分兵力先去攻击蜀军的一个营,刚刚靠近蜀营的木栅栏,蜀兵从左右两旁冲出来厮杀;接着,附近的几个连营里的兵士也出来增援。东吴兵抵挡不住,赶快后退,已经损失不少人马。将军们抱怨陆逊,陆逊说:"这是我试探一下他们的虚实。现在我已经有了破蜀营的办法了。"当天晚上,陆逊命令将士每人各带一束茅草和火种,预先埋伏在南岸的密林里,只等三更时候,就直奔江边,火烧连营。到了三更,东吴四员大将率领几万兵士,冲过蜀营,用茅草点起火把,在蜀营的木栅栏边放起火来。那天晚上,风刮得很大,蜀军的营寨都是连在一起的,点着了一个营,附近的营也就一起燃烧起来,一下子就攻破了刘备的四十多个大营。等到刘备发现火起,已经无法抵抗。在蜀兵将士的保护下,刘备总算冲出了火网,逃上了马鞍山。陆逊命令各路吴军,围住马鞍山发起猛攻,留在马鞍山上的上万名蜀军一下子全部溃散了,死伤的不计其数。一直战斗到夜里,刘备才带着残兵败将,突围逃走。吴军发现了,紧紧在后面追赶。还亏得沿途的驿站,把丢下的辎重、盔甲堵塞在山口要道上,阻挡住了东吴的追兵,刘备才逃到了白帝城。

夷陵之战,蜀军几乎全军覆没,船只、器械和军用物资,全部被吴军缴获。刘备失败之后,又悔又恨,说:"我竟被陆逊打败,这岂不是天意吗?"

公元223年4月,刘备病危,他把诸葛亮从成都召来,嘱咐说:"你的才能胜过曹丕十倍,必能安邦定国,完成大业。我的儿子刘禅,才能平庸,如果他可以辅佐,就辅佐他,如果他实在无才,你可自取之!"诸葛亮流着泪说:"陛下这样信任我,我怎敢不竭尽全力辅佐幼主,我愿以死效忠贞之节。"刘备又遗命刘禅:"你要像侍奉父亲那样与丞相相处。"刘备死后,诸葛亮便肩负起管治国家和复兴汉室的重担。

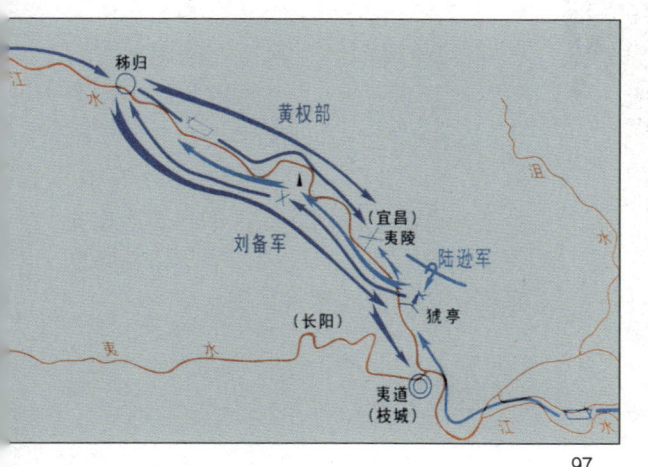

◀夷陵之战示意图

七擒孟获

刘备死后,诸葛亮回到成都,扶助刘禅即了帝位,历史上称为蜀汉后主。刘禅即位后,朝廷上的事不论大小,都由诸葛亮来决定。公元223年,南中发生叛乱。诸葛亮一面派人和东吴重新讲和,一面奖励生产,兴修水利,积蓄粮食,训练兵马。过了两年,局面稳定了,诸葛亮决定发兵南征。

公元225年春,诸葛亮率领大军出发,参军马谡说:"南中的人依仗地形险要,离开都城又远,早就不服管了。即使我们用大军把他们征服了,以后还是要闹事的。我听说用兵的办法,主要在于攻心,攻城是次要的。丞相这次南征,一定要叫南人心服,才能够一劳永逸。"

诸葛亮率领蜀军向南进军,节节胜利。大军还在半路上,越嶲酋长高定和雍闿已经发生火并。高定的部下杀了雍闿。蜀军打进越嶲,又把高定杀了。诸葛亮派李恢、马忠分两路进攻,不到半个月,四个郡的叛乱很快就平定了。南中酋长孟获收集了雍闿的散兵,继续反抗蜀兵。诸葛亮七擒孟获,终于使南中归心。诸葛亮命令孟获和各部落的首领照旧管理他们原来的地区。有人对诸葛亮说:"我们好不容易征服了南中,为什么不派官吏来,反倒仍旧让这些头领管呢?"诸葛亮说:"我们派官吏来,没有好处,只有不方便。因为派官吏,就得留兵。留下大批兵士,粮食接济不上,叫他们吃什么?再说,刚刚打过仗,难免死伤了一些人,如果我们留下官吏统治,一定会发生祸患。现在我们不派官吏,既不要留军队,又不需要运军粮。让各部落自己管理,汉人和各部落相安无事,岂不更好?"大家听了诸葛亮这番话,都钦佩他想得周到。

◀孟获

北出祁山

诸葛亮恢复与吴联盟、平定南中后，就准备北伐曹魏。第一次北伐在公元228年春，他令赵云等做疑兵，摆出由斜谷出击的态势，以吸引魏军；自己则率主力向祁山方向进攻，陇右的天水、南安、安定等郡相继叛魏降蜀，又收服了姜维，一时关中大震。可是马谡违背诸葛亮部署，为张郃所败，丢了街亭；赵云等出兵也不利，诸葛亮只得退回汉中。不久，天水、南安、安定三郡又叛汉附魏。

第二次北伐是同年冬，诸葛亮乘陆逊在石亭打败曹休之机，出散关，包围陈仓。攻打二十多天未破，魏的援军赶到，他不得已又退回汉中。

第三次北伐是公元229年，诸葛亮进攻武都、阴平，打败魏援军，占了这两郡，留兵据守，自己率部回师。次年，魏军进攻汉中，诸葛亮加强防守，又增调援军，再由于连续大雨，子午谷、斜谷等道路不通，魏军撤退。

第四次北伐是公元231年，蜀军包围祁山，魏军统帅司马懿迎击，诸葛亮准备决战。司马懿知蜀军远来，军粮不多，凭险坚守，拒不出战。诸葛亮想用退兵的办法引诱敌人，但司马懿追赶很谨慎，蜀军一停，他就扎营据守。此时李严假传刘禅要求退兵的圣旨，加上蜀军粮草将尽，诸葛亮只得班师，在归途中以伏兵杀了魏国名将张郃。

第五次北伐是公元232年春，诸葛亮率十万大军出斜谷口，到达郿县，在渭水南岸五丈原扎营。司马懿也筑营阻拦，不与蜀军作战，料知蜀军远来，粮草运输困难，想把蜀军拖垮。诸葛亮也有准备，在渭水分兵屯田，作长期战争的打算。诸葛亮在这次出兵前曾与孙权约定同时攻魏，五月吴军十万攻魏，不胜，撤回江东，所以蜀军只得与魏军单方面周旋。八月间诸葛亮积劳成疾，病情日益严重，不久就与世长辞。死后，姜维等遵照他的遗嘱，秘不发丧，整军退入斜谷。

姜维本是魏人，降蜀后很受诸葛亮的器重。亮死后屡官至凉州刺史。公元253年，姜维迁大将军，连续几次举兵北伐，无功而返。

▲姜维

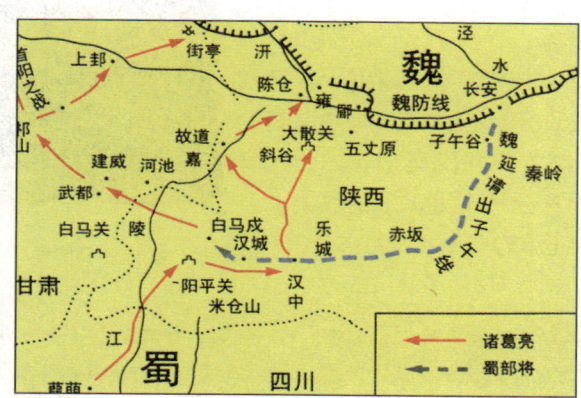

▲北伐路线

▼隆中武侯祠

三国继亡

蜀后主刘禅懦弱无能，自诸葛亮临终举以自代的蒋琬、董允等相继去世，宦官黄皓专擅朝政，姜维恐为其所害，不敢住在成都，长期驻兵沓中。公元263年，司马昭派三路大军伐蜀：一路由邓艾率三万余人自狄道向沓中攻姜维，一路由诸葛绪领三万人自祁山向阴平附近之桥头，绝姜维归路；一路由钟会统率十万人，分别从斜谷、子午谷等地前进，很快攻下汉中。邓艾到达沓中，姜维闻汉中已失，退向阴平，遭诸葛绪截击，再撤到剑阁，与成都赶来支援的廖化、张翼坚守，与钟会大军相持不下。邓艾向会建议用奇兵，会同意，并嘱艾实施。阴平是氐羌居住地区，地偏僻，路难走，蜀军并未设防，艾亲率士卒探险从此道而行，绕过剑阁天险，直趋江油。江油守将投降，邓艾很快进攻涪城。诸葛瞻（诸葛亮之子）在涪据守不胜，退绵竹，及其子尚均战死。绵竹一失，成都已无险可守。蜀汉群臣朝议纷纭，刘禅最后采纳谯周的建议，向邓艾投降，并派人令尚坚守剑阁的姜维等一并投降。蜀汉亡国。

公元249年，司马懿发动政变，杀曹爽等，此后魏国由司马氏一家专政。懿死后，其子司马师、司马昭续专魏政。司马师死后，大权全在司马昭手中。平蜀后，元帝于公元264年封他为晋王。第二年昭死，子炎学曹丕篡汉的办法，叫元帝曹奂举行一个"禅让"仪式，自己当了皇帝，国号为晋，改元泰始。

自孙权死后，吴国内部宗室、大臣争夺权利，朝政混乱，末帝孙皓更是骄奢淫逸，令国政日非。公元269年，晋武帝司马炎以尚书左仆射羊祜都督荆州诸军事，操练士卒，作好伐吴准备。公元278年，祜卒，以杜预代。次年，武帝同意杜预意见，下诏伐吴。公元280年，晋军兵至石头城，吴主孙皓投降。

▲持簸箕陶俑

编者感言：三国时期有着中国古代历史上最高的战争频率和人才密度，而到最后，却只是白忙了一场，我们几乎无法依据历史的功利原则，赋予他们行为应有的价值。试以著名的三大战役为例：官渡之战虽然为曹操最终统一北方奠定了基础，但也为国土的龟裂为三预种了后患，从曹操身边侥幸溜走的刘备，正是在这以后成为妨碍曹操九合诸侯的心腹大患；曹操因全力对付袁绍而无暇旁顾，反使孙策获得了宝贵的机缘，得以转斗江东，为日后鼎立之势早早地做好了准备。再看魏吴赤壁之战，作为战例虽然精彩绝伦，从"天下归心"的角度着眼，就完全是另一回事了。孙权当年若接受主和派代表张昭的建议，向曹操投降，不是更有利于河清海晏、长治久安，更能使数十百万生灵免于涂炭吗？吴蜀夷陵之战，东吴大将陆逊一把战火烧死了那么多蜀汉儿郎，刘备又丢了那么大的面子，结果竟仿佛只是为了与东吴订立一个彼此永不相侵的和约，当真是"早知今日，何必当初"。再看孔明六出祁山，总体上属于劳而无功，无论诸葛亮对司马懿的嘲弄，还是姜维与邓艾的对抗、与钟会的惺惺相惜，蜀兵与魏军把那么多山头拉来锯去，"出师未捷身先死"的诸葛亮，结果却只赢得"长使英雄泪满襟"的无尽唏嘘……三国，这一个英雄时代到底想告诉我们什么呢？历史的书页在公元184年突然变得散乱起来，当它在280年重新开始合上的时候，回过头来，竟然就像一切都没有发生过一样！晋人习凿齿就认为，魏世纷争是王无德，乱无功。

第十一讲
南北朝时期政权的演变

　　本讲述说武帝统一三国之乱，天下平定。但晋初经济的发展，主要依靠榨取新经济开发区，来给西晋统治中心地区输血而获得。故此在社会繁荣的背后，隐藏着很多严重的社会问题，在太康之后很快暴露出来，也就促成了八王之乱。后来五胡乱华，中国重现纷乱之势。

八王之乱

晋武帝认为魏朝的灭亡,是因为没有给皇族子弟权力,使皇室孤立了。所以,他在即位以后,封了二十七个同姓王。每个王国都有自己的军队;王国里的文武官员,都由诸侯王自己选用。他以为这样一来,有许多亲属子弟支持皇室,司马氏的统治就可以稳固了,哪知反而种下了祸根。晋惠帝即位以后,外戚杨骏用阴谋手段,排挤了汝南王司马亮,取得单独辅政的地位。贾后不愿让杨骏操纵政权,秘密派人跟汝南王司马亮和楚王司马玮联络,要他们带兵进京,讨伐杨骏。楚王玮从荆州带兵进了洛阳。贾后有了楚王玮的支持,就宣布杨骏谋反,派兵围了杨骏的家,诛杀了杨骏。

▲晋武帝司马炎

杨骏被杀之后,汝南王亮进洛阳辅政。贾后假传晋惠帝的密令,派楚王玮把汝南王亮抓起来杀了。楚王玮本来是贾后的同党,但是贾后怕他连杀两王之后,权力太大。当天晚上,又宣布楚王玮假造皇帝诏书,擅自杀害汝南王,把楚王玮办了死罪。此后,朝廷上没有辅政的大臣,名义上是晋惠帝做皇帝,实际上是贾后专权。

太子并非贾后亲生,贾后就打算把太子废了。朝廷大臣对贾后的凶狠本来十分不满,现在见她废掉太子,背地里十分气愤,议论纷纷。掌握禁军的赵王司马伦觉得这是个好机会,想起兵反对贾后,但他又怕让太子掌了权,也不好对付,就在外面散播谣言,说大臣正在秘密打算扶植太子复位。贾后听到这个谣传,真的害怕起来,派人毒死了太子。这样一来,赵王伦抓住了把柄,派禁军校尉、齐王司马冏带兵进宫逮捕并诛杀了贾后。

赵王伦掌握了政权,当了相国。过了一年,赵王伦软禁了晋惠帝,自己登基称帝。各地的诸侯王听说赵王伦做了皇帝,谁都想夺这个宝座。这样,在他们之间就展开了一场又一场的厮杀。参加这场混战的是赵王司马伦、齐王司马冏、成都王司马颖、河间王司马颙、长沙王司马乂、东海王司马越,加上已经被杀的汝南王亮、楚王玮,一共有八个诸侯王,历史上称为"八王之乱"。

八王之乱前后延续了十六年,到了公元306年,八王中的七个都死了,留下的最后一个东海王越,毒死了晋惠帝,另立了惠帝的弟弟司马炽,这就是晋怀帝。

◀石头城遗址

五胡内迁

公元304年，刘渊回到左国城，大伙儿拥戴他做大单于。他集中了五万人马，亲自率领南下，帮助晋军攻打鲜卑兵。有人问他，为什么不趁这个机会把晋朝灭掉，反倒去帮助晋军呢？刘渊说："要灭掉晋朝，还不是像摧枯拉朽一样容易，但是晋朝的百姓未必会向着我们。我看汉朝立国的年代最长，在百姓中影响大。我们的上代又是汉朝皇室的兄弟。现在汉朝亡了，我们用继承汉朝的名义，也许可以得民心。"于是刘渊就宣布自己是汉王。

刘渊称汉王后，很快攻下了上党、太原、河东、平原等几个郡，势力越来越大。一些势力比较小的各族反晋力量也都来归附刘渊。

公元308年，刘渊称汉帝。第二年迁都平阳，集中兵力进攻洛阳。洛阳的老百姓虽然恨透腐朽的西晋王朝，但是也不愿受匈奴贵族的统治。所以刘渊两次进攻，都遭到洛阳军民的猛烈抵抗，不得不退兵。后来刘渊死去，他儿子刘聪接替做汉国皇帝，又派大将刘曜、石勒进攻洛阳。洛阳的军民奋勇抵抗，但是毕竟寡不敌众。公元311年，洛阳城终于被攻陷，晋怀帝做了俘虏。刘聪进洛阳后，杀了大批晋朝的官员和百姓，有一次，刘聪举行宴会，让晋怀帝穿着奴仆穿的青衣给大家斟酒。一些晋朝的遗臣看了，禁不住失声痛哭。刘聪看晋朝遗臣还对怀帝这样有感情，就杀了怀帝。晋怀帝死后，在长安的晋国官员拥立怀帝的侄儿司马邺继承皇位，这就是晋愍帝。公元316年，刘聪攻下长安。愍帝被杀。西晋王朝维持了五十二年，终于灭亡。

西晋灭亡之后，北方的各族人民（主要是匈奴、鲜卑、羯、氐、羌五个少数民族）纷纷起义，他们中间的上层分子乘机起兵，像李雄、刘渊一样建立政权，前前后后一共出现十六个割据政权，历史上称为"十六国"（旧称五胡十六国，胡是古时候对少数民族的泛称）。

▼南北朝时期作战图

淝水之战

公元316年，西晋覆灭，皇室司马睿在逃亡到江南的贵族地主和南方地主的拥戴下，于公元317年在建康重建了东晋王朝。

公元383年，前秦苻坚统一北方后，强征北方各族，组成八十七万大军南下，想一举灭掉东晋。苻坚先派他弟弟苻融率军二十五万为先锋，从长安向东进发。九月苻坚亲率大军进驻项城，而苻融之先锋亦已抵颍口，并向东晋在淝水西岸的重镇寿阳展开进攻。

东晋宰相谢安遂派谢玄等统率北府兵八万将士迎战苻坚；另派水军五千增援寿阳。后寿阳失守，水军部队只得在离洛涧二十里处驻扎下来。苻坚得知秦军攻下寿阳，便把大军留在项城，只率八千轻兵赶至寿阳。他自以为胜利在望，便派朱序去劝晋军投降。但朱序却将秦军之细实告知晋军。晋军将领谢玄根据朱序所报部署，突袭驻在洛涧的秦军前哨阵地，歼灭秦军万余人；接着晋主力挺进至淝水东岸，与秦军对峙于淝水。苻坚登上寿阳城楼，见晋军阵营严整，又远望八公山上的草木，以为都是晋军，心中畏惧。当时秦军贴水布阵，谢玄要求秦军稍退，让晋军渡过淝水进行决战。苻坚以为可以乘晋军半渡时进行偷袭，便一口应允。岂料秦军皆是强征得来的乌合之众，人心浮动，将士厌战，加上从前的晋军降将朱序乘机高呼："秦军败了。"于是秦军一退而不可止，东晋军队乘胜追击，大败秦军。苻坚在逃跑途中，听到风声鹤唳，都以为是晋军追来。

谢石、谢玄收复了寿阳，派飞马往建康送捷报。谢安正跟一个客人在家里下棋。他看完了谢石送来的捷报，不露声色，随手把捷报放在床上，照样下棋。客人知道是前方送来的战报，忍不住问谢安说："战事情况怎么样？"谢安慢吞吞地说："孩子们到底把秦人打败了。"客人听了，高兴得不想再下棋，想赶快把这个好消息告诉别人，就告别走了。谢安送走客人，回到内宅去，他的兴奋心情再也按捺不住，跨过门槛的时候，跟跟跄跄地，把脚上木屐的齿也碰断了。

经过这场大战，强大的前秦大丧元气。苻坚逃到洛阳，收拾残兵败将，只剩下十几万。晋军以少胜多，前秦政权很快瓦解，东晋得于偏安江左。

▶谢安

◀前秦的80万大军在淝水之战中溃不成军

刘裕亡晋

晋安帝复位后，刘裕掌握了东晋大权。刘裕本来是个出身贫苦的小军官，在士族中没有什么地位。他为了提高自己的威望，决定发动北伐。公元409年，刘裕从建康出发，先出兵包围了南燕的国都广固。南燕的国主慕容超急向后秦乞讨救兵。后秦国主姚兴派使者到晋军大营去见刘裕，说："燕国和我们秦国是友好邻国。我们已派出十万大军驻扎在洛阳。你们一定要逼燕国，我们不会坐视不救。"刘裕对使者说："你回去告诉姚兴，我本来打算灭掉燕国之后，休整三年再来消灭你们。现在既然你们愿意送上门来，省我三年之功！"

使者走了以后，有人对刘裕说："您这样回答他，只怕激怒了姚兴。如果秦兵真的来攻，我们怎么对付？"刘裕泰然说："俗话说：'兵贵神速'，他们如果真的要出兵，就会偷偷出兵，何必先派人来通知呢？这完全是姚兴虚张声势，吓唬我们。我看他自己也顾不过来，哪有什么能力救人呢？"不出刘裕所料，后秦正跟另一个小国夏国互相攻打，还打了败仗，更谈不上出兵救南燕。没有多久，刘裕就把南燕消灭了。过了几年，刘裕平定了南方的割据力量，再一次北伐，进攻后秦。他派大将王镇恶、檀道济带领步兵，从淮河一带出兵向洛阳方向进攻，自己亲自率领水军沿着黄河进军。

▲晋人书帖

这时候，北方鲜卑族建立的北魏开始强大起来，它的势力已经发展到黄河北岸。北魏在北岸集结了十万大军，威胁晋军。刘裕的水军沿着黄河前进，有时风猛水急，晋军的船只被水冲到北岸，就受到魏兵的攻击。刘裕打退魏军，打通了沿黄河西进的道路，顺利西进。那时候，王镇恶和檀道济带领的步兵，已经攻下洛阳，在潼关和刘裕水军会师。接着刘裕派王镇恶攻下长安，灭了后秦。

过了几年，晋安帝死去，刘裕认为时机成熟，就派人劝说刚刚即位的晋恭帝让位。公元420年，刘裕即位做了皇帝，改国号为宋。这就是宋武帝。东晋王朝在南方统治了104年，此时灭亡。

▲宋武帝刘裕像

南北融合

北魏太武帝死去后,政治腐败,鲜卑贵族和大商人压迫人民,不断引起北方人民的反抗。公元471年,魏孝文帝即位后,决心采取改革的措施。

魏孝文帝规定了官员的俸禄,严厉惩办贪官污吏;实行了"均田制",把荒地分配给农民,成年男子每人四十亩,妇女每人二十亩,让他们种植谷物,另外还分给桑地。农民必须向官府交租、服役。农民死了,除桑田外,都要归还官府。这样一来,开垦的田地多了,农民的生产和生活比较稳定,北魏政权的收入也增加了。魏孝文帝认为要巩固魏朝的统治,一定要吸收中原的文化,改革一些落后的风俗。为了这个,他决心把国都从平城迁到洛阳。公元493年,魏孝文帝亲自率领步兵骑兵三十多万南下,从平城出发,前往洛阳。正好碰到秋雨连绵,足足下了一个月,到处道路泥泞,行军发生困难。但是孝文帝仍旧戴盔披甲骑马出城,下令继续进军。大臣们本来不想出兵伐齐,趁着这场大雨,又出来阻拦。孝文帝严肃地说:"这次我们兴师动众,如果半途而废,岂不是给后代人笑话。如果不能南进,就把国都迁到这里。诸位认为怎么样?"文武官员虽然不赞成迁都,但是听说可以停止南伐,也都表示拥护迁都。

孝文帝把国都迁到洛阳以后,进一步改革旧的风俗习惯。他跟大臣们一起议论朝政。他说:"你们看是移风易俗好,还是因循守旧好?"咸阳王拓跋禧说:"当然是移风易俗好。"孝文帝说:"那么我要宣布改革,大家可不能违背。"

▼北魏孝文帝颁布均田令,此为农耕图

接着,孝文帝就宣布几条法令:改说汉语,三十岁以上的人改口比较困难,可以暂缓,三十岁以下、现在朝廷做官的,一律要改说汉语,违反降职或者撤职;规定官民改穿汉人的服装;鼓励鲜卑人跟汉族的士族通婚,改用汉人的姓。北魏皇室本来姓拓跋,开始改姓为元。

魏孝文帝大刀阔斧的改革,使北魏政治、经济有了较大的发展,也进一步促进了鲜卑族和汉族的融合。

代周立隋

陈武帝建立南陈王朝的时候，北方的东魏、西魏已经分别被北齐、北周代替。公元550年，东魏高欢的儿子高洋建立了北齐，公元557年，西魏宇文泰的儿子宇文觉建立了北周。北齐和北周互相攻战，到北周武帝时，灭掉了北齐，统一了北方。公元578年，北周武帝死，子宣帝继位。周宣帝昏狂暴虐，诛杀宗室和大臣，用法苛刻，举朝为此不安。次年，宣帝传位于子静帝，而自称"天元皇帝"，号所居为"天台"。

公元580年，宣帝病卒，时静帝还幼，大臣郑译、刘昉等遂引杨坚入宫辅政，由他总揽朝政。杨坚原籍为弘农华阴，父杨忠为北周的开国功臣，府兵十二大将军之一，被封为"隋国公"。后杨坚袭父爵，并将长女嫁周宣帝为后，地位显赫。宣帝死后，杨坚自为大丞相，都督内外诸军事。由于杨坚当政引起部分朝廷贵族不满，群起叛乱，很快为杨坚所平。接着他又诛杀周室诸王，率兵平定尉迟迥、王谦和司马消难的叛乱，逐步为自己登帝位而铺路。公元581年，杨坚以"受禅"为名，废静帝而自立，是为隋文帝，改元开皇。

▼陈武帝像

编者感言：晋武帝在位的二十五年间，是西晋王朝相对安定的时期。从太康元年到十年，是西晋社会较为繁荣的历史时期。是时，天下无事，赋税平均，人咸安其业而乐其事。牛马被野，余粮委亩，行旅草舍，外间不闭，民相遇者如亲。其匮乏者，取资于道路。故于时有"天下无穷人"之谚。但太康繁荣，也有虚假和脆弱的一面，晋初经济的发展，主要依靠榨取新经济开发区，来给西晋统治中心地区输血而获得。故此在社会繁荣的背后，隐藏着很多严重的社会问题，在太康之后很快暴露出来，也就促成了西晋的短祚。

在汉族的影响下，内迁的外族逐渐由游牧转向农业定居，胡汉文化相互影响渗透。但在交融的同时，胡汉亦存在一定的矛盾，例如并州的匈奴人成了汉人的奴婢，而不少汉人也相继沦为胡人奴婢。这些奴婢常常被迫服役，当兵作战，更有甚者被地方官员押往他乡出卖，因而激起了境内各民族的反抗；而各族上层人物亦往往利用本族人民，实行割据。西晋以后之五胡乱华、永嘉之乱亦肇基于此。

第十二讲
骤兴速亡的隋王朝

本讲讲述杨坚代周立隋,承魏晋南北朝分裂之局,继而统治全国,改革成效影响深远。隋朝虽因炀帝自身暴政而短命速亡,却是为唐之盛世奠下基础。

开皇之治

公元581年,杨坚废周建隋,年号开皇。隋文帝对反叛旧臣、豪强大吏,诛夷罪退,毫不手软。他罢黜了一些没有才干的大臣,包括对自己夺取帝位有功的人,将一些有真才实干的人提拔上来,辅佐自己管理国家政务。隋文帝对平民百姓实行宽仁的政策。在政权基本稳定之后,便开始了一系列的改革。

隋文帝统一了币制,废除其他比较混乱的古币以及私人铸造的钱币,改铸五铢钱。度量衡重新统一。隋文帝下令制定《开皇律》,将原来的枭首、车裂等残酷刑法予以废除,保留了律令五百条。隋文帝废除北周六官制,恢复了汉魏时期的体制,基本上确立了三省六部制度。隋文帝对于地方机构也进行了改革。他采纳度支尚书杨尚希提出的"存要去闲、并小为大"的建议,将原来比较混乱的地方官制从州、郡、县精简为州、县两级。同时,精减了大量的官员,将一些郡县合并。为了更好地行使权力、控制地方,杨坚下令,九品以上的官员一律由中央任免。而且每年都要由吏部进行考核,以决定奖惩、升降。后来,又实行三年任期制。隋文帝简化了地方行政机构,废九品官人法,初创科举制。命令各州每年推选三个文章华美、有才能的人到中央受官。后来,隋文帝又下令,京官五品以上,地方官部管刺史,要由有德有才的举人担当。隋文帝推行均田制,整顿户籍。实行了"大索貌阅法",根据相貌来检查户口,使编户大增。实行"输籍定样",确定户口数,编制"定簿",以此为依据来收取赋税。这些举措防止地方豪强和官僚勾结,营私舞弊,将从豪强手里依附的人口解放出来,增加了国家的劳动力,调动了贫苦农民的生产积极性。

隋文帝一系列的改革措施,大量地减少了国家的财政开支,增加了国家的财政收入。社会安定,百姓安居乐业,社会繁荣,形成开皇之治。

▲隋文帝杨坚

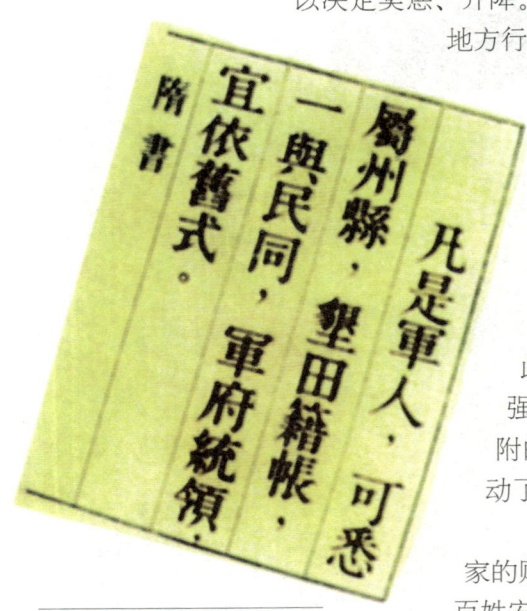

▲隋文帝改进府兵制的诏令

炀帝无道

隋炀帝杨广是文帝杨坚次子,文帝提倡节俭,所以杨广一直在文帝和母亲独孤皇后面前装得很朴素,以讨其欢心,终于令文帝废长子杨勇而立他为太子。

公元604年7月,文帝卧病在床,杨广密写书信给杨素,请教如何处理文帝后事。不料送信人误将杨素的回信送至文帝手上,文帝大怒,随即宣杨广入宫,要当面责问他。正在此时,宣华夫人陈氏衣衫不整地跑进来,哭诉杨广在她来途中调戏她,使文帝顿悟,拍床大骂,急忙命人传大臣柳述、元岩草拟诏书,废黜杨广,重立杨勇为太子。杨广得到密报,谋杀了文帝。又假传文帝遗嘱,要杨勇自尽,杨勇未及回答,派去的人就将杨勇拖出杀死。杨广以弑父杀兄的手段夺取了皇位。

隋炀帝杨广即位后,为了加强对全国政治上的控制,并且使江南地区的物资能够更方便地运到北方来,加上他个人追求享乐,一开始就办了两件事:一是在洛阳建造一座新的都城,叫东都;二是开一条贯通南北的大运河。公元605年,隋炀帝派管理建筑工程的大臣宇文恺负责造东都。宇文恺为了迎合隋炀帝追求奢侈的心理,把工程规模搞得特别宏大。建造宫殿需要的高级木材石料,都是从大江以南、五岭以北地区运来的。为了造东都,每月征发二百万民工,日夜不停地施工。他们还在洛阳西面专门造了供隋炀帝玩赏的大花园,叫作"西苑",周围二百里,园里人造的海和假山,亭台楼阁,奇花异草,应有尽有。同年,隋炀帝下令征发河南、淮北各地百姓一百多万人,从洛阳西苑到淮水南岸的山阳,开通一条运河,叫"通济渠";又征发淮南百姓十多万人,从山阳到江都,把春秋时期吴王夫差开的一条"邗沟"疏通。这样,从洛阳到江南的水路交通直接贯通。以后五年,隋炀帝又两次征发民工,开通运河,一条

▲京杭大运河的开凿是一项浩大的工程

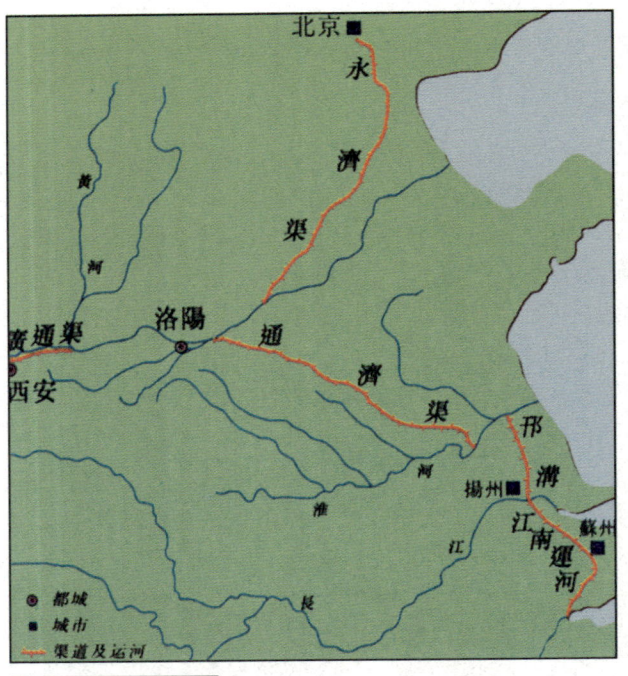
▲隋唐大运河示意图

是从洛阳的黄河北岸到涿郡的"永济渠";一条是从江都对江的京口到余杭的"江南河"。

公元611年,隋炀帝发动对高丽的战争。他从江都乘龙船,沿着大运河直达涿郡,亲自指挥这场战争。他下令全国军队,不论远近,一律向涿郡集中;还派人在东莱海口督造兵船三百艘,造船的民伕在官吏监视下,日日夜夜在海边造船,得不到休息。他们下半身泡在海水里,时间一久,从腰以下都腐烂得生了蛆,许多人受不了这种折磨,劳累而死。隋炀帝又命令河南、淮南、江南各地督造五万辆大车,送到高阳,给兵士运输衣甲、帐幕;以征发江、淮以南民伕和船只把黎阳和洛口仓的粮食运到涿郡。几十万运输物资的民伕,在半路上有不少累死饿死,沿路都是倒毙的尸体。由于民伕死亡太多,耕牛也被征发拉车,弄得田园荒芜,民不聊生。国内烽火频起。在山东、河北广大地区,接二连三地发生了农民起义,隋王朝的统治开始动摇。

▶隋炀帝龙舟出行图

群雄逐鹿

隋朝末年,隋炀帝杨广滥用民力,大兴土木,穷兵黩武,社会生产被破坏,阶级矛盾迅速激化。公元611年,山东长白山农民首先起义,各地纷纷响应。在起义迅速扩大的同时,隋统治集团内部发生分裂。公元613年,炀帝发动第二次对高丽战争,大贵族杨素之子礼部尚书杨玄感,乘炀帝在辽东之机,联合一批贵族子弟起兵黎阳,进逼东都。炀帝与玄感之间的厮杀,抵消了统治阶级的实力,义军乘机发展。到大业十年第三次对高丽战争时,义军处处皆是,道路隔绝,官军已经无法按期集中。

▼瓦岗军攻破兴洛仓

公元613年以后,隋统治阶级开始把大部分军队用于镇压农民起义军。炀帝还命令在郡县城郭、驿站、村庄的周围修筑城堡,强迫农民到城堡里居住,以隔断义军与民众的联系。统治者对起义军和一般农民进行了疯狂的大屠杀。隋将樊子盖镇压起义军时,将汾水以北村庄全部烧光,俘虏的起义军全部被屠杀。王世充打败江南刘元进起义军时,把诱降来的三万人也全部屠杀。统治者的残酷镇压迫使更多的农民起来反抗,到公元616年,先后在全国各地兴起的起义军大小不下百余支,义众达数百万。起义军攻陷许多郡县,消灭大量隋兵。隋炀帝调杨义臣率辽东还兵镇压河北起义军,自率禁军到江都,镇压南下江淮的起义军。在和隋军主力作战的过程中,起义军败而复聚,由分散走向集中,逐步形成了瓦岗军、河北夏军和江淮吴军三支主力。

瓦岗军的创始人是翟让。公元616年,曾参与杨玄感反隋的贵族李密也来参加瓦岗军。他说服附近小股起义军聚集到瓦岗军周围。瓦岗军攻破要塞金堤关,打下荥阳诸县。炀帝以张须陀为荥阳通守,率兵两万前来镇压。李密说服翟让还击。翟让率兵列阵以待,李密统骁勇、常何等游骑千人埋伏于荥阳大海寺北,大败隋军,阵斩张须陀。这是起义军在河南境内的第一次大胜仗,为起义军在中原地区的胜利发展奠定了基础。公元617年2月,瓦岗军攻破兴洛(后改洛口)仓,开仓赈济饥民。留守东都的越王侗急派刘长恭和裴仁基分兵两路,准备在兴洛仓合击瓦岗军。瓦岗军先击溃了刘长恭所率的25000步骑,不久又招降了裴仁基。翟让推李密为瓦岗军首领,号魏公。赵魏以南、江淮以北的各路起义军皆归瓦岗军,众至数十万,几乎控制了河南全境。瓦岗军成为河北、山东各路起义军的盟主。4月，瓦岗军围迫东都，将20余万隋军困于孤城。

公元616年，张金称、高士达先后被隋军镇压，窦建德收合两部余众，军势复振，很快发展到10余万人。隋在河北地方上的武装力量基本上已被消灭，起义军兵锋所至，隋朝官吏"稍以城降之"。次年正月，窦建德在乐寿县郊建立政权，自称长乐王，署置百官，改元丁丑。

在江淮一带，公元616年7月，炀帝至江都时，李子通据海陵，左才相在淮北，杜伏威屯六合，从三面威胁江都。炀帝遣陈棱率宿卫精兵八千进行过伐，互有胜负。次年正月，又遣陈棱征讨江淮一带起义军中力量最强大的杜伏威。隋军大败，起义军乘胜攻破高邮，占历阳，杜伏威自称总管，以辅公祏为长史，很快控制了淮南各县，江淮间小股反隋武装多来归附，形成了江淮间巨大的起义力量。

从公元617年3—4月瓦岗军围逼东都开始，以瓦岗军为中坚，以窦建德、杜伏威为两翼的农民起义军，对隋王朝进行了摧毁性的打击。6月，瓦岗军大败隋军，东都危急。7月，炀帝抽调"江淮劲卒"和"燕地精兵"奔赴东都，涿郡留守薛世雄统率燕地精兵30000南下攻瓦岗军，兵至河间，营于七里井，准备会合河间诸县兵先行镇压窦建德起义军。窦建德指挥部队从各城中撤出，向南转移，然后乘薛世雄不加防备，选精兵数千人为伏兵，亲率敢死之士280人夜袭。30000隋军溃散。薛世雄带数十骑逃回涿郡。窦建德起义军又重新控制了河北的大部分地区。8月，瓦岗军占领黎阳仓，开仓赈济饥民，扩大起义队伍数十万人。炀帝又命江都通守王世充统率洛阳附近诸郡兵与东都留守兵共10余万人，在洛水两岸同瓦岗军展开激战。王世充屡战屡败，有些隋将投降李密。这时洛阳城内缺粮，饿死的人很多。河北、山东、河南和江淮流域都被起义军占领，隋的军事力量也大部被起义军消灭，隋王朝直接控制的地方越来越狭小。形势对瓦岗军非常有利。但由于瓦岗军内部矛盾日益加深，李密始终不肯改变在洛阳城下与隋军主力长期鏖战的错误战略，所以没有取得决定性胜利。

在农民起义军从各条战线向隋王朝发起全面进攻的同时，朔方梁师都、马邑刘武周、金城薛举等地主官僚也纷纷起兵，割据地方。公元617年5月，隋太原留守李渊也从太原起兵，7月，趁隋军与瓦岗军大战之机，进入关中。11月，攻克长安。

公元618年3月，在江都的隋禁军将领利用关中士兵思归的情绪，推宇文化及为首领，发动兵变，杀死隋炀帝，领兵西归。5月，李渊在长安即皇帝位，建立唐朝。炀帝死讯到达东都，群臣立炀帝的一个孙儿越王侗为帝，改元皇泰，史称皇泰主。这年6月宇文化及兵到黎阳，黎阳早由瓦岗军占领。那时，李密已接受东都官爵，便与化及在黎阳的仓城相拒。化及粮尽北走魏县，9月杀秦王浩，称帝，国号许。

公元619年，宇文化及于聊城为窦建德所擒杀。李密击走宇文化及后，想应命到东都去"辅政"。当时，东都发生内讧，反对召李密的王世充专政，发兵攻李密。公元618年9月，李密于偃师战败，降唐。王世充击败李密后，声势很大，遂于次年4月，废皇泰主，称帝，国号郑，改元开明。到此，三个象征性的隋政权残余全部灭亡。

李渊反隋

并州地区的起义力量在公元615年至616年间日益壮大，汾水两岸义旗竞举。在此背景下，隋太原留守李渊乘机而起。李渊（即唐高祖李渊）是西魏六柱国之一李虎之孙，既是关陇世袭贵族，又是炀帝的姨表兄，一向为炀帝所信任。公元615年他以山西河东慰抚大使领兵解雁门之围有功，被留在并州防御突厥和镇压农民军。大致在公元615年至616年，炀帝命李渊为太原留守。当时，隋朝的危亡形势已很明显。李渊既害怕无功被罪，又怀有政治野心，加之次子李世民等的劝说，经过密谋部署，于公元617年5月起事。

公元617年，瓦岗军推李密为魏公，先后攻占洛口、回洛、黎阳诸仓，散粮聚众数十万，进逼东都。河北起义军领袖窦建德也在这年称长乐王于乐寿。

炀帝死后，阶级关系发生很大变化。杜伏威上表于洛阳小朝廷，皇泰主拜伏威为东道大总管，封楚王。李密也在宇文化及大军压境的情况下，为了避免腹背受敌，向皇泰主称臣。李密大破宇文化及的军队，但自己的兵力损失也很大，于9月被实际控制东都的王世充乘虚打败，投降李渊。只有窦建德的夏政权在河北仍保持独立。公元622年3月，唐兵进攻洛阳王世充，窦建德亲自统兵十余万援助王世充，和唐军相持于虎牢一带。谋士凌敬建议全军渡河，攻占河阳，越过太行山，进军汾水流域，威胁关中，迫唐军从洛阳撤退。建德不听。5月初，李世民袭击得手，夏军溃散，建德被俘。之后，建德留守洺州诸将士或散尽，或降唐。7月，窦建德于长安被杀。夏亡。

公元617年，李渊接受刘文静结好突厥、资其士马以益兵势的建议，亲为书启，卑辞厚礼，致书始毕可汗（向突厥称臣），以求得其帮助，书云："欲大举义兵，远迎主上，复与突厥和亲，如开皇之时。若能与我俱南，愿勿侵暴百姓。若但和亲，坐受宝货，亦唯可汗所择。"始毕可汗回书，表示若李渊称帝，愿以兵马助之。渊以为时机未到，裴寂等乃请先尊炀帝为太上皇，暂立代王杨侑为帝，传檄诸郡，改易旗帜，杂用绛白，以示突厥。西河郡不服，李渊派李建成、李世民将兵攻克之。遂定入关之计。6月，李渊建大将军府。李渊自号大将军，以裴寂为长史，刘文静为司马，唐俭及前长安尉温大雅为记室，武士彟为铠曹，又设户曹、司功参军、府掾、左右统军等官职。以李建成为陇西公、左领军大都督，领左三统军；李世民为敦煌公、右领军大都督，领右三统军；李元吉为姑臧公，领中军。

▲李渊起兵图

▲ 骑兵交战图

　　7月，李渊发兵晋阳，准备攻入关中。李渊以李元吉为太原太守，留守晋阳宫，自己与李建成、李世民率兵三万发晋阳，又遣刘文静至突厥请兵以振声势。代王杨侑自长安遣宋老生率精兵2万屯霍邑，隋左武侯大将军屈突通将骁骑数万屯河东以拒李渊。8月，李渊父子率兵西进，至霍邑附近的贾胡堡，遇雨不得进。李渊召将佐谋北还，李世民、李建成要求先取霍邑，继续西进。李渊下令攻打霍邑，李建成、李世民率数十骑至霍邑城下，激宋老生出战。宋老生引兵3万分道而出，李世民自背后冲其阵，宋老生兵大败，李渊遂取霍邑。9月，李渊率诸军围河东，屈突通凭坚固守。李渊留诸将围河东，自引军西趋长安。李渊至朝邑，舍于长春宫，关中士民多归附李渊。李渊令李建成、刘文静率军数万人屯永丰仓，守潼关以备河东兵，又令李世民率军数万人在渭北，作好攻取长安的准备。11月，李渊集诸军20余万围长安，下令诸军攻城，曰："毋得犯七庙及代王宗室，违者夷三族。"诸军攻克长安后，李渊与百姓约法十二条，尽除隋之苛禁。李渊迎代王侑即皇帝位，改元义宁，遥尊炀帝为太上皇。以李渊为假黄钺、使持节、大都督内外诸军事、尚书令、大丞相，进封唐王。以武德殿为丞相府，改教称令。军国机务，事无大小，文武设官，位无贵贱，宪章赏罚，全归相府，惟郊祀天地、四时禘祫奏闻皇帝，又置丞相府官属，以裴寂为长史，刘文静为司马。次年5月，李渊代隋称帝，国号唐，改元武德。

> 编者感言：凡经历长期分裂而出现的一统王朝通常都较短命，但它们往往为下一个盛朝开辟道路、奠下基础，其功实不可没。例如始皇创秦制、文帝创隋制，而均为其后历代所循，于一统中国不无贡献。隋承魏晋南北朝分裂之局，继而统治全国，肩负之担较重，再加以其自身暴政，故短命速亡，但是为唐之盛世奠下基础。

第十三讲
大唐盛世：
如日中天的封建王朝

本讲从太宗李世民夺位说起，李渊是一位平凡的领导者，但其子李世民却是中华帝国史上最伟大的领导者之一，在李世民的辅助下，又一次统一中国。经李世民的"贞观之治"使中华大国进入另一个辉煌的时代。唐王朝是中国历史上贡献最巨、国力最强、历时最长的王朝之一，共二百七十六年，其中一半时间在黄金时代之内。直至黄巢起义，唐朝灭亡，朱温建国。

玄武之变

唐高祖即位以后，封李建成为太子，李世民为秦王，李元吉为齐王。三个人当中，数李世民功劳最大。太原起兵，原是他的主意；在以后几次战斗中，他立的战功也最多。李建成的战功不如李世民，只是因为他是高祖的长子，才取得太子的地位。

李世民不但有勇有谋，而且手下有一批人才。在秦王府中，文的有房玄龄、杜如晦等，号称十八学士；武的有尉迟敬德、秦叔宝、程咬金等著名勇将。太子建成自己知道威信比不上李世民，心里妒忌，就和弟弟齐王元吉联合，一起排挤李世民。

建成、元吉知道唐高祖宠爱一些妃子，就经常在这些宠妃面前拍马送礼，讨她们的欢心。李世民就没有这样做。李世民平定东都之后，有的妃子私下向李世民索取隋宫里的珍宝，还为她们的亲戚谋官做，都被李世民拒绝了。于是，宠妃们常常在高祖面前说太子的好话，讲秦王的短处。唐高祖听信宠妃的话，跟李世民渐渐疏远起来。

▲唐高祖李渊像

李世民多次立功，建成和元吉更加嫉恨，千方百计想除掉李世民。但是又怕世民手下勇将多，真的动起手来，占不到便宜，就想先把这些勇将收买过来。建成私下派人送了一封信给秦王手下的勇将尉迟敬德，表示要跟尉迟敬德交个朋友，还给尉迟敬德送去一车金银。尉迟敬德跟建成的使者说："我是秦王的部下。如果私下跟太子来往，对秦王三心二意，我就成了个贪利忘义的小人。这样的人对太子又有什么用呢。"说着，他把一车金银原封不动地退了。

后来突厥进犯中原，建成向唐高祖建议，让元吉代替李世民带兵北征。唐高祖任命元吉做主帅后，元吉又请求把尉迟敬德、秦叔宝、程咬金三员大将和秦王府的精兵都划归元吉指挥。他们打算把这些将士调开以后，就可以放手杀害李世民。有人把这个秘密计划报告了李世民。世民感到形势紧急，连忙找他舅子长孙无忌和尉迟敬德商量。两

◀十八学士图

人都劝李世民先发制人。李世民说："兄弟互相残杀，总不是件体面的事。还是等他们动了手，我们再来对付他们。"尉迟敬德、长孙无忌都着急起来，说如果世民再不动手，他们也不愿留在秦王府白白等死。李世民看他的部下十分坚决，就下了决心。当天夜里，李世民进宫向唐高祖告了一状，诉说太子跟元吉怎么谋害他。唐高祖答应等明天一早，叫兄弟三人一起进宫，由他亲自查问。

▼西安古城墙

第二天早上，李世民叫长孙无忌和尉迟敬德带了一支精兵，埋伏在皇宫北面的玄武门，只等建成、元吉进宫。没多久，建成、元吉骑着马朝玄武门来了，他们到了玄武门边，觉得周围的气氛有点反常，心里犯了疑。两人拨转马头，准备回去。李世民从玄武门里骑着马赶

▲玄武门壁画

了出来，高喊说："殿下，别走！"元吉转过身来，拿起身边的弓箭，就想射杀世民，但是心里一慌张，连弓弦都拉不开来。李世民眼明手快，射出一支箭，把建成先射死了；紧接着，尉迟敬德带了七十名骑兵一起冲了出来，尉迟敬德一箭，把元吉也射下马来。东宫和齐王府的将士听到玄武门出了事，全部出动，猛攻秦王府的兵士。李世民一面指挥将士抵抗，一面派尉迟敬德进宫。

唐高祖正在皇宫里等着三人去朝见，尉迟敬德手拿长矛气吁吁地冲进宫来，说："太子和齐王发动叛乱，秦王已经把他们杀了。秦王怕惊动陛下，特地派我来保驾。"高祖知道外面出了事，吓得不知道该怎么办才好。宰相萧瑀等说："建成、元吉本来没有什么功劳，两人妒忌秦王，施用奸计。现在秦王既然已经把他们消灭，这是好事。陛下把国事交给秦王，就没事了。"到了这步田地，唐高祖要反对也没用了，只好听左右大臣的话，宣布建成、元吉罪状，命令各府将士一律归秦王指挥。过了两个月，唐高祖让位给秦王，自己做太上皇。李世民即位，就是唐太宗。

贞观之治

▲李世民像

公元627年,唐太宗即位,年号"贞观"。太宗实行了一系列的开明政策和措施,政绩卓著。他意识到君和民就好比是舟和水,水能载舟,亦能覆舟,所以不能对自己的子民太苛刻。于是他采取有利于经济发展的"休养生息"政策,轻徭薄赋、奖励农耕,使经济得到较快的恢复和发展。发展科举制度,通过选拔大批有文化、有才能的政治家进入最高统治集团,抑制了士族地主势力;他鼓励群臣犯颜直谏;用贤良,因而忠贤满朝,人才济济,严格选择官吏,保证吏治清明。

太宗还注意各民族的关系,促进了民族之间的经济文化交流。唐朝政府把大批不甘突厥奴隶主贵族统治而南下的突厥人,安置在幽州到灵州间的土地上,又在东突厥故地设置了许多都督府州,任命东突厥贵族为都督、刺史,隶属唐朝中央政府统辖。这样,不仅消除了北方的边患,也缓和了民族矛盾,因而被北方各族尊为"天可汗";太宗遣文成公主和亲吐蕃,为汉藏两族间的友好交往开了先河,对中国多民族国家的发展做出了贡献。

唐太宗统治期间,社会稳定,生产迅速发展,民族融洽,歌舞升平。史称"贞观之治"。

▼贞观君臣赏花灯图

魏征直谏

魏征从小丧失父母，家境贫寒，但喜爱读书，不理家业，曾出家当过道士。隋大业末年，被隋武阳郡丞元宝藏任为书记。元宝藏举郡归降李密后，他又被李密任为元帅府文学参军，专掌文书卷宗。

公元618年，魏征随李密入关降唐，但久不见用。次年，魏征自请安抚河北，至黎阳，劝说李密的黎阳守将徐世绩归降唐朝。不久，窦建德攻占黎阳，魏征被俘。建德失败后，魏征又回到长安，被太子李建成引用为东宫僚属。魏征看到太子与秦王李世民的冲突日益加深，多次劝导建成要先发制人，及早动手。

玄武门之变以后，李世民由于早就器重魏征的胆识才能，非但没有怪罪于他，而且还把他任为谏官之职，并经常引入内廷，询问政事得失。魏征喜逢知己之主，竭诚辅佐，知无不言，言无不尽。

▲魏征

加之性格耿直，往往据理抗争，从不委曲求全。有一次，唐太宗曾向魏征问道："何谓明君、暗君？"魏征回答说："君之所以明者，兼听也；君之所以暗者，偏信也。以前秦二世居住深宫，不见大臣，只是偏信宦官赵高，直到天下大乱以后，自己还被蒙在鼓里；隋炀帝偏信虞世基，天下郡县多已失守，自己也不得而知。"太宗深表赞同。

公元628年，魏征被授秘书监，并参掌朝政。不久，长孙皇后听说一位姓郑的官员有一位年仅十六七岁的女儿，才貌出众，京城之内，绝无仅有，便告诉了太宗，请求将其纳入宫中，备为嫔妃。太宗便下诏将这一女子聘为妃子。魏征听说这位女子已经许配陆家，便立即入宫进谏："陛下为人父母，抚爱百姓，当忧其所忧，乐其所乐。居住在宫室台榭之中，要想到百姓都有屋宇之安；吃着山珍海味，要想到百姓无饥寒之患；嫔妃满院，要想到百姓有室家之欢。现在郑民之女，早已许配陆家，陛下未加详细查问，便将她纳入宫中，如果传闻出去，难道是为民父母的道理吗？"太宗听后大惊，当即深表内疚，并决定收回成命。但房玄龄等人却认为郑氏许人之事，子虚乌有，坚持诏令有效。陆家也派人递上表章，声明以前虽有资财往来，并无订亲之事。这时，唐太宗半信半疑，又召来魏征询问。魏征直截了当地说："陆家其所以否认此事，是害怕陛下以后借此加害于他。其中缘故十分清楚。不足为怪。"太宗这才恍然大悟，便坚决地收回了诏令。

由于魏征能够犯颜直谏，即使太宗在大怒之际，他也敢面折廷争，从不退让，所以，唐太宗有时对他也会产生敬畏之心。有一次，唐太宗想要去秦岭山中打猎取乐，行装都已准备停当，但却迟迟未能成行。后来，魏征问及此事，太宗笑着答道："当初确有这个想法，但害怕你又要直言进谏，所以很快又打消了这个念头。"还有一次太宗得到了一只上好的鹞鹰，把它放在自己的肩膀上，很是得意。但当他看见魏征远远地向他走来时，便赶紧把鸟藏在怀中。魏征故意奏事很久，致使鹞子闷死在怀中。

公元632年，群臣都请求太宗去泰山封禅，借以炫耀功德和国家富强，只有魏征表示反对。唐太宗觉得奇怪，便向魏征问道："你不主张进行封禅，是不是认为我的功劳不高、德行不尊、中国未安、四夷未服、年谷未丰、祥瑞未至吗？"魏征回答说："陛下虽有以上六德，但自从隋末天下大乱以来，直到现在，户口并未恢复，仓库尚为空虚，而车驾东巡，千骑万乘，耗费巨大，沿途百姓承受不了。况且陛下封禅，必然万国咸集，远夷君长也要扈从。而如今中原一带，人烟稀少，灌木丛生，万国使者和远夷君长看到中国如此虚弱，岂不产生轻视之心？如果赏赐不周，就不会满足这些远人的欲望；免除赋役，也远远不能报偿百姓的破费。如此仅图虚名而受实害的事，陛下为什么要干呢？"不久，正逢中原数州暴发了洪水，封禅之事从此停止。

公元633年，魏征接替王珪为侍中。同年底，中牟县丞皇甫德参向太宗上书说："修建洛阳宫，劳弊百姓；收取地租，数量太多；妇女喜梳高髻，宫中所化。"太宗接书大怒，对宰相们说："德参想让国家不役一人，不收地租，富人无发，才符合他的心意。"想治皇甫德参诽谤之罪。魏征谏道："自古上书不偏激，不能触动人主之心。所谓狂夫之言，圣人择善而从。请陛下想想这个道理。"最后还强调说："陛下最近不爱听直言，虽勉强包涵，已不像从前那样豁达自然。"唐太宗觉得魏征说得入情入理，便转怒为喜，不但没有对皇甫德参治罪，还把他提升为监察御史。

公元637年，魏征被升任尚书左丞。这时，有人奏告他私自提拔亲戚做官，唐太宗立即派御史大夫温彦博调查此事。结果，查无证据，纯属诬告。但唐太宗仍派人转告魏征说："今后要远避嫌疑，不要再惹出这样的麻烦。"魏征当即面奏说："我听说君臣之间，相互协助，义同一体。如果不讲秉公办事，只讲远避嫌疑，那么国家兴亡，或未可知。"并请求太宗要使自己作良臣而不要作忠臣。太宗询问忠臣和良臣有何区别，魏征答道："使自己身获美名，使君主成为明君，子孙相继，福禄无疆，是为良臣；使自己身受杀戮，使君主沦为暴君，家国并丧，空有其名，是为忠臣。以此而言，二者相去甚远。"太宗点头称是。

公元638年，魏征看到唐太宗逐渐怠惰，懒于政事，追求奢靡，便奏上著名的《十渐不克终疏》，列举了唐太宗执政初到当前为政态度的十个变化。他还向太宗上了"十思"，即"见可欲则思知足，将兴缮则思知止，处高危则思谦降，临满盈则思挹损，遇逸乐则思撙节，在宴安则思后患，防拥蔽则思延纳，疾谗邪则思正己，行爵赏则思因喜而僭，施刑罚则思因怒而滥"。

公元642年，魏征染病卧床，唐太宗所遣探视的中使道路相望。魏征一生节俭，家无正寝，唐太宗立即下令把为自己修建小殿的材料，全部为魏征营构大屋。不久，魏征病逝家中。太宗亲临吊唁，痛哭失声，并说："夫以铜为镜，可以正衣冠；以古为镜，可以知兴替；以人为镜，可以知得失。我常保此三镜，以防己过。今魏征殂逝，遂亡一镜矣。"

绝代女皇

唐太宗是个精明能干的皇帝，但是他的儿子高宗却是个庸碌无能的人。唐高宗即位以后，自己不会处理朝政大事，一切靠他的舅父、宰相长孙无忌拿主意。后来，他立了皇后武则天，情况就发生了变化。

武则天本来是唐太宗宫里的一个才人，十四岁那年，就服侍太宗。当时太宗的御厩里，有匹名马，叫"狮子骢"，长得肥壮可爱，但是性格暴躁，不好驾驭。有一次，唐太宗带着宫妃们去看那匹马，跟大家开玩笑说："你们当中有谁能制服它？"妃子们不敢接嘴，十四岁的武则天勇敢地站了出来，说："陛下，我能！"太宗惊奇地看着她，问她有什么办法。武则天说："只要给我三件东西：第一件是铁鞭，第二件是铁锤，第三件是匕首。它要是调皮，就用鞭子抽它；还不服，用铁锤敲它的头；如果再捣蛋，就用匕首砍断它的脖子。"

▲武则天绣像

唐太宗听了哈哈大笑。他虽然觉得武则天说得有点孩子气，但是也很赞赏她的泼辣性格。唐太宗死后，按照当时宫廷的规矩，武则天被送进尼姑庵。

唐高宗在他当太子的时候，就看中了武则天。即位两年后，他把武则天从尼姑庵里接出来，封她为昭仪。后来，又想废了原来的王皇后，立武则天做皇后。这件事遭到很多老臣的反对，特别是高宗的舅父长孙无忌，说什么也不同意。武则天私下拉拢一批大臣，在高宗面前支持武则天当皇后，有人对高宗说："这是陛下的家事，别人管不着。"唐高宗这才下了决心，把王皇后废了，让武则天当皇后。武则天当了皇后以后，就使出她那果断泼辣的手段，把那些反对她的老臣一个个降职、流放，连长孙无忌也被逼自杀。

不多久，高宗害了一场病，成天头昏眼花，有时候连眼睛都睁不开。唐高宗看武则天能干，又懂得文墨，索性把朝政大事全交给她管了。武则天掌了权，渐渐不把高宗放在眼里。高宗想干什么，没有经过武则天同意，就干不了。唐高宗心里气恼，有一次、他跟宰相上官仪商量。上官仪是反对武则天掌权的，就说："陛下既然嫌皇后太专断，不如把她废了。"高宗是个没主意的人，听了上官仪的话，说："好，那就请你去给我起草一道诏书吧。"两个人说的话，被旁边的太监听见了，那些太监都是武则天的心腹，连忙把这件事报告武则天。等上官仪把起草好的诏书送给高宗，武则天已经赶到了。她厉声问高宗说："这是怎么

◀武后步辇图

回事？"唐高宗见了武则天，吓得好像矮了半截。他把上官仪起草的诏书藏在袖子里，结结巴巴地说："我本来没这个意思，都是上官仪教我干的。"武则天立刻下命令把上官仪杀了。从那以后，唐高宗上朝，都由武则天在旁边监视；大小政事，都得由皇后点了头才算数。

公元683年，高宗死了。武则天先后把两个儿子立为皇帝——中宗李显和睿宗李旦，都不中她的意。她把中宗废了，把睿宗软禁起来，自己以太后名义临朝执政。这一来，又遭到一些大臣和宗室的反对。有个官员徐敬业被武则天降职，借这个由头，在扬州起兵反对武则天。武则天找宰相裴炎商量。裴炎说："现在皇帝年纪大了，还不让他执政，人家就有了借口，只要太后把政权还给皇帝，徐敬业的叛乱自然会平息。"武则天认为裴炎跟徐敬业一样，都想逼她下台，一气之下，就把裴炎打进牢监；又派出大将带领三十万大军讨伐徐敬业。徐敬业兵少势孤，抵抗了一阵，就失败了。越王李贞和琅琊王李冲起兵反对武则天，也被武则天派兵镇压了。

▲武则天画像

经过这两场小小的兵变，全国恢复了安宁，没有人再敢反对武则天。武则天巩固了她的统治，就不满足太后执政的地位了。有个和尚猜到了太后的心思，伪造了一部佛经，献给武则天。那部佛经里说，武则天本来是弥勒佛投胎到人世来的。佛祖派她下凡，就是要让她代替唐朝皇帝统治天下。又过了几月，有个官员名叫傅游艺，联络了关中地区九百多人联名上书，请求太后即位称帝。武则天一面推辞，一面提升了傅游艺的官职。结果，劝她做皇帝的人越来越多。据说当时文武官员、王公贵族、远近百姓、各族首领、和尚道士，上劝进表的有六万多人。公元690年9月，武则天接受大家的请求，自称圣神皇帝，改国号为周。她就成了中国历史上唯一的女皇帝。

如果说，武则天在称帝前三十余年参政执政的政治生涯中，已显示出惊人的政治谋略和手段，那么，在称帝之后的十余年中，则更充分地显示了她在用人、处事、治国等各个方面杰出的政治才能和政治家的气魄。则天称帝后，更重视人才的选拔和使用。她认为"九域之广，岂一人之强化，必佇才能，共成羽翼"。凡能"安邦国""定边疆"的人才，她不计门第，不拘资格，一律量才使用。为了广揽人才，她发展和完善了隋以来的科举制度，放手招贤，允许自举为官、试官，并设立员外官。此外，她还首创了殿试和武举制度，为更多更广地发现人才、搜罗人才创造了

▲武则天像　▼大明宫

▲狄仁杰像

有利的条件。比如，中唐名将郭子仪，就是"自武举异等出"。这样，在她施政的年代里，始终有一批"文似仁杰""武类休武"的能臣干将为其效命，有力地维护着武周的政权。对于农业生产，则天也非常重视。她说："建国之本，必在务农"，"务农则田垦，田垦则粟多，粟多则人富"。她规定，能使"田畴垦辟，家有余粮"的地方官升任；"为政苛滥，户口流移"的"轻者贬官，甚至非时解替"。这样，在她执政的年代里，农业和手工业都得到较大的发展。人口不断增加。据当时统计，永徽时全国户数为380万户，到则天临终的神龙元年，渐增为615万户，几乎增长一倍。仅此一点即可看出这一时期的农业经济发展情况。

在抗击外来入侵，保护边境安宁，改善相邻各国的关系方面，武则天施政时期也做了很多努力。对吐蕃贵族的入侵和骚扰，则天给予坚决的抵御和反击。公元692年，她派大将王孝杰击败吐蕃，收复安西四镇，复置安西都护府于龟兹。之后，又在庭州设置北庭都护府，巩固西北边防，打通了一度中断的通向中亚地区的"丝绸之路"。在她施政的年代里，坚持边军屯田的政策。天授年间，娄师德检校丰州都督"屯田积谷数百万，兵以饶给"。公元701年，郭元振任凉州都督，坚持屯田五年，"军粮可支数十年"。武氏的这种大范围的长期屯田，对边区开发、减轻人民转输之劳，以及巩固边防都有着积极的作用。

在武则天掌权近半个世纪的较长时期内，也有很多过失。她重用酷吏，奖励告密，使不少污吏横行一时。他们刑讯逼供，滥杀无辜，诬陷于人，使不少文臣武将蒙受不白之冤。虽然对武周政权的巩固起过一些作用，但是，使得统治集团内部矛盾激化，人人自危，必然影响国家的治理和生产的发展。她放手选官，使官僚集团急剧增大，官僚机构膨胀，必然要加重人民的负担。她晚年好大喜功，生活奢靡，耗费大量财资和劳力。这都不同程度影响和延缓了生产力的发展。

错误和过失毕竟是武则天政治生涯中的支流。她作为中国历史上唯一的女皇帝，能够排除万难，在统治长达半个世纪的年代，形成强有力的中央集权。社会安定，经济发展，上承"贞观之治"，下启"开元盛世"，革除时弊，发展生产，完善科举，破除门阀观念，不拘一格任用贤才，顺应历史潮流，大刀阔斧进行改革。这都是无法抹杀的历史功绩。

▲武则天无字石碑

▶唐乾陵

开元盛世

武则天死后，唐中宗李显即位，后来韦后毒死中宗，立少帝李重茂，以皇太后的身份临朝听政，并谋害相王李旦。李旦子李隆基联合姑母太平公主发动宫廷政变，铲除韦氏及其党羽，迫使少帝李重茂颁布诏书，让帝位于叔父相王旦，仍称唐睿宗。李隆基被立为皇太子。当时，宫廷的内部斗争十分激烈，太平公主在协助李隆基政变除掉韦后以后，依仗功大，日益骄奢，不可一世。朝中宰相7人，有5人和太平公主关系密切，姑侄关系特别紧张。公元712年6月，睿宗自称太上皇，把帝位传给了李隆基。公元713年7月，太平公主与其党羽密谋，发动政变，唐玄宗先发制人，杀死太平公主，彻底剪除了太平公主及其党羽，从而结束了武则天以来一连串的宫廷政变。

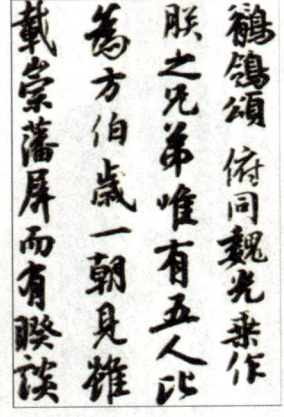
▲唐玄宗手迹

玄宗执政后，注意任贤纳谏，澄清吏治。他先后任用姚崇、宋璟、张九龄等贤相；规定内外官吏迁调之制，选部分京官外调为都督、刺史，而地方官吏中表现优异者则提为京官；又令各道采访使巡视地方，整饬吏治，加强中央权力。在经济上，玄宗即位之初自奉甚俭，又令各地不得开采珠玉、制造锦绣，使武后以来后宫奢靡之风有所改变。由于开源节流，国家财政日益丰裕，仓库充实，物价平廉。为了选拔人才，玄宗还亲自在殿廷复试吏部新放的县令，对儒士甚为优礼，并令臣下访求遗书，得图书近五万卷，使科技文化大放异彩。在军事方面，玄宗改革兵制，招募壮士充当京师宿卫和镇戍边地，又在边镇重地设节度使。由于玄宗的励精图治，开元年间经济繁荣，国库充裕，民生安定，国威远播。唐代盛世至此进入了光芒万丈的时代。

▲李隆基平乱

玄宗在位四十四年，前期年号叫开元（公元713—741年），后期称天宝（公元742—756年）。开元年间，玄宗政绩粲然可观，是唐朝社会经济和国力发展臻于极盛的时期，它承继贞观之治和武则天的治绩，使唐朝的国势发展到巅峰。

◀玄宗幸蜀图

安史之乱

安禄山本姓康,从后父安延偃姓,改姓名为安禄山。安禄山善于逢迎,他结纳李林甫,讨好杨贵妃,称贵妃为义母,骗得唐玄宗宠信。他兼领平卢、河东、范阳三镇节度使,所部兵力达15万之众。

安禄山刑赏己出,日益骄横,又看到天下武备松弛,遂萌生篡夺最高权位的谋反之心。4月,南诏叛附吐蕃,剑南节度使鲜于仲通率兵征讨。唐军大败,战死者6万余众,鲜于仲通仅以身免。不久,安西四镇节度使高仙芝又与当时的大食(阿拉伯帝国)战于怛逻斯,唐军又败。

公元752年11月,李林甫死,玄宗以杨国忠继任宰相,兼领40余职。从此,国忠专决朝政,公卿以下,均受其颐指气使。

▲安禄山像

公元755年11月,安禄山伙同部将史思明发所部兵及同罗、奚、契丹、室韦等共15万兵马,号称20万,反于范阳,安史之乱爆发。唐玄宗闻讯,当即调安西节度使封常清为范阳、平卢节度使,在东都洛阳募兵6万,守卫河阳大桥。接着又以金吾卫大将军高仙芝率京师5万兵,屯驻陕郡。12月,安史叛军占领东都,封、高二将退守潼关。不久,唐玄宗误听了监军宦官边令诚谗言,处死了封常清和高仙芝。改派病废在家的陇右节度使哥舒翰任兵马副元帅,领兵8万,进驻潼关。这时,河北十七郡吏民分别在颜杲卿和颜真卿兄弟的率领下,拥有兵士20多万,切断了范阳与东都之间的交通,使禄山陷入困境。

公元756年正月,安禄山在洛阳称大燕皇帝。不久,唐玄宗派朔方节度使郭子仪和河东节度使李光弼率部从井陉东进,会同颜真卿部经营河北。真源县令张巡率军民坚守雍丘,多次击败叛军,确保江淮不失。同年5月,哥舒翰在唐玄宗和杨国忠的严厉威逼下,被迫出兵。结果,兵败灵宝,潼关失守,叛军突破潼关险隘,向长安逼进。6月,唐玄宗与杨贵妃、杨国忠兄妹及部分大臣、皇

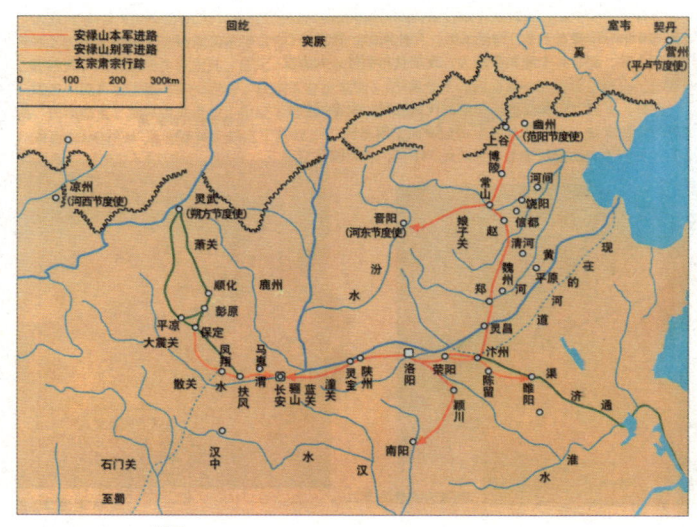

▶安史之乱示意图

127

子,连同禁军将士 1000 多人出禁苑之西延秋门,向蜀地逃窜。行至马嵬驿,禁军哗变,杀宰相杨国忠,又逼迫唐玄宗缢死杨贵妃。

太子李亨在部分大臣的拥戴下,北上灵武。7月,李亨在灵武即帝位,是为唐肃宗。8月,肃宗将郭子仪和李光弼部从河北召至灵武,并联合回纥骑兵,准备开展大规模的反攻。公元 757 年正月,安禄山被其子安庆绪杀死。9月,郭子仪率唐军和回纥骑兵收复长安。接着,又收复东都。安庆绪退守邺郡。公元 758 年 9 月,唐肃宗调遣朔方郭子仪、淮西鲁炅、兴平李奂、滑濮许叔冀、镇西北庭李嗣业、郑蔡季广琛、河南崔光远、河东李光弼、关内泽潞王思礼等九节度使率兵 60 万,进讨安庆绪。又以宦官鱼朝恩为观军容宣慰处置使,协调和指挥战事。10 月,唐军进围邺城,安庆绪向留守范阳的叛将史思明求救。公元 759 年 3 月,史思明率兵 13 万赴援,与官军在安阳河北相遇。双方未及布阵,大风突起,飞沙走石,天昏地暗,两军将士大惊,官军向南溃逃,叛军向北撤退。不久,史思明率部来到邺城南,安庆绪出城慰劳,被思明执杀,叛军返回范阳,思明自称大燕皇帝。公元 760 年 4 月,史思明率军南下,攻占东都。次年 2 月,史思明被其子史朝义所杀,朝义即帝位,改元显圣。

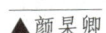

▲颜杲卿

公元 762 年 4 月,唐肃宗病重弥留。张皇后与越王李系密谋,企图诛杀专权宦官李辅国,事泄被杀,肃宗惊吓而死。太子李豫即位,是为唐代宗。同年 10 月,唐代宗以雍王李适为天下兵马元帅,朔方节度使仆固怀恩为副元帅,统领诸道唐军和回纥兵,收复洛阳,史朝义北逃范阳。公元 763 年正月,史朝义逃至广阳附近,由于众叛亲离,自缢而死。其部将李宝臣、李怀仙、田承嗣相继投降,先后被任为成德、幽州和魏博三镇节度使,是为河北三镇。长达 8 年之久的安史之乱至此平息。

安史之乱对人民是一场浩劫,给社会经济造成严重破坏。洛阳四面数百里州县,"皆为丘墟","汝、郑等州,比屋荡尽,人悉以纸为衣,或有衣经者"。"宫室焚烧,十不存一,百曹荒废,曾无尺椽。中间畿内,不满千户,井邑榛荆,豺狼所号。既乏军储,又鲜人力。东至郑、汴,达于徐方,北自覃、怀,经于相土,人烟断绝,千里萧条",整个黄河流域,几乎一片荒凉。"寂寞天宝后,园庐但蒿藜,我里百余家,世乱各东西",这诗句描画了由于战乱,广大人民无家可归的悲惨状况。

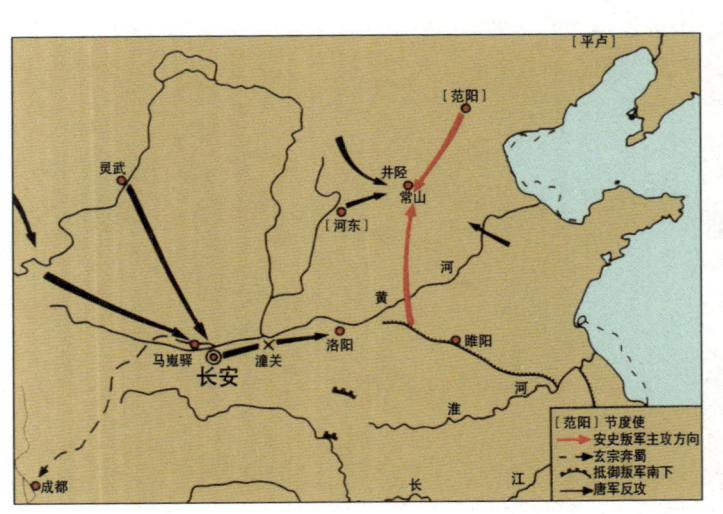

◀安史之乱形势图

一代人臣

公元 755 年，安禄山叛乱初起，郭子仪即调任朔方节度使，并奉命率军东讨叛军。正当叛军逼近潼关，威胁京师的时候，郭子仪初战获捷，静边军一战，消灭叛军 7000 人，继又攻下云中、马邑，打通东陉关，为继续东进开辟了道路。

公元 756 年，由郭子仪推荐的新任河东节度使李光弼东出井陉，攻下常山。叛军史思明部妄图夺回常山。双方相持 40 余日，李光弼向郭子仪告急。郭子仪于 4 月兵至常山，与李光弼合兵一处，共 10 余万人，九门一战，大败叛军。7 月，肃宗在灵武即位，由于他势单力薄，岌岌可危，遂调郭子仪部到灵武，并以郭子仪为兵部尚书兼宰相。郭子仪认为河东的战略地位非常重要，东下可进东京，西上可取长安。于是，他派人秘密潜入河东，准备内应唐军。公元 757 年 2 月，郭子仪率军从洛交进攻冯翊，逼近仅一河之隔的河东。河东城内有人乘机内应唐军，杀叛军近千人。叛军守将崔干佑越城逃走，郭子仪乘胜追击，斩敌 4000 人，俘虏 5000 人，顺利攻下河东。由于唐军连战告捷，肃宗也由灵武到了凤翔。4 月，即命郭子仪为天下兵马副元帅（元帅为皇子李俶），继续征讨叛军。9 月，郭子仪率唐军 15 万，逼近长安，与叛军 10 万人相持于长安西南香积寺北沣水之东。经过激战，叛军全线崩溃，唐军收复长安。郭子仪乘胜东进，追叛军至潼关，杀敌 5000 人，占领华阴、弘农。这时，安禄山已死，其子安庆绪放弃洛阳，北渡黄河，走保邺，唐军收复洛阳。肃宗回到长安，召郭子仪还京。肃宗派人隆重迎接郭子仪于京城以东的灞上，见了郭子仪，感激涕零地说："虽吾之家国，实由卿再造。"

公元 758 年 9 月，肃宗调动各路大军进攻安庆绪。参加作战的九节度使中，郭子仪、李光弼战功最多，威信最高，肃宗不愿把军权交给他们，所以不设主帅，只命宦官鱼朝恩为观军容宣慰处置使，总揽全局。郭子仪等唐军围邺，并引漳水灌城，安庆绪不仅遭水灾之苦，而且城中极其缺粮，甚至老鼠也成了贵重食物，一鼠可卖四千钱。这正是破城良机，但因兵众无主，无人统一指挥，以致坐失良机。史思明为援邺而截劫唐军的粮草，又以声东击西的战术不断袭击唐军。于是，公元 759 年 3 月，唐军与史思明叛军展开激战。正当激战之际，大风忽起，吹沙拔木，天昏地暗，咫尺不辨敌我。混战中双方均遭重大损失。郭子仪退向河阳，保卫东京。这次战役的失利，完全是鱼朝恩之过，但他为了推卸责任，竟诬陷郭子仪作战不力。肃宗遂召郭子仪还京，并免其军职，还以李光弼为天下兵马副元帅，取代郭子仪的职务。郭子仪在京闲得无聊，党项等羌人却在京西不断制造事端，威胁长安。肃宗为了借重其威名，遂命郭子仪为邠宁、鄜坊两道节度使，但只是徒有其名，因为他还不能离开京师。公元 792 年 2 月，绛州驻军粮饷不继，军心不稳。有一将领王元振借口士卒思郭子仪而发动兵变，杀了朔方等诸道行营都统李国贞。肃宗遂封郭子仪为汾阳王，并以其为朔方、河中、北庭、潞泽节度行营兼平兴、定国等

◀ 郭子仪像

军副元帅，镇守绛州。郭子仪并不因为王元振拥护自己而有所姑息，反而斥责王元振杀害主帅会给叛军提供可乘之机，遂杀王元振与其同谋者40人。同时也解决了粮饷问题。这些措施，稳定了军心，效果很好。不久，代宗即位，又解除了郭子仪的兵权，调他回长安。

正当唐政府边兵内调，把主要力量用于平定安史之乱的时候，西方的吐蕃、党项就乘机向东发展势力，凤翔以西、邠州以北的地方，已失去控制。郭子仪看到这种危机的存在，曾建议不可忽视这方面的问题，但都没引起代宗的重视。公元763年9月，吐蕃开始东进，边将向朝廷告急，宦官程元振置之不理，根本不向代宗报告。吐蕃顺利东下，很快到达泾州，泾州刺史高晖投降，并引吐蕃深入内地，一直过了邠州，代宗始有所闻。吐蕃继续东进至奉天、武功，京师震动，代宗才命雍王李适为关内元帅，郭子仪为副元帅，出镇咸阳。郭子仪久居京师，手下没有军队，临时凑集了20余人到咸阳，面对20余万敌军，当然难以有所作为。他派人向皇帝告急，由于程元振从中作梗，也未能见到代宗。吐蕃逼近长安，代宗仓促出奔陕州，郭子仪循秦岭而东，沿途收容唐军散兵，驻军在商州。他认为从商州出蓝田，吐蕃自然不敢东进，代宗在陕州也就安全，于是，代宗没再坚持调他东去陕州的意见。郭子仪派长孙全绪率二百骑出蓝田，观察敌情。长孙全绪白天击鼓张旗，虚张声势；夜间多处燃火，使吐蕃不解其意。同时，还有数百人于夜间在长安城中击鼓呐喊，还发出郭子仪将率大军到来的消息使吐蕃惶恐不安。在这四面楚歌声中，吐蕃感到无力控制长安，只得撤兵西去。12月，代宗回到长安，郭子仪等到浐水以东迎接。代宗羞愧地对郭子仪说："用卿不早，故及于此。"自此以后，郭子仪的声望更高了。

郭子仪功勋盖世，威震四方，敌人都很害怕他，吐蕃、回纥一听说他率领大军出战，皆望风而逃。节度使田承嗣对朝廷图谋不轨，骄纵蛮横，但是见到郭子仪派去的使者，即西向而拜。李灵曜盘踞在汴州，不管公私财物，只要经过汴州，一律扣押。只有郭子仪的粮饷、武器，不但不敢抢掠，还派人护送过境。郭子仪还为朝廷培养了一大批军事、政治人才，随他征战的60余名部将，后来都位至将相。

郭子仪德高望重，但他从不居功自傲。安史之乱后，许多节度使手握兵权，为非作歹，对朝廷貌合神离，拒不听命。郭子仪虽权重势大，深得人心，但他却从不以此为资本，要挟朝廷，谋取私利。当时宦官专权，嫉妒功臣。为了避免招来麻烦，郭子仪有时还谢绝朝廷的高官厚禄。唐代宗时，曾下令以郭子仪为尚书令。但他认为唐初太宗为秦王时做尚书令，唐太宗即位后，这个职位经常空缺，如果接受这项任命，一会破坏国家的法度，二会招致他人忌妒，再者安史之乱以来，以官赏功臣，已使国家法度遭到破坏，现今安史之乱已被平定，就应按照国家的制度来任免官员。因此，他坚决拒绝。尽管鱼朝恩、程元振对郭子仪屡进谗言，横加诽谤，但由于他为人坦荡，没有什么把柄可抓，每次都化险为夷，得以常保功名，长寿而终。史称郭子仪"功盖天下而主不疑，位极人臣而众不嫉"。郭子仪的确堪称一代人臣楷模。

公元779年，唐代宗病死，遗诏命令郭子仪在三天的治丧期间代理朝政，郭子仪奉命入朝。唐德宗即位后，尊郭子仪为尚父，加太尉，兼中书令，其余官职全部免去。从此，他在朝廷担任宰相。公元781年，郭子仪病死，享年85岁。死后被追封为太师，陪葬建陵（唐肃宗陵）。按唐代制度，郭子仪坟高当为一丈八尺，葬时破格增加一丈，为二丈八尺，作为朝廷对他的表彰。

永贞革新

安史之乱后,唐肃宗当皇帝得到了宦官的帮助,所以更加信任宦官,任用宦官李辅国掌握禁军,朝廷所有制敕,须经李辅国押署,才能实行。到唐德宗时期,他刚愎自用,猜忌大臣、宿将,便依靠宦官。德宗设护军中尉2人,中护军2人,全由宦官充任,统率左右神策军、天威军等禁军。从此以后,宦官掌典禁军成为定制。宦官有了武力作后盾,地位更加巩固,他们有权任免将相,地方上的节度使也多从禁军中选任,宦官势力日渐膨胀。皇帝和朝臣都要受到宦官的支配,因而非常不满。

安史之乱被平定后,安史余部并没有被完全消灭,唐代宗为了取得暂时的安定,把仍有较大实力的安史部将任命为节度使,同时在平定安史之乱的过程中,唐朝对内地掌兵的刺史也给以节度使的称号,到安史之乱平定以后,节度使数量已相当多。这些节度使都有一定的军事实力,大的占有十余州,小的也有三四州,自己任命官员,掌握本地赋税收入,父死子继,或者由部将拥立,完全独立于唐朝的政治体系。平时互相攻战,强大时就向唐王室发难,威胁唐王朝的安全。

公元805年(永贞元年)正月,唐德宗死,太子李诵即位,这就是唐顺宗。他在东宫20年,比较关心朝政,从旁观者的角度对唐朝政治的黑暗有深切的认识。唐顺宗即位时已得了中风不语症,但还是立刻重用王叔文、王伾等人进行改革,王叔文和王伾原先都是顺宗在东宫时的老师,他们经常与顺宗谈论唐朝的弊政,深得顺宗的信任。在顺宗即位后,他们和刘禹锡、柳宗元等人一起,形成了以"二王刘柳"为核心的革新派势力集团。他们维护统一,主张加强中央集权,反对藩镇割据,反对宦官专权。王叔文、王伾为翰林学士,王叔文兼盐铁副使,推韦执谊为宰相,柳宗元为礼部员外郎,刘禹锡为屯田员外郎,共同筹划改革事宜,围绕打击宦官势力和藩镇割据这一中心,进行了一系列改革,主要内容如下:

第一,罢宫市、五坊使。唐德宗以来,宦官经常借为皇宫采办物品为名,在街市上以买物为名,公开抢掠,称为宫市。早在顺宗做太子时,就想对德宗建议取消宫市,当时王叔文害怕德宗怀疑太子收买人心,而危及太子的地位,所以劝阻了顺宗。永贞年间,宫市制度被取消。充任五坊(即雕坊、鹘坊、鹞坊、鹰坊、狗坊)小使臣的宦官,也常以捕贡奉鸟雀为名,对百姓进行讹诈。五坊使也被取消。这二项弊政被取消,因而人心大悦。

第二,取消进奉。节度使通过进奉钱物,讨好皇帝,有的每月进贡一次,称为月进,有的每日进奉一次,称为日进。后来州刺史甚至幕僚也

▼内侍图

都效仿,向皇帝进奉。德宗时,每年收到的进奉钱多则50万缗,少也不下30万缗,贪官们以进奉为名,向人民搜刮财富。革新派上台后,通过唐顺宗下令,除规定的常贡外,不许别有进奉。

第三,打击贪官。浙西观察使李锜,原先兼任诸道转运盐铁使,乘机贪污,史书称他"盐铁之利,积于私室"。王叔文当政后,罢去他的转运盐铁使之职。京兆尹李实,是唐朝皇族,封为道王,专横残暴。贞元年间,关中大旱,他却虚报为丰收,强迫农民照常纳税,逼得百姓拆毁房屋,变卖瓦木,买粮食纳税。百姓恨之入骨,王叔文等罢去其京兆尹官职,贬为通州长史,百姓非常高兴,市里欢呼。

第四,打击宦官势力。裁减宫中闲杂人员,停发内侍郭忠政等19人俸钱,这些都是抑制宦官势力的措施。革新派还计划从宦官手中夺回禁军兵权。这是革新措施的关键,也是关系革新派与宦官势力生死存亡的步骤。革新派任用老将范希朝为京西神策诸军节度使,用韩泰为神策行营行军司马。宦官发现王叔文在夺取他们的兵权,于是大怒说:"如果他的计划实现,我们都要死在他的手下。"同时立刻通知神策军诸军不要把兵权交给范、韩二人,这个重要步骤未能实现。

第五,抑制藩镇。剑南西川节度使韦皋派刘辟到京都对王叔文进行威胁利诱,想完全领有剑南三川(剑南西川、东川及山南西道合称三川),以扩大割据地盘。王叔文拒绝了韦皋的要求,并要斩刘辟,刘辟狼狈逃走。

革新派在短短几个月的时间里,革除了一些弊政,受到了百姓的拥护。但是革新的主要矛头是对准当时最强大、最顽固的宦官势力和藩镇武装,而实力恰恰掌握在宦官和藩镇手中,所以阻力重重。

公元805年(永贞元年)3月,宦官俱文珍等人一手操办,将顺宗长子广陵王李淳立为太子,更名为李纯。7月,俱文珍又伪造敕书,罢去王叔文翰林学士之职。同时,韦皋上表请求由皇太子监国,又给皇太子上书请求驱逐王叔文等人,荆南节度使裴均、严绶等也相继上表。于是,俱文珍等以顺宗的名义下诏,由皇太子主持军国政事。8月,宦官拥立李纯即皇帝位,即唐宪宗,顺宗退位称太上皇。

第二年,顺宗也被宦官害死,宪宗即位,革新派纷纷被贬斥,而像杜黄裳、袁滋等依附于宦官的官僚纷纷得到重用。王叔文被贬为渝州司马,第二年被赐死。王伾贬为开州司马,不久病死。柳宗元、刘禹锡等6人都被贬为边远州的司马。

永贞革新运动被扼杀,唐朝政治更加黑暗,从此唐朝又创了一个新的恶例,每个皇帝都把自己任用的人当作私人,继位的皇帝对前帝的私人,不论是非功过,一概予以驱除。宦官拥立皇帝,朝官分成朋党,本来就有相沿成习的趋势,在唐宪宗以后,都开始表面化了。

◀宫廷仪仗图

朋党之争

唐宪宗在位时，在长安举行考试，在参加考试的人中，有两个下级官员，一个叫李宗闵，一个叫牛僧孺。两个人在考卷里批评了朝政。考官看了卷子，认为这两个人符合选拔的条件，就把他们推荐给唐宪宗。这件事让宰相李吉甫知道了。李吉甫是个士族出身的官员，他本来就瞧不起科举出身的官员。他在唐宪宗面前说，这两人被推荐，完全是因为跟试官有私人关系。唐宪宗听信了李吉甫的话，把几个试官降了职，李宗闵和牛僧孺也没有受到提拔。李吉甫死后，他的儿子李德裕依靠他父亲的地位，做了翰林学士。那时候，李宗闵也在朝做官。李德裕对李宗闵批评他父亲这件事，仍旧记恨在心。

▲唐宪宗像

唐穆宗即位后，又举行进士考试。正好李宗闵有个亲戚应考，被选中了。这些大臣就向唐穆宗告发钱徽徇私舞弊。唐穆宗问翰林学士，李德裕说真有这样的事。唐穆宗就把钱徽降了职，李宗闵也受到牵连。从这以后，李宗闵、牛僧孺就跟一些科举出身的官员结成一派，李德裕也跟士族出身的官员结成一派，由此朋党之争开始，两派明争暗斗得厉害。

唐文宗即位，李宗闵当上了宰相。李宗闵向文宗推荐牛僧孺，也把他提为宰相。这两人把李德裕调出京城，当西川节度使。西川附近有个吐蕃将领投降。李德裕趁机收复了一个重镇维州。这本来是李德裕立了一功，但是宰相牛僧孺却对唐文宗说："收复一个维州，算不了什么；跟吐蕃搞坏关系，才不上算呢。"他要唐文宗下令叫李德裕把维州让还吐蕃，使李德裕气得要命。后来，有人告诉唐文宗，说退出维州城是失策，并且说这件事是牛僧孺排挤李德裕的手段。唐文宗挺懊悔，对牛僧孺也疏远了。

唐文宗本人也受宦官控制，没有一定的主见。一会儿用李德裕，一会儿用牛僧孺。一派掌了权，另一派就没好日子过。两派势力就像走马灯似的地转悠着，把朝政搞得十分混乱。

到了唐武宗即位，李德裕当了宰相。他竭力排斥牛僧孺、李宗闵，把他们都贬谪到南方去。李德裕得了武宗信任，当了几年宰相，因为办事专断，遭到不少朝臣的怨恨。公元846年，唐武宗病死，宦官们立武宗的叔父李忱即位，就是唐宣宗。唐宣宗把武宗时期的大臣一概排斥，即位第一天，就撤了李德裕的宰相职务。过了一年，又把李德裕贬谪到崖州。闹了四十年的朋党之争终于收场，但是混乱的唐王朝已经闹得更加不好收拾了。

▲朋党之争

唐朝末日

唐朝末期,经过藩镇混战、宦官专权和朝廷官员中的朋党争吵,朝政越来越混乱。唐宣宗算是一个比较精明的皇帝,也并没有能改变这个局面。到了唐宣宗死后,先后接替皇位的唐懿宗李漼、僖宗李儇,一味寻欢作乐,追求奢侈糜烂的生活,更是腐朽到了极点。皇室、官僚和地主加紧对农民的剥削,税收越来越重;加上连年不断的天灾,农民纷纷破产,到处逃亡。有的忍受不了苦难,只有走上反抗这条路了。

唐懿宗即位那年,浙东地区爆发了裘甫领导的农民起义,起义队伍从一百人发展到三万,坚持斗争八个月,震动了整个越州。过了八年,驻守在桂林的八百名兵士(大多是徐州一带的农民),因为驻防期满,上司一再延期不让他们换防,他们杀了军官,推庞勋为首领,发动起义。他们从桂林向北进攻,打回老家,沿路和徐州附近农民纷纷响应,到了徐州,队伍发展到二十万人。这两次起义都被朝廷镇压下去。但是,百姓反抗的情绪越来越高,新的起义的规模也更大了。

唐朝末年盐税特别重,加上奸商抬高盐价,百姓买不起盐,只好淡食。有些贫苦农民,为了逃避官税,就靠贩私盐挣钱,但贩私盐是很危险的,要

▲黄巢像

有一些伙伴一起干,日子一久,就结成一支支贩私盐的队伍,在他们中间,涌现了一些首领,有的后来成为农民起义的领袖。

公元874年,濮州地方有个盐贩首领王仙芝,聚集了几千农民,在长垣起义。王仙芝自称天补平均大将军,发出文告,揭露朝廷官吏造成贫富不平的罪恶。这个号召很快得到贫苦农民的响应。不久,冤句地方的盐贩黄巢也起兵响应。黄巢和王仙芝两支起义队伍会合之后,转战山东、河南一带,接连攻下许多州县,声势越来越大。唐王朝非常恐慌,命令各地将领镇压起义军。但是各地藩镇都害怕跟义军交锋,互相观望,使唐王朝束手无策。

后来黄巢与王仙芝分两路进军。王仙芝向西,黄巢向东。不久,王仙芝率领的起义军在黄梅被唐军打败,他本人也被杀死。王仙芝失败后,起义军重新会合,大家推黄巢为王,又称冲天大将军。当时,官军在中原地区力量比较强,起义军进攻河南的时候,唐王朝在洛阳附近集中大批兵力准备围攻。黄巢看出敌人企图,决定选择官军兵力薄弱

的地区，带兵南下。他们顺利渡过长江，打进浙东。起义军一路上势如破竹，接连打下越州、衢州；接着，又劈山开路，打通了从衢州到建州的七百里山路。经过一年多的长征，一直打到广州。起义军在广州休整以后，岭南地区发生瘟疫。黄巢决定带兵北上。唐王朝命令荆南节度使王铎、淮南节度使高骈集合大批官军沿路拦击，被黄巢起义军一个个击破。起义大军顺利地渡过长江，吓得高骈推说得了中风症，躲进扬州城不敢应战。起义军渡过淮河，向官军将领发出檄文，说："我们进攻京城，只向皇帝问罪，不干众人的事。你们各守各的地界，不要触犯我们的锋芒！"各地将领接到檄文，害怕起义军，都想保存实力，不愿为唐王朝卖命。消息传到长安，唐僖宗吓得朝着大臣哭哭啼啼。

公元880年，黄巢带领六十万大军，浩浩荡荡开进潼关。潼关周围满山遍野飘扬着起义军洁白的大旗，一眼望不到边。守潼关的官军还想顽抗。黄巢亲自到阵前督战，将士们见了，一齐欢呼，声音在山谷间回响，震天动地。官军将士听了心惊胆战，哪敢抵抗，纷纷烧掉营寨，四下逃命。起义军攻下潼关，唐王朝惊慌失措，唐僖宗和宦官头子田令孜带着妃子，逃到成都去了，来不及逃走的唐朝官员全部出城投降。当天下午，黄巢坐着金色轿子，在将士的簇拥下，进入长安城。长安百姓扶老携幼，夹道欢迎。起义军大将尚让当场向大家宣布说："黄王起兵，本来是为了百姓，不会像姓李的（指唐朝皇帝）那样虐待你们，你们可以安居乐业了。"兵士们看到人群里的贫苦百姓，就把自己得到的财物散发给他们。过了几天，黄巢在长安大明宫即位称皇帝，国号叫大齐。

但是，黄巢起义军长期流动作战，占领过的地方，都没留兵防守。几十万起义军进入长安以后，四周还是官军势力。没有多久，唐王朝调集各路兵马，包围长安。长安城里的粮食供应出现了严重困难。黄巢派出大将朱温驻守同州。但朱温投降了唐朝。唐王朝又召来了沙陀贵族、雁门节度使李克用，

▼唐代银椁

率领四万骑兵进攻长安。起义军十五万迎战,遭到大败,只好撤出长安。黄巢带领起义军撤退到河南,又遭到朱温、李克用的围攻。公元884年,黄巢在攻打陈州失败之后,受到官军紧紧追赶,最后,退到泰山狼虎谷,英勇牺牲。

黄巢起义失败以后,唐僖宗回到长安。这时候,唐王朝的中央政权已经名存实亡。各地藩镇在镇压起义过程中,扩大势力,争夺地盘,成为大大小小的割据力量。其中最强大的是河东节度使李克用和宣武节度使朱温。

唐僖宗病死后,他的弟弟唐昭宗李晔想依靠朝臣来反对宦官,一次次都失败了。到了后来,宦官把唐昭宗软禁了起来,另立新皇帝。这件事给野心勃勃的朱温一个好机会。朱温派出亲信偷偷溜进长安,跟宰相崔胤秘密策划。崔胤有了朱温做后台,胆也壮了,就发兵杀了宦官头目刘季述,迎接唐昭宗复位。唐昭宗和崔胤还想杀所有宦官,另一些宦官就投靠另一个藩镇、凤翔节度使李茂贞,把唐昭宗劫持到凤翔。崔胤向朱温求救,朱温带兵进攻凤翔,要李茂贞交出唐昭宗。李茂贞兵力敌不过朱温,连连打败仗。朱温大军把凤翔城包围起来,最后城里的粮食断了,又碰到大雪天,兵士和百姓饿死、冻死的不计其数。李茂贞被围在孤城里,毫无出路,只好投降。朱温攻下凤翔,把唐昭宗抢了过来,带回长安。从此唐王朝政权就从宦官手里转到朱温手里,唐昭宗日子更不好过。

朱温掌了大权,把宦官全部杀光,挟持唐昭宗迁都洛阳。唐昭宗到了洛阳,还想秘密召各地藩镇来救他。但是还没有盼到,朱温已经动手把唐昭宗杀了,另立了一个十三岁的孩子做傀儡,就是昭宣帝。公元907年,朱温废了唐昭宣帝,自立为帝,改国号为梁,建都汴,是为梁太祖。统治了将近三百年的唐朝宣告结束。

编者感言:李世民即位之初,就决心革除当时冗官过多的弊病,精简国家机构和政府官员。他认为,治理国家的根本,在于选择官吏;而选择官吏,要注重质量。他强调"官在得人,不在员多",并比喻道:"千羊之皮,不如一狐之腋。"力主裁减官员,量才授职。贞观初年,唐太宗命宰相房玄龄精简中央机构,文武官员由两千多人减至六百四十三人。同时针对因州县设置剧增而造成的百姓少、官吏多的状况,对地方行政机构"大加并省",裁并了许多州县。后来又依山河形势,把全国划分为十道,共设三百余州,一千五百余县。为了长期贯彻精简官僚机构的方针,唐太宗将简政省官作为一项制度固定下来。例如,贞观初年"省内外官,定制为七百三十员"。在唐律中对乱置机构、私设官员的人,规定了明确的惩罚条款。唐太宗又规定主管行政事务的官员,年龄到了七十必须离职让位,以提高办事效率,加强各级行政机构的职能。对精简后继续任职的官员,唐太宗还通过各种形式,择优汰劣,力求为官者人人称职。他制定了专门的考核制度,每年都对各级各类官员进行考核,以此决定升迁降免。唐太宗还亲自过问地方刺史的选用,并把全国各州刺史的姓名都写在屏风上,随时记下他们的善恶事迹,以备赏罚。公元643年又派得力大臣李靖等十三人为黜陟大使,到全国各地巡察,升迁廉洁有功的官员,惩处卑劣失职的恶吏。唐太宗李世民采取一系列措施简政省官,精简了机构,整饬了吏治,大大提高了国家各级机构的效能,同时减少了国家对冗官余吏不必要的开支,相应地减轻了人民负担。就是这样,才会出现"贞观之治"的繁荣盛世。看来"精简"真是强国富民的重要条件啊!

第十四讲
残唐的藩镇割据

本讲主要讲述光辉灿烂的唐帝国终告崩溃后起而代之的中国又一次大分裂时期。唐末朱温篡唐自立,改国号为梁,建都于开封。朱梁以后,继起的朝代分别是唐、晋、汉、周,与梁合称为五代。除五代外,当时中国南方境内还有许多其他的割据势力,即吴、楚、闽、吴越、前蜀、后蜀、南汉、南唐、荆南、北汉十个王朝,统称为十国。史称五代十国。

伶人亡国

朱温建立梁朝的时候，在北方还有两个较大的割据势力。一个是幽州的刘仁恭，一个是河东的晋王李克用。这时候，北方的契丹族开始强大起来，它的首领耶律阿保机统一了契丹的各部，建立政权。公元907年，阿保机带领三十万人马，攻入云州，李克用想利用契丹兵力，对付朱温，就跟阿保机联络，双方在云州东城见了面，结为兄弟，还约定日子一起攻梁。但是阿保机一回到契丹，看到朱温势大，就反悔了，另外派人跟朱温结成同盟。

李克用听到这消息，气得差点昏过去。到第二年春天，他连气带累，背上长了毒疮，病倒了。他自己知道再也起不来，就把儿子李存勖叫到床边，叮嘱说："朱温是咱家的冤家，这不说你也知道；刘仁恭是我保举上去的，后来他反复无常，投靠朱温；契丹曾经跟我结为兄弟，结果撕毁盟约，翻脸不认人。这几口气没出，我死了也闭不上眼睛。"说着，他吩咐侍从去拿三支箭来，亲手交给李存勖说："这三支箭留给你，你要记住三个仇人，给咱家报仇。"李存勖跪在床边含着眼泪，接过箭，表示一定牢记父亲的嘱咐。李克用听了，才合上眼睛死了。

李克用死后，李存勖接替他父亲做了晋王。他用心训练兵士，整顿军纪，把散漫的沙陀族兵士训练成一支精锐善战的队伍。李存勖决心消灭仇人，把他父亲留给他的三支箭十分郑重地供奉在他的家庙里。每次出征的时候，他先派个官员到家庙里把箭取出来，放在一个精致的丝套里，带着上阵去；打了胜仗，再送回家庙。李存勖出兵跟梁兵进行了几次大战，把朱温率领的五十万大军打得晕头转向，狼狈逃窜。朱温又羞又气，发病死了。接着，李存勖又攻破幽州，把刘仁恭和他的儿子刘守光都活捉过来，押回太原。

公元916年，耶律阿保机即位称帝，过了五年，派兵南下。李存勖亲自出兵，大破契丹兵，把阿保机赶回北边去了。

朱温死后，他的儿子梁末帝又跟李存勖打了十来年仗，到了公元923年，李存勖灭了梁朝，统一北方，即位称帝，改国号为唐，建都洛阳。这就是后唐庄宗。唐庄宗报了他父亲的仇，志满意得，认为敌人已经消灭，中原已经安定，就图起享受来了。他小时候，最喜欢看戏演戏。那时候，晋王府里有一个戏班子，专给王府演

▲朱温像

▲李克用像

戏。唐庄宗小时就跟戏班子里的伶人混得挺熟。后来，他在河北战场上拼死拼活地打仗，把演戏的事搁起来了。到做了皇帝，他又沾上了演戏的癖好，成天跟伶人在一起，穿着戏装，登台表演，把国家大事丢在一边。他给自己起了艺名，叫"李天下"。

伶人们受到唐庄宗的宠幸，在宫里自由进出。他们跟皇帝可以打打闹闹，对一般官员，就更神气活现了。官员们受了他们的欺负，心里气恼，谁也不敢拿他们怎么样。有些官员为了要他们在庄宗面前说句好话，还得向他们送礼讨好。有个伶人名叫景进，专门替庄宗刺探外面的情况。谁不讨他的好，他就在庄宗面前说坏话，谁就该倒霉。所以，官员们见了景进，没有不害怕的。唐庄宗要封两个伶人当刺史。有人劝阻他说："现在新朝刚建立，跟陛下一起身经百战的将士，还没得到封赏，反倒让伶人当刺史，只怕大家不服。"唐庄宗根本不理这些话，照样让伶人当了官，一些将士见了，果然恼怒。不出几年，后唐朝廷内部先乱了起来，大将郭崇韬被害。另一个大将李嗣源也被猜忌，差点丧了命。李嗣源受到将士的拥戴，决定反对唐庄宗，于是带兵打进汴京，准备自立为皇帝。唐庄宗在洛阳听到这个消息，想回汴京，半路上听到李嗣源已经进了汴京。各地将领纷纷支持李嗣源。他知道自己已经完全孤立，垂头丧气地跟左右将士说："这下我完了！"唐庄宗回到洛阳，还想抵抗李嗣源。他的亲军指挥使郭从谦，原来也是个伶人，曾经认大将郭崇韬做叔父。郭崇韬被杀后，郭从谦早就怀恨在心，趁这个机会，就发动亲军叛变，攻进皇宫。唐庄宗想抵抗也来不及，被一支流箭射中，丧了命。李嗣源接替唐庄宗做了后唐皇帝，这就是唐明宗。

▲李存勖像

小儿皇帝

唐明宗在位的时候，他手下有两员大将，儿子李从珂和女婿石敬瑭。两个人都骁勇善战，但又互不服气。到了李从珂做了后唐皇帝（就是唐末帝），两人公开破裂。李从珂派了几万人马攻打石敬瑭所在的晋阳城。石敬瑭抵挡不了，晋阳十分危急。谋士桑维翰要他向契丹人讨救兵。

那时耶律阿保机已死，儿子耶律德光接替了契丹国主的位子。桑维翰帮石敬瑭起草了一封求救信给耶律德光，表示愿意拜契丹国主做父亲，并且答应在打退唐军之后，把雁门关以北的幽云十六州的土地献给契丹。

▲五代后晋皇帝石敬瑭

耶律德光本想向南扩张土地，石敬瑭提出这样优厚的条件，使他喜出望外，立刻派出五万精锐骑兵去救晋阳。石敬瑭从晋阳城出兵夹击，把唐军打得大败。耶律德光来到晋阳，石敬瑭亲自出城迎接，卑躬屈膝地把比他小十岁的耶律德光称作父亲，还请教契丹兵为什么这样快就能打败唐军。耶律德光得意洋洋地吹嘘了一通，石敬瑭马上表示十分钦佩，捧得耶律德光满心欢喜。耶律德光觉得石敬瑭的确是死心塌地投靠自己，就对石敬瑭说："我奔波三千里，来救你们，总算有个收获。我看你的外貌和气度，够得上做个中原的主人，我就封你做皇帝吧！"石敬瑭还假惺惺推辞，经部下一劝说，就高兴地接受了。石敬瑭称帝后，立刻把幽云十六州割让给契丹。

石敬瑭依靠契丹的支持，带兵南下攻打洛阳。石敬瑭的兵还没进洛阳，唐末帝已经在宫里烧起一把火，带着一家老少投在火里自杀了。石敬瑭攻下洛阳，灭了后唐，正式做了中原的皇帝，国号叫晋，建都汴。这就是后晋高祖。石敬瑭对契丹国主耶律德光感恩戴德，把契丹国主称作"父皇帝"，自己称"儿皇帝"。每年向契丹国主、太后、贵族大臣送礼。那些人一不满意，石敬瑭总是恭恭敬敬，赔礼请罪。晋朝使者到了契丹，官员傲气十足，说了许多侮辱性的话。使者受了气，把这些事传了开去。朝廷上下都觉得丢脸，只有石敬瑭毫不在乎。

石敬瑭靠契丹的保护，做了七年可耻的儿皇帝，病死了。他的侄儿石重贵即位，就是晋出帝。晋出帝向契丹国主上奏章的时候，自称孙儿，不称臣。耶律德光就认为对他不敬，带兵进犯。契丹两次进犯中原，在晋朝军民的奋力抵抗下，遭到惨重失败。但是到了最后，由于汉奸的出卖，契丹兵打进汴京，晋出帝当了俘虏，被押送到契丹。后晋灭亡。公元947年，耶律德光进了汴京，自称大辽皇帝（这一年契丹改国号为辽）。中原的百姓受不了辽兵的残杀抢掠，纷纷组织义军，反抗辽兵。少的几千，多的几万。他们攻打州县，杀死辽国派出的官员。耶律德光害怕了，跟左右侍从说："想不到中原人这样不容易对付。"他把晋朝官员召集起来说："天气热了，我在这里住不惯，要回到上国（指辽国）去看望太后了。"辽兵被迫退出中原。但被石敬瑭出卖的幽云十六州仍旧被契丹贵族占领，成为后来他们进攻中原的基地。

怒斥冯道

辽兵撤出开封的时候,后晋大将刘知远在太原称帝,率领大军南下。一路上军纪严明,受到中原百姓的支持。各地辽将听到风声,慌忙逃走。刘知远很快收复了洛阳、汴京。这年六月,刘知远定都汴京,改国号为汉。这就是后汉高祖。

刘知远只做了十个月皇帝就死去。他的儿子后汉隐帝刘承祐即位以后,后汉内部发生动乱。汉隐帝嫌手下将领权力太大,秘密派人到邺都杀害大将郭威,激起郭威发动兵变。公元950年,郭威推翻了后汉,被将士拥戴为皇帝。

第二年,郭威在汴京即位,国号周,就是后周太祖。周太祖出身贫苦,懂得民间疾苦;也读过一点书,注意重用人才,改革政治。在他的治理下,五代时期的混乱局面开始好转。后周建国的时候,刘知远的弟弟刘崇不服后周统治,占据太原,成为一个割据政权,历史上称为北汉。刘崇为了跟后周对抗,投靠辽朝,拜辽主为"叔皇帝",自称"侄皇帝",多次在辽兵帮助下进犯周朝,都被周太祖打败。

公元954年,周太祖死去。他没有儿子,柴皇后有个侄儿柴荣,从小聪明能干,练得一身武艺。周太祖把他收作自己的儿子。到周太祖一死,柴荣继承皇位,这就是周世宗。周世宗新即位,北汉国主刘崇认为周朝局势不稳,进占中原的时机到来,就集中三万人马,又请求辽主派出一万骑兵,向潞州进攻。

消息传到汴京,周世宗立刻召集大臣商量。他提出要亲自带兵抵抗。大臣们说:"陛下刚刚即位,人心容易动摇,不宜亲自出征,还是派个将军去吧!"周世宗说:"刘崇趁我刚遭到丧事,又欺侮我年纪轻新即位,想吞并中原。这次他亲自来,我不能不自己去对付他。"大臣们看周世宗的态度挺坚决,也就不作声了。只有一个老臣站出来反对,他就是太师冯道。

冯道从后唐明宗那时候起,就当了宰相。以后,换了四个朝代,他在每个朝代的主

▼北人会宴图

子面前，都能随机应变，讨得新主子的欢心；辽兵占领汴京的时候，他主动朝见辽主。一些新王朝的皇帝，也乐得利用他。所以，他一直保持着宰相、太师、太傅等重要职位。冯道看周世宗年轻，就以老资格的身份来劝阻周世宗亲自带兵出征。

周世宗对冯道说："过去唐太宗平定天下，都是自己带兵。我怎么能苟且偷安呢？"冯道冷冷地笑了一声说："陛下能够比得上唐太宗吗？"周世宗看出冯道瞧不起他，激动地说："我们有强大的兵力，要消灭刘崇，还不是像大山压鸡蛋一样容易。"冯道说："不知道陛下能像一座山吗？"周世宗听了十分气愤，一甩袖子，就起身离开朝堂。后来，别的大臣也出来支持他，周世宗就把亲征的事决定下来。为了这件事，周世宗对冯道十分不满。不久，派冯道去管修造周太祖坟墓的事。冯道碰了钉子后，闷闷不乐地死去。

▲五代期间石经残片

周世宗率领大军到了高平，跟北汉兵碰上了。双方摆开了阵势。北汉刘崇看到周军人少，骄傲起来，说："早知道这样，我何必借契丹兵呢。这一次，我不但要打败周军，还要让契丹人看看我的厉害呢。"刘崇指挥北汉军猛攻周军，周军右军的将领顶不住，带领骑兵败了下来，步兵也纷纷投降。眼看情况十分危急，周世宗亲自上阵，冒着乱箭督战。他的两名将领赵匡胤和张永德各带领两千亲兵冲进敌阵。周军兵士看到周世宗沉着应战，也奋勇冲杀，一个抵上一百个，争先恐后地冲向敌阵。北汉兵就像山崩一样败了下来。后面的辽军看到北汉军失败，不敢跟周军交锋，悄悄地把兵撤走。北汉刘崇节节败退，前有追军，后无救兵，最后，只剩下一百多骑兵，狼狈不堪地逃回晋阳。经过高平大战，周世宗的声望大大提高，他回到汴京后着手整顿军队，减轻百姓负担，准备统一中国的战争。过了两年，他亲自征讨南唐，攻下了长江以北十四个州。接着，他又下令北伐，带领水陆两路进军，收复北方大片失地。可惜正当他要实现统一全国的愿望的时候，却病倒了。公元959年，周世宗在位六年后死去，由年才七岁的儿子柴世训接替皇位，就是周恭帝。

▲五代武士像

编者感言：五代十国是个大混乱大破坏时期，上有暴君，下有酷吏，再加上长年战争征赋不断，名都长安和洛阳都曾被毁，所以前人又有"五季"之称。李唐王朝之崩溃，并非由于社会之退化，而是由于社会之进化。一到八世纪，全国人文因素愈趋繁复，各地区的进展层次却又参差不齐，其整个的毛病是一般情况与唐初行政设计的扁平组织发生距离。两税制一行，各地区又自行斟酌处理其财政，其数目字既加不拢来，于是文官组织之各种事务按品位职级互相交换、互相策应的原则都行不通。政府的措施也难得公平合理，于是朝臣分为党派，皇帝则无可奈何，只好挪用一笔公款组织禁军，又信任宦官。一到内忧外患加剧，其分化的情势也更明显。

第十五讲
屡受外侵的宋朝

本讲讲述宋太祖陈桥兵变取得政权后,又连使巧计"杯酒释兵权",从此宋王朝成为一个极度中央集权的政权。经十九年的南征北讨,宋王朝统一了中国,结束了二百二十五年改朝换代的战争时代。但它面对的是一个群强并起的天下,北方契丹族的辽、西北党项族的夏和后来东北女真族的金、蒙古族的元的军队都可以长驱直入,对其造成极大的威胁。靖康之祸以后,高宗南渡称帝,建都临安。后为元朝所灭。

黄袍加身

赵匡胤本来是周世宗手下得力大将。周世宗在世的时候，十分信任赵匡胤，派他做禁军统帅，官名叫殿前都点检。世宗一死，军权落在赵匡胤手里。公元960年春节，忽然接到边境送来的紧急战报，说北汉国主和辽朝联合，出兵攻打后周边境。大臣们慌作一团，由范质、王溥做主，派赵匡胤带兵抵抗。赵匡胤立刻调兵遣将，大军从汴京出发。跟随他的还有他弟弟赵匡义和亲信谋士赵普。当天晚上，大军到了离开京城二十里的陈桥驿，赵匡胤命令将士就地扎营休息。兵士们倒头就呼呼睡着了，一些将领却聚集在一起，悄悄商量。有人说："现在皇上年纪那么小，将来有谁知道我们的功劳，倒不如现在就拥护赵点检做皇帝吧！"大伙都赞成，推一名官员告诉赵匡义和赵普。官员到赵匡义那儿还没有把话说完，将领们闯了进来，亮出明晃晃的刀，嚷着说："我们已经商量定了，非请点检即位不可。"赵匡义暗暗高兴，一面叮嘱大家要安定军心，不要造成混乱，一面派人告诉留守在京城的大将石守信、王审琦。这消息就传遍了军营。大家闹哄哄地拥到赵匡胤住的驿馆，一直等到天色发白。

▲河南封丘陈桥乡"宋太祖黄袍加身处"碑

▼赵匡胤像

赵匡胤一觉醒来，只听得外面一片嘈杂声，接着，就有人打开房门，高声地叫嚷，说："请点检做皇帝！"赵匡胤赶快起床，还没来得及说话，几个人把早已准备好的一件黄袍，七手八脚地披在赵匡胤身上。大伙跪倒在地上磕了几个头，高呼"万岁"。接着，又推又拉，把赵匡胤扶上马，请他一起回京城。赵匡胤骑在马上发布命令：到了京城，要保护好周朝太后和幼主，不许侵犯朝廷大臣，不准抢掠国家仓库。执行命令的将来有重赏，否则就要严办。一路上军容整齐，秋毫无犯。

到了汴京，又有石守信、王审琦等人做内应，很快就拿下了京城。将领们把范质、王溥找来。赵匡胤装出为难的模样说："世宗待我恩义深重。现在我被将士逼成这个样子，你们说怎么办？"范质等不知该怎么回答。有个将领声色俱厉地叫了起来："今天大家一定要请点检当天子！"范质、王溥吓得赶快下拜。

周恭帝让了位。赵匡胤即位做了皇帝，国号叫宋，定都东京。历史上称为北宋。赵匡胤就是宋太祖。经过五十多年混战的五代时期，宣告结束。

计释兵权

宋太祖即位后不出半年，就有两个节度使起兵反对宋朝。宋太祖亲自出征，才平定了内乱。为了这件事，宋太祖心里总不大踏实。有一次，他单独找赵普谈话，问他说："自从唐朝末年以来，换了五个朝代，没完没了地打仗，不知道死了多少老百姓。这到底是什么道理？"赵普说："道理很简单。国家混乱，毛病就出在藩镇权力太大。如果把兵权集中到朝廷，天下自然太平无事了。"宋太祖连连点头，赞赏赵普说得好。

后来，赵普又对宋太祖说："禁军大将石守信、王审琦两人，兵权太大，还是把他们调离禁军为好。"宋太祖说："你放心，这两人是我的老朋友，不会反对我！"赵普说："我并不担心他们叛变。但是据我看，这两个人没有统帅的才能，管不住下面的将士。有朝一日，下面的人闹起事来，只怕他们也身不由己呀！"

过了几天，宋太祖在宫里举行宴会，请石守信、王审琦等几位老将喝酒。酒过几巡，宋太祖命令在旁侍候的太监退出。他拿起一杯酒，先请大家干了杯，说："我要不是有你们帮助，也不会有现在这个地位。但是你们哪儿知道，做皇帝也有很大难处，还不如做个节度使自在。不瞒各位说，这一年来，我就没有一夜睡过安稳觉。"石守信等人听了十分惊奇，连忙问这是什么缘故。宋太祖说："这还不明白？皇帝这个位子，谁不眼红呀？"石守信等人连忙跪在地上说："陛下为什么

▲雪夜访普图

说这样的话？现在天下已经安定了，谁还敢对陛下三心二意？"宋太祖摇摇头说："对你们几位我还信不过？只怕你们的部下将士当中，有人贪图富贵，把黄袍披在你们身上。你们想不干，能行吗？"石守信等听到这里，感到大祸临头，连连磕头，含着眼泪说："我们都是粗人，没想到这一点，请陛下指引一条出路。"宋太祖说："我替你们着想，你们不如把兵权交出来，到地方上去做个闲官，买点田产房屋，给子孙留点家业，快快活活度个晚年。我和你们结为亲家，彼此毫无猜疑，不是更好吗？"石守信等齐声说："陛下给我们想得太周到啦！"酒席一散，大家各自回家。第二天上朝，每人都递上一份奏章，说自己年老多病，请求辞职。宋太祖马上照准，收回他们的兵权，赏给他们一大笔财物，打发他们各自回乡。

过了一段时期，又有一些节度使

▲石守信像

到京城来朝见。宋太祖在御花园举行宴会。太祖说："你们都是国家老臣，现在藩镇的事务那么繁忙，还要你们干这种苦差，我真过意不去！"有个乖巧的节度使马上接口说："我本来没什么功劳，留在这个位子上也不合适，希望陛下让我告老回乡。"第二天，宋太祖把这些节度使的兵权全部解除了。

宋太祖收回地方将领的兵权以后，建立了新的军事制度，从地方军队挑选出精兵，编成禁军，由皇帝直接控制；各地行政长官也由朝廷委派。通过这些措施，新建立的北宋王朝开始稳定下来。

▲赵普像

澶渊之盟

辽朝欺侮宋朝无能，多次进犯边境。到宋太宗的儿子宋真宗赵恒即位后，有人向宋真宗推荐寇準担任宰相。

寇準在宋太宗时期担任过副宰相等重要官职，他的正直敢谏是出了名的。有一次，寇準上朝奏事，触犯了宋太宗。宋太宗听不下去，怒气冲冲站起来想回到内宫去。寇準却拉住太宗的袍子不让走，一定请太宗坐下听完他的话。宋太宗拿他没有办法，后来还称赞他说："我有寇準，就像唐太宗有魏征一样。"但是正因为他为人正直，得罪了一些权贵，后来被排挤出朝廷，到地方去做知州。这一回，宋真宗看到边境形势紧急，才接受大臣的推荐，把寇準召回京城。

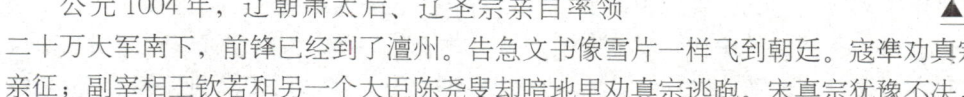

▲寇準像

公元1004年，辽朝萧太后、辽圣宗亲自率领二十万大军南下，前锋已经到了澶州。告急文书像雪片一样飞到朝廷。寇準劝真宗带兵亲征；副宰相王钦若和另一个大臣陈尧叟却暗地里劝真宗逃跑。宋真宗犹豫不决，最后召见新任宰相寇準，问他说："你看该怎么办才好？"寇準认为只要真宗亲自带兵出征，鼓舞士气，一定能打退辽兵，如果放弃东京南逃，人心动摇，敌人就会乘虚而入，国家就保不住了。宋真宗听了寇準一番话，决定亲自率兵出征，由寇準随同指挥。

大队人马刚刚到韦城，听到南下辽军兵势强大，一些随从大臣吓坏了，又劝真宗暂时退兵，避一避风头。宋真宗本来很不坚决，一听这些意见，动摇起来。寇準严肃地说："主张南逃的都是懦弱无知的人。现在敌人迫近，人心动荡。我们只能前进，不可后退一寸。如果前进，河北各军士气百倍；如果回兵几步，那么全军瓦解，敌人紧紧追赶。陛下想到金陵也去不成了。"宋真宗听寇準说得义正词严，没话可说。寇準走出行营，正好碰到殿前都指挥使高琼。寇準冲着高琼说："您受国家栽培，该怎么报答？"高琼说："我愿以一死报国。"寇準就带着高琼又进了行营，重新把自己的意见向宋真宗说了一遍，并且说："陛下如果认为我的话不对，请问问高琼。"高琼在旁边接着说："宰相说的话是对的。禁军将士家属在东京，都不愿南逃。只要陛下亲征澶州，我们决心死战，击败辽兵不在话下。"宋真宗还没开口，寇準紧接着又逼了一句说："机不可失，请陛下立刻动身！"在寇準、高琼和将士们的催促下，宋真宗才决定动身到澶州去。

这时候，辽军已经三面围住了澶州。宋军

▲宋真宗

在要害的地方设下弩箭。辽军主将萧达览带了几个骑兵视察地形,正好进入宋军伏弩阵地,弩箭齐发,萧达览中箭丧了命。辽军主将一死,萧太后又痛惜又害怕。她又听说宋真宗亲自率兵抵抗,觉得宋朝不好欺负,就有心讲和了。

澶州城横跨黄河两岸。宋真宗在寇準、高琼等文武大臣的护卫下,渡过黄河,到了澶州北城。这时候,各路宋军也已经集中到澶州,将士们看到宋真宗的黄龙大旗,士气高涨,欢声雷动。萧太后派使者到了宋朝行营议和,要宋朝割让土地。宋真宗听到辽朝肯议和,正合他的心意。他找寇準商量说:"割让土地是不行的。如果辽人要点金银财帛,我看可以答应他们。"寇準反对议和,说:"他们要和,就要他们归还燕云失地,哪能再给他钱财。"但是,宋真宗一心要和,不顾寇準的反对,派使者曹利用到辽营谈判议和条件。曹利用临走的时候,宋真宗叮嘱他说:"如果他们要赔款,迫不得已,就是每年一百万也答应算了。"寇準在旁边听了很痛心,只是当着真宗面不便再争。曹利用离开行营,寇準紧紧跟在后面,一出门,一把抓住曹利用的手说:"赔款数目不能超过三十万,否则回来的时候,我要你的脑袋!"曹利用到了辽营,经过一番讨价还价,最后定下来,由宋朝每年给辽朝银绢三十万。

曹利用回到行营,宋真宗正在吃饭,不能马上接见。真宗急着要知道谈判结果,就叫小太监出来问曹利用到底答应了多少。曹利用觉得这是国家机密,一定要面奏。太监要他说个大概,曹利用没法,只好伸出三个指头做了个手势。太监向真宗一回报,宋真宗以为曹利用答应的赔款数目是三百万,不禁惊叫起来:"这么多!"他略略想了一下,又轻松起来,说:"能够了结一件大事,也就算了。"他吃完饭,就让曹利用进来详细汇报。当曹利用说出答应的银绢数目是三十万的时候,宋真宗高兴得简直要跳起来,直称赞曹利用办事得力。接着宋辽双方正式达成和议,宋朝每年给辽朝绢二十万匹,银十万两。这笔巨额赔款,长期成为北宋人民额外的沉重负担。历史上把这次和议叫作"澶渊之盟"。

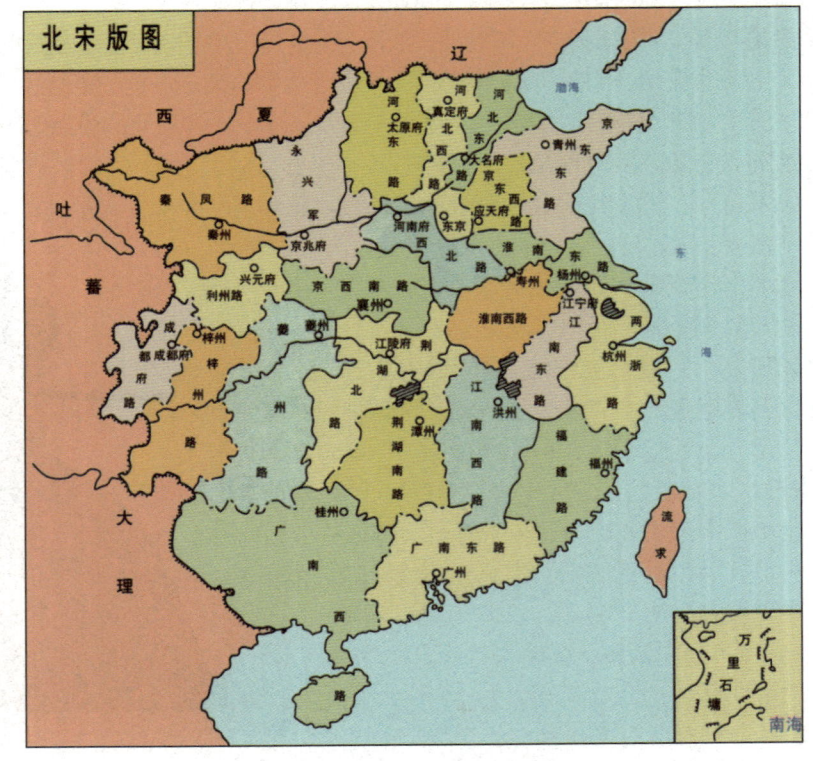

▶北宋版图

庆历新政

澶渊之盟之后，宋廷积弱，农民起义犹如山雨欲来，而宰相吕夷简对此束手无策。宋仁宗在改革呼声的推动下"遂欲更天下弊事"，罢去吕夷简的宰相兼枢密使职事，任命欧阳修、余靖、蔡襄等人为谏官，任命范仲淹为参知政事，与宰相章得象同时执政，任命富弼、韩琦等为枢密副使。这一班朝臣中，当时名士居多，士大夫交口称赞，以为可以有所作为了。宋仁宗在召对中，对范仲淹、富弼等特别礼遇，并曾多次催促，要求他们立即拿出一个使天下太平的方案来。于是在一片改革呼声中，范仲淹、富弼等人综合多年来的改革意见，并加以补充发挥，于庆历三年（1043）将《答手诏条陈十事》奏折呈给宋仁宗，作为改革的基本方案。

▲范仲淹

这个方案所提出的十事是："明黜陟""抑侥""精贡举""择官长""均公田""厚农桑""修武备""减徭役""覃恩信""重命令"。范仲淹认为当时改革的中心问题是整顿吏治，裁汰内外官吏中老朽、病患、贪污、无能之人。

宋仁宗采纳了这些意见，连续颁布几道诏令，规定：

一、改革文官三年一次循资升迁的磨勘法，注重以实际的功、善、才、行提拔官员，淘汰老病愚昧等不称职者和在任犯罪者。

二、严格恩荫制。限制中、上级官员的任子特权，防止权贵子弟亲属垄断官位。

三、改革贡举制。令州县立学，士子必须在学校学习一定时间方许应举。改变旧制，着重策论和操行。

四、慎选地方长官。由中书、枢密院慎选各路、州的长官。由各路、州长官慎选各县的长官，择其举主多者尽先差补。

五、改进职田法。重新规定官员按等级给以一定数量的职田，调配给缺乏职田的官员，以"责其廉节"，防止贪赃枉法。

六、"减徭役"。将西京河南府的五县废为镇，又将王屋县并入河南府，以精简乡村投入。范仲淹、富弼提出的"厚农桑""修武备"等建议则并未实施。

庆历新政的推行，巩固了北宋王朝的统治，却触犯势官权贵的利益。

范仲淹与吕夷简矛盾发生后，宋仁宗于1045年初将范仲淹贬黜。"庆历新政"推行仅仅一年左右便夭折。

▼先忧后乐坊

熙宁变法

仁宗做了四十年皇帝，没有改革的决心，国家越来越衰弱下去。他没有儿子，死后由一个皇族子弟做他的继承人，这就是宋英宗。英宗即位四年驾崩。太子赵顼即位，这就是宋神宗。宋神宗即位的时候才二十岁，是个比较有作为的青年。他看到国家的不景气情况，有心改革一番，可是他周围的人，都是仁宗时期的老臣，就是像富弼这样支持过新政的人，也变得暮气沉沉。宋神宗想，要改革现状，一定得找个得力的助手。就下了一道命令，把正在江宁做官的王安石调到京城。

王安石是宋朝著名的文学家和政治家，抚州临川人。他年轻时候，文章写得十分出色，得到欧阳修的赞赏。王安石二十岁中进士，就做了几任地方官。他在鄞县当县官的时候，正逢到那里灾情严重，百姓生活十分困难。王安石兴修水利，改善交通，治理得井井有条。每逢青黄不接的季节，穷人的口粮接不上，他就打开官仓，把粮食借给农民，到秋收以后，要他们加上官定的利息偿还。这样做，农民可以不再受大地主豪强的重利盘剥，日子比较好过一些。

王安石做了二十年地方官，名声越来越大。宋仁宗曾调他到京城当管理财政的官，他一到京城，就向仁宗上了一份万言书，提出他对改革财政的主张。宋仁宗刚刚废除范仲淹的新政，一听到要改革就头疼，把王安石的奏章搁在一边。王安石知道朝廷没有改革的决心，跟一些大臣又合不来，他就趁母亲去世的时机，辞职回家。此次接到宋神宗召见的命令，就应召上京。

王安石一到京城，宋神宗就叫他单独进宫谈话。神宗一见面就问他说："你看要治理国家，该从哪儿着手？"王安石从容不迫地回答说："先从改革旧的法度、建立新的法制开始。"

公元1069年，宋神宗把王安石提升为副宰相，开始改革变法。王安石变法的主要内容是：一、青苗法。这个办法是他在鄞县试用过的，现在拿来推广到全国实行。二、农田水利法。政府鼓励地方兴

▲▼王安石故居

修水利，开垦荒地。三、免役法。官府的各种差役、民户不再自己服役，改为由官府雇人服役。民户按贫富等级，交纳免役钱，原来不服役的官僚、地主也要交钱。这样既增加了官府收入，也减轻了农民的劳役负担。四、方田均税法。为了防止大地主兼并土地，隐瞒田产人口，由政府丈量土地，核实土地数量，按土地多少、肥瘠收税。五、保甲法。政府把农民按住户组织起来，每十家是一保，五十家为一大保，十大保为一都保。家里有两个以上成年男子的，抽一个当保丁，农闲练兵，战时编入军队打仗。

◀ 王安石

　　王安石的变法对巩固宋王朝的统治、增加国家收入，起了积极的作用。但是，也触犯了大地主的利益，遭到许多朝臣的反对。宋神宗询问对策，王安石坦然回答说："陛下认真处理政事，这就可说是防止天变了。陛下征询下面的意见，这就是照顾到舆论了；再说，人们的话也有错误的，只要我们做得合乎道理，又何必怕人议论。至于祖宗老规矩，本来就不是固定不变的。"

　　王安石坚持变法，但是宋神宗并不像他那么坚决，听到反对的人不少，就动摇起来。公元1074年，河北闹了一次大旱灾，一连十个月没下雨，农民断了粮食，到处逃荒。宋神宗正为这个发愁，有一个官员趁机画了一幅《流民图》献给宋神宗，说旱灾是王安石变法造成的，要求神宗把王安石撤职。宋神宗看了这幅《流民图》，只是长吁短叹，晚上睡不着觉，神宗的祖母曹太后和母亲高太后也在神宗面前哭哭啼啼，都说天下被王安石搞乱了，逼迫神宗停止新法。王安石眼看新法没法实行下去，气愤得上书辞职。宋神宗也只好让王安石暂时离开东京，到江宁府去休养。第二年，宋神宗又把王安石召回京城当宰相。刚过了几个月，天空上出现了彗星。这本来是正常的自然现象，但是在当时却被认为是不吉利的预兆。宋神宗又慌了，要大臣对朝政提意见。一些保守派又趁机攻击新法。王安石竭力为新法辩护，要宋神宗不要相信这种迷信说法，但宋神宗还是犹豫不定。王安石没办法继续贯彻自己的主张，到公元1076年春天，再一次辞去宰相职位，返回江宁府去了。到宋神宗逝世以后，以司马光为首的守旧派掌握了政权，废除了新法，王安石变法以失败告终。

▼ 王安石退隐画像

靖康之难

金太宗灭了辽朝之后，借口宋朝收留了一名辽朝逃亡的将领，分兵两路进攻北宋。西路由宗翰（又名粘罕）率领，攻打太原；东路由宗望（又名斡离不）率领，攻打燕京。两路大军约定在东京会师。前线告急。金太宗又派出使者到东京，胁迫北宋割地称臣。满朝文武大臣吓得不知该怎么办，只有太常少卿李纲坚决主张抵抗金兵。东路金兵攻下燕京，宋将郭药师投降。金将宗望叫郭药师做向导，领兵南下，直取东京。

▲宋徽宗

▼《赵佶听琴图轴》

宋徽宗看到形势危险，写下了"传位东宫"的诏书，宣布退位。不久，他带着二万亲兵逃出东京，到亳州避难去了。

太子赵桓即位，就是宋钦宗，年号"靖康"。宋钦宗把李纲提升为兵部侍郎，并且下诏亲自讨伐金兵。宋军在前线接连打败仗，东京吃紧起来，宰相白时中、李邦彦两人劝宋钦宗逃跑，李纲驳斥说："天下的城池，没有比京城更坚固的。再说，京城是国家的中心，文武百官集中在这里，只要皇上督率抗战，哪有守不住的道理？"宋钦宗看李纲态度坚决，就派他负责全线防守。

白时中等和一批宦官并不死心，等李纲一走，又偷偷劝钦宗逃跑。第二天一早，李纲上朝的时候，只见禁军列队在皇宫两边，车马仪仗都已经准备停当，只等钦宗上车出发。李纲大为恼火，厉声对禁军将士说："你们到底愿意守卫京城，还是想逃跑？"将士们齐声回答说："愿意保卫京城！"李纲和禁军将领一起进宫，对宋钦宗说："禁军将士的家属都在东京，不愿离开。如果强迫他们走，万一半路上逃散，敌人追来，谁来保护皇上？"宋钦宗一听逃跑也有风险，才不得不留下来。

李纲立刻出宫向大家宣布："皇上已经决定留守京城，以后谁再提逃跑，一律处斩。"兵士们听了，激动地欢呼起来。李纲稳住了宋钦宗，就积极准备防守，在京城四面都布置好强大兵力，配备好各种防守的武器；还派出一支精兵到城外保护粮仓，防止敌人偷袭。

▲宋钦宗

过了三天,宗望率领的金兵已经到了东京城下。他们用几十条火船,从上游顺流而下,准备火攻宣泽门。李纲招募敢死队兵士二千人,在城下列队防守。金军火船一到,兵士们就用挠钩钩住敌船,使它没法接近城墙。李纲又派兵士从城上用大石块向火船投掷,石块象冰雹一样泻了下来,把火船打沉了,金兵纷纷落水。宗望眼看东京城防坚固,一下子攻不下来,就派人通知北宋,答应讲和。宋钦宗和李邦彦一伙人早想求和,立刻派出使者到金营谈判议和条件。宗望一面向北宋提出苛刻条件,一面加紧攻城。李纲亲自登上城楼,指挥作战。金兵用云梯攻城,李纲就命令弓箭手射箭,金兵纷纷应弦倒下。李纲又派几百名勇士沿着绳索吊到城下,烧毁了金军的云梯,杀死几十名金将。金兵被杀死的、落水淹死的不计其数。

由于东京军民的坚决抵抗,金将宗望被迫退兵。种师道向宋钦宗建议,在金兵渡黄河退却的时候,发动一次袭击,把金兵消灭掉。这本来是个好主意。但是宋钦宗不但不同意,反而把种师道撤了职。金兵退走以后,宋钦宗和一批大臣以为从此可以过太平日子了。他们把宋徽宗接回东京。李纲一再提醒宋钦宗要加强军备,防止金军再次进攻,可是每次提出来,总受到一些投降派大臣的阻挠。

宗望刚退兵,西路的宗翰率领的金兵却不肯罢休,加紧攻打太原。宋钦宗派大将种师中带兵援救,半路上被金兵包围,种师中兵败牺牲。投降派大臣正嫌李纲留在京城碍事,就撺掇宋钦宗把李纲派到河北去指挥战争。一些正直的大臣认为朝廷不该在这个时候让李纲离开京城,但是宋钦宗却硬要把李纲调走。李纲明知道自己遭到排挤,但是要他上前线抗金,他也不愿推辞。钦宗拨给他一万二千人,他向朝廷请求拨军饷银、绢、钱各一百万,朝廷只给了二十万。李纲想做好准备工作再走,宋钦宗嫌他拖拉,一再催促,李纲只好匆匆出兵。

李纲到了河阳,招兵买马,修整武器。但是朝廷却命令他解散招来的新兵,立刻前去太原。李纲调兵遣将,分三路进兵,但是,那里的将领直接受朝廷指挥,根本不听李纲的调度。三路人马没统一指挥,结果打了一个大败仗。李纲名义上是统帅,实际上没有指挥权,只好向朝廷提出辞职。投降派又攻击他专门主张抗金,打起仗来却损兵折将。宋钦宗把李纲撤了职,贬谪到南方去了。金朝君臣最怕李纲,现在李纲罢了官,他

▲李纲

们就没有顾忌了。金太宗又命令宗翰、宗望进攻东京。这时候,太原城已经被宗翰的西路军围困了八个月。太原守将王禀率领军民坚决抵抗。金兵用尽一切办法攻城,都被王禀打退。日子一久,城里断了粮,兵士把牛马、骡子杀了充饥;牛马吃完了,就把弓弩

▲徽、钦二帝被金兵扣留

上的皮革煮来吃。老百姓天天吃野草、糠皮,没有一个人投降。最后,太原城终于被金兵攻破。王禀带着饥饿的兵士跟金兵巷战之后,自己跳到汾水里牺牲。太原失守之后,两路金兵继续南下。各路宋军将领听到东京吃紧,主动带兵前来援救。宋钦宗和一些投降派大臣忙着准备割地求和,竟命令各路援军退回原地。在黄河南岸防守的宋军还有十二万步兵和一万骑兵。宗翰的西路军到了黄河北岸,不敢强渡。到了夜里,他们虚张声势,派兵士打了一夜战鼓。南岸的宋军听到对岸鼓声,以为金兵要渡河进攻,纷纷丢了营寨逃命,十三万宋军一下子逃得精光。宗翰没动一刀一枪,就顺利地渡过了黄河。宗望率领的东路,也攻下大名,渡河南下。两路金兵不断向东京逼近,把宋钦宗吓昏了。一些投降派大臣又成天向宋钦宗嘀咕,说除了求和之外,没有别的出路。宋钦宗只好派他弟弟康王赵构到宗望那里去求和。

  赵构经过磁州,州官宗泽跟赵构说:"金朝要殿下去议和,这是骗人的把戏。他们已经兵临城下,求和又有什么用呢?"磁州的百姓也拦住赵构的马,不让他到金营去求和。赵构害怕被金朝扣留,就在相州留了下来。没有多久,两路金军已经赶到东京城下,猛烈攻城。城里只剩下三万禁卫军,也是七零八落,差不多逃亡了一大半。各路将领因为朝廷下过命令,也不来援救东京。这时候,宋钦宗再想召回李纲,已经来不及了。宋钦宗急得束手无策。京城里有个大骗子,名叫郭京,吹嘘会使"法术",只要招集七千七百七十九个"神兵",就可以活捉金将,打退金兵。一些朝廷大臣,居然把郭京当作救命稻草,让他找了一些地痞无赖,充当"神兵"。到金兵攻城的时候,郭京和他的"神兵"上去一交锋,就全垮下来。东京城被金兵攻破。宋钦宗眼看末日来到,痛哭了一场,只好亲自带着几个大臣手捧求降书,到金营去求和。宗翰勒令钦宗把河东、河北土地全部割让给金朝,并且向金朝献金一千万锭,银二千万锭,绢帛一千万匹。宋钦宗一一答应,金将才放他回城。钦宗回到城里,向百姓大刮金银,送到金营。金将嫌他太慢,过不久,又把宋钦宗叫到金营,扣押起来,说要等交足金银后再放。宋钦宗派了二十四名官吏帮金兵在皇亲国戚、官吏、和尚道士等家里彻底查抄,前后抄了二十多天,除了搜去大量金银财宝之外,把珍贵的古玩文物、全国州府地图档案也一抢而空。

  公元1127年4月,宗翰、宗望和他们率领的金军,俘虏了宋徽宗、钦宗两个皇帝和皇族、官吏两三千人,满载着搜刮去的财物,回到北方去。从赵匡胤称帝开始的北宋王朝统治了一百六十七年,宣告灭亡。

名将抗金

北宋灭亡以后,原来留在相州的康王赵构逃到南京。公元1127年5月,赵构在南京即位,这就是宋高宗。这个偏安的宋王朝,后来定都临安,历史上称作南宋。

宋高宗即位以后,在舆论的压力下,不得不把李纲召回朝廷,担任宰相。但是实际上他信任的却是黄潜善和汪伯彦两个亲信。李纲提出许多抗金的主张,还跟宋高宗说:"要收复东京,非用宗泽不可。"宋高宗早就了解宗泽的勇敢,这次听了李纲的推荐,就派宗泽为开封府知府。这时候,金兵虽然已经撤出开封,但是开封城经过两次大战,城墙全部被破坏了。百姓和兵士混杂居住,再加上靠近黄河,金兵经常在北岸活动。开封城里人心惶惶,社会秩序很乱。宗泽在军民中有很大的威望。他一到开封,先下了一道命令:"凡是抢劫居民财物的,一律按军法严办。"命令一下去,城里又发生了几起抢劫案件。宗泽杀了几个抢劫犯,秩序就渐渐安定了下来。河北人民忍受不了金兵的掠夺烧杀,纷纷组织义军,打击金军。李纲竭力主张依靠义军力量,组织新的抗金队伍。宗泽到了开封之后,积极联络义军。河北各地义军听到宗泽的威名,自愿接受他的指挥。河东有个义军首领王善,聚集了七十万人马,想袭击开封。宗泽得知这个消息,单身骑马去见王善。他流着眼泪对王善说:"现在正是国家危急的时候,如果有像您这样的几个英雄,同心协力抗战,金人还敢侵犯我们吗?"王善被他说得流下了感动的眼泪,说:"愿听宗公指挥。"其他义军像杨进、王再兴、李贵、王大郎,都有人马几万到几十万。宗泽也派人去联络,说服他们团结一致,共同抗金。这样一来,开封城的外围防御巩固了,城里人心安定,存粮充足,物价稳定,恢复了金占前的局面。

但是,就在宗泽准备北上恢复中原的时刻,宋高宗和黄潜善、汪伯彦却嫌南京不安全,准备继续南逃。李纲因反对南逃,被宋高宗撤了职。宗泽十分焦急,亲自渡过黄河,约河北各路义军将领共同抗击金兵。他在开封周围修筑二十四座堡垒,沿着黄河设立营寨,互相连接,密集得像鱼鳞一样,叫作"连珠寨",加上河东、河北各地义军民兵互相呼应,宋军的防御力量越来越强了。宗泽一再上奏章,要求高宗回到开封,主持抗金。但是奏章到了黄潜善等手里,这批奸人竟取笑宗泽是个狂人,把他的奏章扣了下来。过了不久,宋高宗就从南京逃到扬州去了。没有多久,金兵果然又分路大举进攻。金太宗派大将兀术进攻开封,宗泽事先派部将分别驻守洛阳和郑州。兀术带兵接近开封的时候,宗泽派出几千精兵,绕到敌人后方,截断敌人退路,然后又和伏兵前后夹击,把兀术打得狼狈逃走。

▼中兴四将图

宗泽去世后，宋朝派杜充做东京留守。杜充是个昏庸残暴的人，一到开封，把宗泽的一切防守措施都废除了。没多久，中原地区又全都落在金军手里。

公元1130年3月，兀术带了10万金兵南下，到了镇江附近，遇到宋军大将韩世忠的拦击。韩世忠是主张抗金的将领，他对金兵的侵略暴行，十分气愤，决心趁金兵北撤的时候，狠狠阻击。兀术到了江边，听到韩世忠不放他们过江，就派个使者到宋营下了战书，要求跟宋军决战。韩世忠答应了他们，还跟兀术约定了决战的日期。那时候，金兵有10万人，但是韩世忠手下宋军总共才8000人，双方兵力相差很大。

决战的时刻来到了。双方在江边摆开阵势，展开了一场血战。韩世忠披挂上阵，他的夫人梁红玉身穿戎装，在江心的一艘战船上擂响战鼓。将士们见主帅夫人上阵助战，士气高涨，纷纷冲杀过去。金兵虽然人马多，但是，一来军纪涣散，二来长途行军，十分疲劳，哪儿敌得过韩世忠手下精兵的袭击。一场战斗下来，金兵被杀伤的多得数不清，连兀术的女婿龙虎大王也被活捉。兀术又派出使者到宋营，情愿把从江南抢来的财物全还给宋军，只求让他们渡江，韩世忠不答应。兀术又提出把他带来的一匹名马献给韩世忠，也被拒绝。兀术没法过江，只好带着金兵乘船退到黄天荡。哪里知道黄天荡是一条死港，船驶进那里，找不到出路。正在进退两难的时候，有人献计说："这里原来有一条河道，可以直达建康，只是现在堵塞不通，如果叫兵士开凿出来，就可以逃过宋军的追击了。"兀术立刻命令金兵开挖河道。金兵人多，挖了一个通宵，就开凿了一条五十里长的水道。兀术赶忙指挥金兵沿水道逃到建康，不料半路上又遇到宋将岳飞的堵击，只好退回到黄天荡。金兵在黄天荡被宋军围困了48天，将士们叫苦连天。这时候，江北的金军也派兵来接应。兀术想用小船渡江，韩世忠早有准备，他在大船上备好大批带着铁索的挠钩，等金兵的船只渡江的时候，大船上的宋兵用长钩把小船钩住，再用铁索用力一拉。小船翻了，金兵连人带船一起沉在江里。兀术十分焦急，请求韩世忠上阵对话，苦苦请求韩世忠让他们渡江。韩世忠说："你们要过江不难，只要你们归还占领的地方，我就放你过江。"兀术回到金营，跟金将商量对付宋军的办法，他愁眉苦脸地说："宋军行船好像我们骑马，来去像飞一样快，我们怎么渡得了江？"部下有人说："现在形势紧急，只要悬赏叫人献计，也许还有希望。"兀术下命令挂出悬赏牌，果然有一个汉奸跑来献计说："宋军的大海船，是靠风帆行驶的，只要挑个没风的日子出江，大船就驶不动了。"他还教兀术用火攻的办法攻击宋军。

▲宗泽像

▶韩世忠像

过了几天，正遇到个大晴天，江面上风平浪静。金兵偷偷登上小船，分批渡江。韩世忠想用大船赶上去拦击，但是因为没有风，大船行驶慢，赶不上小船。正在着急的时候，金兵的火箭纷纷射来，射中了宋船的风帆。风帆起了火，整个船只都燃烧起来，船上的宋军纷纷落水。韩世忠只好放弃船只，乘小船退回镇江。兀术摆脱韩世忠的阻击，带兵回到建康，抢掠了一阵，准备撤回北方，到了静安镇，又遭到了岳飞军的袭击，被杀得一败涂地，狼狈逃窜。岳飞赶走金兵，收复了建康。

宗泽死后，岳飞归东京留守杜充指挥。金兵大举进攻，杜充逃到建康；金将兀术攻打建康，杜充又可耻地向金军投降。杜充手下的将士都散了伙，只有岳飞的队伍仍旧坚持在建康附近战斗。这回趁兀术北撤的时候，他跟韩世忠配合，把兀术打得大败。

金兵北撤以后，宋高宗从温州回到临安。金朝在中原地区立了一个傀儡皇帝刘豫，国号大齐，充当金朝的帮凶，骚扰南宋地界。岳飞率领将士多次打退了金齐联军，建立战功。到他三十二岁的时候，已经从一个普通将领提升到节度使，跟当时的名将韩世忠、刘光世、张俊并驾齐驱。

岳飞一心恢复中原，他对自己要求十分严格。宋高宗曾经为他造一座住宅，岳飞推辞了，他说："敌人还没消灭，哪里顾得上家呢！"有人问他天下什么时候能够太平，岳飞回答说："文官不贪财，武将不怕死，天下才有太平的希望。"

岳飞平时十分注意练兵。部队休整的时候，他也带将士穿着铁甲冲山坡，跳壕沟，要求像打仗时一样严格。有一次，他儿子岳云在骑马冲山坡的时候，因为战马失足，摔倒在地。岳飞知道了，狠狠责打了岳云。别的兵士看到主将对自己的儿子也这样严格，就格外认真操练了。在岳家军里，军纪特别严。一次，有个兵士擅自用百姓一束麻来缚柴草，被岳飞发现，立刻按军法严办。岳家军行军经过村子，夜里都露宿在路旁。老百姓请他们进屋，没有人肯进去。岳家军中有一个口号，叫作："冻死不拆屋，饿死不掳掠。"岳飞对待将士要求十分严格，又关心爱护。兵士生病，他常常亲自替他们调药；部下将领出征的时候，他就叫妻子岳夫人慰问他们的家属；将士在战争中阵亡，就抚育他们的子女；上级赏给他的财物，一概分配给将士，自己家里丝毫不留。经过这样的训练和照顾，岳家军将士士气旺盛，作战勇猛。岳飞在作战之前，总是先召集将领，一起商量作战方案，然后才出战。所以打起仗来，每战必胜，从没有打过败仗。金军将士见到岳家军，没有一个不害怕，他们中间流传着一句话："撼山易，撼岳家军难。"

南宋有岳飞、韩世忠等一批名将，再加上各地百姓组织的义军的配合，要打退金兵本来是有条件的。但是

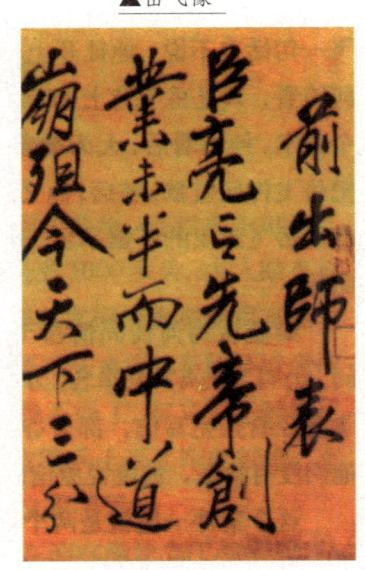

▲岳飞像

▲前出师表 岳飞书

▲中兴四将之一的刘光世

宋高宗不顾岳飞等人反对，一味向金朝屈辱求和，公元1139年，竟向金朝称臣，每年进贡银25万两，绢25万匹；金朝算是把陕西、河南一带土地"偿还"南宋。

公元1140年10月，金朝又撕毁和约，发动全国精锐部队，以兀术为统帅，分四路大举进攻。不到一个月，根据和议还给南宋的土地，全被金军夺去。南宋王朝面临覆灭的危险。宋高宗这才不得不下诏书，要各路宋军抵抗。岳飞得到这个命令，立刻一面派部将王贵、牛皋、杨再兴等分路出兵，一面派人到河北跟义军首领梁兴联络，要他率领义军在河东、河北包抄敌人后方。岳飞坐镇在郾城指挥。过了几天，几路人马纷纷告捷，先后收复了颍昌、陈州和郑州。金军统帅兀术在东京听到岳飞进兵，大为恐慌，连忙召集部下将领一起商量对策。大家纷纷议论，说宋朝别的将士还容易对付，就是岳家军攻势难当。但是既然来了，只好集中全力，跟岳家军拼一下。接着兀术就和龙虎大王、盖天大王带大军进攻郾城。

兀术大军来到郾城，宋金双方都摆开战场。岳飞先派他儿子岳云领着一支精锐骑兵打先锋，他对岳云说："这次出战，只能打胜仗；如果不能打胜，回来就先砍你的头。"岳云就带头冲上阵去，奋勇拼杀。宋军随着岳云，杀得金兵丢下了遍野的尸首。兀术败了一阵，就调用他的"铁浮图"进攻。"铁浮图"是经过兀术专门训练的一支骑兵，这支人马都披上厚厚的铁甲，以三个骑兵编成一队，居中冲锋；又用两支骑兵从左右两翼包抄，叫作"拐子马"。岳飞看准了拐子马的弱点，命令将士上阵时候，带着刀斧。等敌人冲来，弯着身子，专砍马脚。马砍倒了，金兵跌下马来，岳飞就命令兵士出击，把铁浮图、拐子马打得落花流水。兀术听到这消息，哭得挺伤心，说："自从起兵以来，全靠拐子马打胜仗，这下全完了！"但他不肯认输，过了几天，又亲自率领12万大军进攻宋军。岳飞部将杨再兴带领300名骑兵在前哨巡视，见到金兵，立即投入战斗，杀伤敌人两千多人。杨再兴也中箭牺牲。宋将张宪从后面赶上，杀散金兵，兀术才不得不逃走。

兀术在郾城失败，又改攻颍昌。岳飞早料到这一招儿，派岳云带兵救援颍昌。岳云带领八百骑兵往来冲杀，金兵竟没人能抵挡。后来宋军步兵和义军分左右两翼包围，金兵又打了个大败仗。这时候，由梁兴率领的太行山义军和黄河两岸的各路义军，也纷纷响应。他们打起岳家军的旗帜，到处打击金军，截断金军的运粮线。金兵看了吓得心惊胆战。岳家军节节胜利，一直打到距离东京只有四十五里的朱仙镇。河北的义军听到岳家军打到朱仙镇，都欢欣鼓舞，渡过黄河来同岳家军会合。老百姓用牛车拉着粮食慰劳岳家军，个个兴奋得直流眼泪。岳飞眼看这个胜利的形势，也止不住心里的兴奋。他鼓励部下说："大家努力杀敌吧。等我们直捣黄龙府的时候，再跟各路弟兄痛痛快快喝酒庆祝胜利吧！"

金朝发现南宋抗金力量越来越强大，又有岳飞、韩世忠等大将坚决主张抗战，不好对付,就决定把秦桧放回南方充当内奸。公元1130年,挞懒攻打楚州的时候,把秦桧和他的妻子放回南宋。当时的宰相范宗尹跟秦桧是老朋友,竭力在高宗面前帮秦桧说话,并且说秦桧是个既可靠又能干的人才。宋高宗本来日思夜想要跟金朝讲和,听说秦桧从金朝回来,熟悉金朝内情,立刻召见秦桧。秦桧第一次朝见高宗,就劝高宗跟金人讲和,还送上了代朝廷起草的一份求和信。宋高

▲岳庙秦桧夫妇跪像

宗接见秦桧之后,觉得秦桧的主张很合他口味。他对大臣们说:"秦桧比谁都忠。有了他,我高兴得晚上也睡不着觉呢!他立刻任命秦桧做礼部尚书,过了三个月,又提升他当副宰相;再过半年,秦桧就成为宰相兼枢密使,掌握了南宋军政大权。

秦桧当了宰相之后,就干起卖国求和的勾当来。因为遭到许多朝臣的激烈反对,他曾经被罢免了宰相职位。但是昏庸的宋高宗还是把秦桧当作心腹看待,过了几年,又重新任秦桧为宰相。秦桧利用他的权力和地位,勾结金朝,千方百计破坏抗金将领的活动。这回听到岳飞连战连胜,准备直捣黄龙府,大起恐慌。因为金朝是他的后台,金朝一败,他在南宋也就站不住脚。于是,他就唆使宋高宗发出命令,要岳飞从前线撤兵。

岳飞派人送奏章给高宗说:金兵已经丧尽士气,我军士气高涨,胜利就在眼前,时机不能错过。他请求高宗取消撤兵命令,允许他继续进军。秦桧接到岳飞奏章,又想了一个恶毒的手段,先命令张俊、刘光世等大将的人马从淮北前线撤兵,然后对高宗说,岳飞的军队在中原已经成为孤军,不能再留,叫宋高宗发出紧急金牌,叫岳飞撤军。岳飞在前线等待高宗的进军诏令,没想到接到的却是朝廷催促退兵的紧急金牌。岳飞接到第一道金牌,正在犹豫,送金牌的快马又到了。从早到晚,快马一个接一个,一连接到十二道金牌。岳飞知道要改变高宗的决定已经没有希望,气愤得泪流满面,说:"十年之功,废于一旦。"兀术打听到岳家军已走,马上重整旗鼓,向南进攻。本来被岳飞收复的河南许多州县,一下子又全部丢失。

秦桧和宋高宗决心向金朝求和。他们恐怕受岳飞、韩世忠等人的阻挠,把他们召回京城,让韩世忠做枢密使,岳飞做枢密副使,名义上是提升,实际上是解除了他们的兵权。秦桧夺了岳飞的兵权,就派人向金朝求和。公元1141年11月,金朝派使者到临安,谈判议和条件。谈判结果:宋、金之间,东面以淮河为界,西面以大散关为界;南宋向金朝称臣,每年向金朝进贡银绢各25万。

◀风波亭

奸臣误国

蒙古、南宋联合灭掉金朝以后，南宋乘机出兵，想收复开封、河南一带土地。窝阔台借口南宋破坏协议，进攻南宋。到窝阔台的侄儿蒙哥即位后，派他弟弟忽必烈和大将兀良合台进军云南，控制了西南地区。公元1258年，蒙哥分兵三路，进攻南宋。他自己亲率主力进攻合州，忽必烈攻打鄂州，另一路由兀良合台率领，从云南向北攻打潭州，准备三路会师后，直取临安。蒙哥的军队进攻合州的时候，合州宋将

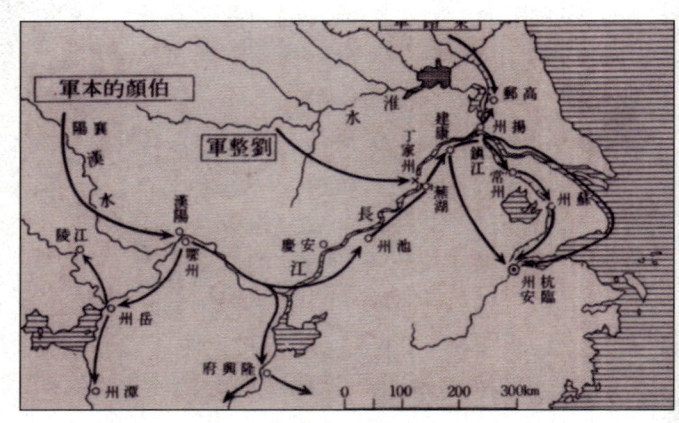

▲元军南侵图

王坚和全城军民奋起反抗，坚守合州东面的钓鱼城。蒙古军把钓鱼城围了五个月还没有攻下来，蒙哥却在攻城的时候被炮石打中，受了重伤，回到大营不久就死了。

忽必烈正向鄂州进兵，还没过江，得到蒙哥的死讯，有人劝他赶快回到北方去争夺汗位。忽必烈说："我奉命来攻打宋朝，哪能空手回去？"忽必烈观察了沿江的形势，就派几百人的敢死队当先锋，强渡长江，宋兵没有防备，果然溃败。蒙古兵就大举渡江，把鄂州围住。警报一个接一个送到临安，把南宋王朝震动了。宋理宗命令各路宋军援救鄂州；又任命贾似道担任右丞相兼枢密使，到汉阳督战。

忽必烈攻城越来越猛。贾似道眼看形势紧张，就瞒着朝廷，偷偷地派个亲信到蒙古营去求和，表示只要蒙古退兵，宋朝就愿意称臣，进贡银绢。忽必烈攻得正起劲，不肯就此罢休。正在这时候，忽必烈接到他妻子从北方捎来的密信，说蒙古一些贵族正在准备立他弟弟阿里不哥做大汗。忽必烈急着想回去争夺汗位，就答应了贾似道的请求，订下了秘密协定。贾似道答应把江北土地割给蒙古，并且每年向蒙古进贡银、绢各二十万。忽必烈得了贾似道的许愿，就急忙撤兵回北方去了。贾似道回到临安，把私自订立和约的事瞒得严严实实，却抓了一些蒙古兵俘虏，吹嘘各路宋军取得大胜，不但赶跑了鄂州的蒙古兵，还把长江一带敌人势力全部肃清了。宋理宗听信了贾似道的弥天大谎，认为贾似道立了大功，专门下一道诏书，赞赏他奋不顾身，指挥有方，立刻给他加官晋爵。

▼元军作战图

忽必烈回到北方，得到大多数蒙古贵族的支持，即了大汗位。他想起了在鄂州

跟贾似道订下的和约，就派使者郝经到南宋去，要求履行和约议定的条件。郝经到了真州，先派副使带信给贾似道。贾似道一听郝经要到临安来，怕他的骗局露馅，赶快派人到真州把郝经扣了起来。忽必烈听到这个消息，气得要命。那时候，蒙古发生了内讧，忽必烈的弟弟阿里不哥跟忽必烈争夺权力，发生了战争。忽必烈全力对付阿里不哥，只好暂时把南宋一头搁起来。贾似道靠欺骗过日子，居然做了十几年的宰相。宋理宗死后，太子赵禥即位，就是宋度宗。宋度宗封贾似道为太师，拜魏国公，地位高得没人能跟他比。贾似道一面故意要求告老回家，一面又派亲信散播谣言，说蒙古军又要打过来了。刚即位的宋度宗就苦苦留他，这样一来，他的地位就越来越高了。度宗专门给他在西湖葛岭造了一座豪华的别墅。贾似道每天在葛岭过着享乐的生活，朝政大事都得由官员到别墅去找他决定。

▲宋代流民图

忽必烈稳定了内部，打败了阿里不哥以后，在公元1271年称帝，改国号叫元。就是元世祖。元世祖借口南宋不执行和约，派大将刘整、阿术出兵进攻襄阳，宋军连战连败，襄阳城被围了五年。贾似道把前线的消息封锁起来，不让宋度宗知道。有个官员上奏章向宋度宗告急，奏章落在贾似道手里，那个官员马上被革职了。

有一天，贾似道上朝的时候，宋度宗问他："听说襄阳城已经被蒙古兵围了几年，怎么办？"贾似道故意装出惊讶的样子说："蒙古兵早就给我们打退，陛下从哪儿听来这种消息？"度宗说："刚才听到一个宫女说起。"散朝以后，贾似道查明了那个透露消息的宫女，找个借口把她杀死。从那以后，宋度宗再也听不到蒙军进攻的消息了。襄阳终于被元兵攻破了。南宋王朝大为震动。这个时候，贾似道要再瞒也瞒不住，就把责任推给襄阳守将，把守将革职了事。

元世祖看到南宋这样腐败，决定一鼓作气消灭南宋。他派左丞相伯颜率领元兵二十万，分两路进军，一路从西面攻鄂州，另一路从东面攻扬州。这时候，宋度宗病死了，贾似道拥立了一个四岁的幼儿赵㬎做皇帝。伯颜攻下鄂州，沿江东下，直取临安。贾似道一面带领七万宋军驻守芜湖，一面派使臣到元营求和。伯颜拒绝议和，命令元军在长江两岸发起进攻，宋军全线崩溃，贾似道逃回扬州。到了这个时候，南宋灭亡的局势已经无法挽回了。

◀宋人科举考试图

留名汗青

元兵乘胜南下，进逼临安。四岁的皇帝赵㬎，只是挂个名的。他祖母谢太后和大臣们一商量，赶紧下诏书要各地将领带兵援救朝廷。诏书发到各地，响应的人很少。只有赣州的州官文天祥和郢州守将张世杰两人立刻起兵。

文天祥是吉州庐陵人，从小爱读历史上忠臣烈士的传记，立志要向他们学习。二十岁那年，他到临安参加进士考试，在试卷里写了他的救国主张，受到主考官的赏识，中了状元。

文天祥在朝廷做了官之后，马上发现贾似道和一批宦官都是些祸国殃民的奸臣。有一回，蒙古军攻打南宋，宦官董宋臣劝宋理宗放弃临安逃跑，文天祥马上上了一道奏章要求杀掉董宋臣，免得动摇民心。为了这件事，他反被撤了职。后来，他回到临安担任起草诏书的工作，又因为得罪贾似道，在他三十七岁那年，竟被迫退休。一直到了南宋王朝快要灭亡的危急时刻，他才被派到江西去担任赣州的州官。文天祥接到朝廷诏书，立刻招募了三万人马，准备赶到临安去。有人劝他说："现在元兵长驱直入，您带了这些临时招募起来的人马去抵抗，好比赶着羊群去跟猛虎斗，明摆着要失败，何苦呢？"文天祥泰然回答说："这个道理我何尝不知道。但是国家养兵多年，现在临安危急，却没有一兵一卒为国难出力，岂不叫人痛心！我明知道自己力量有限，宁愿以死殉国。但愿天下忠义的人，闻风而起，人多势大，国家才有保全的希望。"

▲文天祥

文天祥排除种种阻挠，带兵到了临安。右丞相陈宜中派他到平江防守。这时候，元朝统帅伯颜已经渡过长江，分兵三路进攻临安。其中一路从建康出发，越过平江，直取独松关。陈宜中又命令文天祥退守独松关。文天祥刚离开平江，独松关已经被元军攻破，想再回平江，平江也失守了。文天祥回到临安，跟郢州来的将领张世杰商量，向朝廷建议，集中兵力跟元军拼个死战。但是胆小的陈宜中说什么也不同意。伯颜带兵到了离临安只有三十里的皋亭山。朝廷里一些没有骨气的大臣，包括左丞相留梦炎都溜走了。谢太后和陈宜中惊慌失措，赶紧派了一名官员带着国玺和求降表到伯颜大营求和。伯颜指定要南宋丞相亲自去谈判。陈宜中害怕被扣留，不敢到元营去，逃往南方去了；张世杰不愿投降，气得带兵乘上海船出海。谢太后没办法，只好宣布文天祥接替陈宜中做右丞相，要他到伯颜大营去谈判投降。

文天祥答应到元营去，他带着大臣吴坚、贾余庆等到了元营，见

◀文天祥纪念馆

了伯颜,根本不提求和的事,反而严正地责问伯颜说:"你们究竟是想跟我朝友好呢,还是存心消灭我朝?"伯颜说:"我们皇上的意思很清楚,并不是要消灭宋朝。"文天祥说:"既然是这样,那么请你们立刻把军队撤退到平江或者嘉兴。如果你们硬要消灭我朝,南方军民一定跟你们打到底,对你们未必有好处。"伯颜把脸一沉,用威胁的口气说:"你们再不老实投降,只怕饶不得你们。"文天祥也气愤地说:"我是堂堂南宋宰相。现在国家危急,我已经准备好拼一死报答国家,哪怕刀山火海,我也毫不害怕。"

文天祥洪亮的声音、庄严的语言,把伯颜的威胁顶了回去。周围的元将个个吓得惊慌失色。双方会见之后,伯颜传出话来,让别的使者先回临安去跟谢太后商量,却把文天祥留下来。文天祥知道伯颜不怀好意,向伯颜抗议。伯颜装出若无其事的样子说:"您别发火,两国和议大事,正需要您留下商量嘛。"随同文天祥到元营的吴坚、贾余庆回到临安,把文天祥拒绝投降的事回奏谢太后。谢太后一心投降,改任贾余庆做右丞相,到元营去求降。伯颜接受降表后,再请文天祥进营帐,告诉他朝廷已另外派人来投降。文天祥气得把贾余庆痛骂一顿,但是投降的事已无法挽回了。

元军攻下厓山以后,张弘范召集将领,举行庆功宴会,把文天祥请来。宴会席上,张弘范对文天祥说:"现在宋朝灭亡,丞相已经尽到最后一片忠心。只要您回心转意,归顺我们大元皇上,还能保持您丞相的地位。"文天祥含着眼泪说:"国破家亡,我身为宋朝大臣,没能够挽回局势,死了还有罪孽,怎么还能贪图活命呢。"张弘范一再劝降,没有结果,只好派人把文天祥押送到大都。

过了半年,文天祥被押到大都,元王朝下令把他送到上等的宾馆里,用美酒好菜招待他。过了几天,元朝丞相博罗派投降官员留梦炎去劝降。文天祥对这个叛徒早已深恶痛绝,现在见他居然老着脸皮来劝降,更是火冒三丈。没等留梦炎开口,就一顿痛骂,把留梦炎骂得抬不起头,灰溜溜地走了。元朝对文天祥劝降不成,就把他移送到兵马司衙门,戴上脚镣手铐,过着囚徒的生活。过了一个月,博罗把文天祥提到元朝的枢密院,亲自审问。文天祥被兵士押着,来到枢密院大堂,只见博罗满脸凶相,坐在上面。文天祥正眼也不看,昂起头,挺直腰杆走上前去。左右兵士吆喝他跪下,被文天祥拒绝了。博罗恼羞成怒,喝令左右动手。兵士们把文天祥拉的拉,推的推,将文天祥按倒在地上。博罗说:"你还有什么话可说?"

文天祥坦然说:"自古以来,国家有兴有亡,做大臣的被灭被杀的,哪一个朝代没有?我是宋朝的

▶文丞相祠

臣子，现在既然已经失败，只求早死而已！"

博罗无理取闹地责问文天祥为什么丢了临安逃走，为什么要另立二王。文天祥一条条据理驳斥，最后，他慷慨激昂地说："我文天祥今天落在你的手里，早就准备一死，何必再啰唆！"博罗喝令把文天祥押回兵马司。他想杀掉文天祥，但是元世祖恐怕杀了文天祥，民心不服，不同意把他杀害。

文天祥被关押在牢房里，恶劣的环境只能折磨他的身体，却不能摧毁他的意志。他相信，只要有爱国爱民族的浩然正气，就能够战胜一切恶劣的环境。

元世祖敬重文天祥，决定亲自劝降。文天祥见了元世祖，不肯下跪，只作了个揖。元世祖问他还有什么话说。文天祥说："我是大宋宰相，竭心尽力扶助朝廷，可惜奸臣卖国，叫我英雄无用武之地。我不能恢复国土，反落得被俘受辱。我死了以后，也不甘心。"说着，咬牙切齿，不断地捶打自己的胸膛。

▲忽必烈像

▼文天祥祠

元世祖和颜悦色地劝说："你的忠心，我也完全了解。事到如今，你如果能改变主意，做元朝的臣子，我仍旧让你当丞相怎么样？"文天祥慷慨地说："我是宋朝的宰相，哪有服侍两朝的道理。我不死，哪还有脸去见地下的忠臣烈士？"元世祖说："你不愿做丞相，做个枢密使怎么样？"文天祥斩钉截铁地回答说："我只求一死，别的没有什么可说了。"

元世祖知道劝降已没有希望，才叫侍从把文天祥带出去。第二天，下令处死文天祥。

编者感言：太祖以军功起家，为了防止武将割据的再次发生，立制武将不得参与政事。神宗强调祖制，他说："祖宗不以兵柄归有司，故专命官统之，互相维制，何可废也？"因而宋朝的枢密使、知枢密院事照例用文人充任，副职有时用武人，充分体现了重文轻武的政制特点。所以宋代军事外交上长期积弱，对外征伐可以说是屡战屡败。割地赔款，比之后世广为人所诟病的晚清朝廷，有过之而无不及，靠着家底厚才撑下来（这倒也是宋之殷富更甚于唐的一个旁证）。而且捐赋徭役繁重，在民殷国富的表象下，不断地腐蚀整个国家的肌体。所以变法的呼声，随着北宋王朝步入中叶，不断高涨。但是，随着分别由范仲淹和王安石主持的两次变法相继失败。深层次的社会问题不但没有得到解决或缓解，反而更加激化，不能像强汉盛唐一样统并四野。后来的元、清政权能够入主中原，也许就是因太祖的一个决定而产生的。

第十六讲
南征西扩的元朝

本讲主要讲述了成吉思汗铁木真统一蒙古各部后,建立蒙古帝国。成吉思汗建立的蒙古帝国并没因他的逝世而停止扩张,相反他的子孙们把他的帝国延伸至欧洲,成为一个横跨亚欧大陆的空前帝国。经不断的征战,最终导致人类历史上最大帝国之一——"蒙古帝国"的形成,促进了亚欧大陆间的相互影响,建立了通行无阻的商道,使当时的人对世界有更新的了解。

成吉思汗

公元1206年，蒙古国各部落首领在斡难河边，举行了一次盛大的集会，公推铁木真做全蒙古的大汗，并且给他上了一个称号，叫成吉思汗。

铁木真本来是蒙古族孛儿只斤部酋长也速该的儿子。他幼年的时候，金王朝统治者对蒙古族人民实行残酷统治，各部落之间也互相打冤家，蒙古族人民的生活十分苦难。铁木真的祖先俺巴孩就是被金朝皇帝杀害的。铁木真九岁那年，也速该把铁木真带到一个朋友家定亲。他把铁木真留在朋友家里独自回家，在回家的路上，被冤家下毒，赶回家中咽了气。

▲成吉思汗像

也速该一死，孛儿只斤部失掉了首领，都散了伙。原来归附也速该的泰亦赤部也脱离了他们，还带走了不少也速该的奴隶和牲畜。铁木真的家境就一天不如一天了。泰亦赤部的首领怕铁木真长大后向他们报仇，就带领人马捉拿铁木真，想把他杀害。铁木真得到消息，连忙逃到一座森林里。铁木真在森林里躲了九天九夜，忍不住饥饿，走了出来，就被泰亦赤人抓住了。泰亦赤人给他戴上木枷，带到各个营帐里去示众。有一天，铁木真趁看守不防备，举起木枷把看守砸昏了，逃了出来。

年轻的铁木真为了恢复父亲的事业，想尽办法，渐渐把他们部落失散的亲属和百姓聚集拢来。他在跟别的部落的战斗中打了胜仗，力量渐渐壮大起来。

铁木真跟另一个部落的首领札木合是朋友。后来铁木真力量强大了，札木合部下有人投奔铁木真，札木合很不高兴。有一次，札木合的弟弟抢夺铁木真的马群，被铁木真部下杀了，双方发生了冲突。札木合集合了他统治的十三部一共三万人马攻打铁木真。铁木真也不肯示弱，把部下的三万人马分成十三支队伍，抵抗札木合的进攻。双方在斡难河边的草原上展开了一场大战，铁木真抵挡不住，败退了。札木合把抓住的战俘成批杀害。这件事引起札木合部下的不满，纷纷脱离札木合投奔铁木真，铁木真虽然打了败仗，实力反而更壮大了。

铁木真没有忘记杀害他父亲的仇人塔塔儿部首领蔑古真。没有多久，蔑古真得罪了金朝，金朝派丞相完颜襄约铁木真配合进攻塔塔儿部。铁木真认为这是个报仇的好机会，就和金兵一起夹击塔塔儿部，把塔塔儿部打得全军覆没，俘获了大批人口和牲畜、辎重。金王朝认为铁木真立了功劳，封他做前锋司令官。以后，铁木真又经过几次战斗，陆续消灭了蒙古高原好几个部落，终于统一了全蒙古。他被蒙古各部首领推举当了大汗，这就是举世闻名的成吉思汗。成吉思汗即位以后，建立了军事和政治制度，使用了蒙古文字，使蒙古成了一个强大的汗国。但是金朝还把蒙古当作它的附属国，要成吉思汗向他们进贡。成吉思汗立志要改变这种屈辱的地位。

金章宗死后，太子完颜永济即位，派使者到蒙古下诏书，要成吉思汗下拜接受。成吉思汗问使者新皇帝是谁,使者告诉他是永济。成吉思汗轻蔑地吐了一口唾沫,说:"我原来以为中原主人是天上人做的,像这种庸碌无能的人也配做皇帝?"说罢,就把金朝的使者丢在一边,自己上马走了。从那以后,成吉思汗就跟金朝决裂。

公元1211年,成吉思汗决心大举进攻金朝。他就选了三千名精锐骑兵南下。金将胡少虎带了三十万金兵抵抗,被蒙古军打得一败涂地。过了两年,蒙古兵又打进居庸关,围攻金朝的中京。成吉思汗跟他四个儿子分兵几路,在河北广大平原上横冲直撞,所向无敌。

这时候,金朝内部十分混乱,金主完颜永济被杀,新即位的金宣宗不得不向成吉思汗求

▲蒙古狩猎图

和,献出大批金帛,把公主嫁给成吉思汗,成吉思汗才撤兵回去。成吉思汗打败了金朝,兵力更强大了。公元1219年,有一支蒙古商队受成吉思汗派遣到西方去,经过花剌子模,被当地的守将杀戮。成吉思汗亲自率领二十万蒙古大军攻打花剌子模,接着,又向西攻打,占领了现在的中亚,前锋一直打到现在的欧洲东部和伊朗北部,才带兵回匡。成吉思汗带兵西征的时候,曾经要西夏发兵帮助,西夏不但拒绝出兵,而且和金朝结了同盟。成吉思汗回来以后就决心灭掉西夏。在围攻西夏京城的最后时刻,他自己却得了重病。他知道好不起来,就在病床上对部下将领说:"我们攻打金,要向宋借路。宋和金冤仇很深,一定会答应我们。"

成吉思汗死后,他的儿子窝阔台接替他做大汗。窝阔台按照成吉思汗的遗嘱,向南宋借路,包围金朝京城开封。公元1233年,蒙古军攻破开封,金哀宗逃到蔡州。蒙古又联合南宋围攻蔡州。金哀宗派使者向宋理宗求和,说:"金被灭,下一步就轮到宋了;如果跟我们联合,对金、宋两国都有好处。"宋理宗没有理睬他,金哀宗走投无路,只好自杀。公元1234年,金在蒙、宋两军夹攻下灭亡。

◀成吉思汗陵墓壁画

强元败亡

元朝从成宗以后，又传了九个皇帝，皇室内部斗争十分激烈，政治也越来越腐败，人民灾难深重。

河北有个农民叫韩山童，利用传教的形式，组织白莲会，聚集了不少受苦受难的农民，大家推韩山童做领袖，号称"明王"，并约定日子，在颍州颍上起义，用红巾裹头作为起义军的标记。正在歃血立誓的时候，有人走漏了消息。韩山童被捕遇害。韩山童的妻子带着他儿子韩林儿，逃脱了官府追捕，到武安躲了起来。刘福通逃出包围，把约定起义的农民召集起来，攻占了颍州等一些据点。原来在黄陵冈开河的民工得到消息，也杀了河官，纷纷投奔刘福通的队伍。因为起义兵士头上裹着红巾，当时的百姓把他们称作红军，历史上把它称作红巾军。不到十天，红巾军已经发展到十多万人。

公元1354年，元顺帝派丞相脱脱集中了诸王和各省人马，动用了西域、西番的兵力，号称百万，围攻占领高邮的张士诚起义军。高邮城被围得水泄不通。起义军正在危急的时候，元王朝突然发生内乱。元顺帝下令撤掉脱脱的官爵。百万元军失去了统帅，不战自乱，全军崩溃。元军溃散以后，刘福通的北方起义军趁机出击，大破元军。第二年二月，刘福通把韩山童的儿子韩林儿接到亳州正式称帝，国号叫宋。韩林儿被称为小明王。韩林儿、刘福通在亳州建立政权以后，分兵三路，出师北伐。西路军由李武、崔德率领，进攻陕西、甘肃、宁夏、四川；东路军由毛贵率领，从山东、河北，直逼元朝京城大都；中路军由关先生、破头潘等率领，从山西打到辽东，配合东路军攻打大都。三路北伐军都取得很大的进展。毛贵的东路军一直打到元大都城下。刘福通亲自率领大军攻占了汴梁，把小明王韩林儿接到汴梁，定为都城。红巾军声势浩大，元王朝大起恐慌，纠集地主武装加紧镇压，三路北伐军先后失利，汴梁又落在元军手里。元王朝又用高官厚禄招降了张士诚，刘福通保护小明王逃到安丰后，受到张士诚的袭击，公元1363年，刘福通在战斗中牺牲。北方起义军经过十二年的战斗，终于失败。

在刘福通红巾军转战北方的时候，濠州郭子兴红巾军正在壮大起来。郭子兴本来是定远地方一个财主，因为出身低微，经常受地方官吏的敲诈勒索，心里气愤不过，加入了白莲会。

▲刘基像

▼元大都城遗址

▲流民图

公元1352年，也就是刘福通起义的第二年，郭子兴看见时机成熟，就和四个朋友一起，带着几千个年轻人，趁着黑夜，打进濠州城，杀了州官，把濠州城占领了，宣布起义。郭子兴和他的四个好友都自称元帅。元王朝派大将彻里不花带兵围攻濠州。彻里不花害怕红巾军，不敢攻城，在老远的地方扎下营垒，却派兵士在城外捉了一些百姓，当作俘虏向上级冒功请赏。城外的老百姓遭到迫害，过不了日子，纷纷逃到城里投奔郭子兴。郭子兴的队伍越来越壮大。

▲徐达像

朱元璋生在濠州钟离一个贫苦农民家庭，曾为和尚，他听到红巾军到处起兵，元兵节节败退，就离开皇觉寺，到濠州来投奔郭子兴。郭子兴跟朱元璋一谈话，发觉他口齿伶俐，十分赏识，就把他留在身边当个亲兵长。朱元璋参加起义军以后，马上表现出他的才能。他打仗勇敢，又有计谋。郭子兴把他当作心腹看待，出去打仗，总要先跟他商量。在起义兵士中，朱元璋的声望渐渐提高了。

郭子兴有个好朋友姓马，在郭子兴起兵那年病死。马公临死的时候，把他的孤女托给郭子兴照顾。郭子兴把女孩带回家里，交给妻子张夫人抚养，把她当作自己的亲生女儿一样。郭子兴一直想给她选个好女婿，这一回，见朱元璋是个人才，就跟张夫人商量，要把马公的女儿嫁给朱元璋，张夫人一听也十分赞成。这样，皇觉寺的小和尚就做了郭元帅的女婿，地位也不同了。在起义军中，大家都称他"朱公子"。

濠州的红巾军里，连郭子兴在内，共有五个元帅。五个人平起平坐，不分高低，谁也管不了谁。除郭子兴外，另外四个元帅都有点江湖气，不讲纪律。郭子兴渐渐看不惯他们，他们也嫌着郭子兴。日子一久，矛盾越来越深，四个人就合在一起，排挤郭子兴。有一次，郭子兴差点被他们害死，亏得朱元璋得到消息，把郭子兴救了出来。朱元璋发现起义军的几个将帅胸襟狭窄，在他们

▼觐见蒙古大汗图

▲元代社会风情

手下干事,成不了什么气候,就回到老家,招兵买马。他少年时候的伙伴徐达、汤和,听说朱元璋做了红巾军的将领,都来投奔,不到十天,就招募了七百人,后来,又袭击元军,招降了一批元军。朱元璋得了大批生力军,整顿纪律,加紧训练,把手下的军队训练成一支战斗力很强的队伍,声势大振。

朱元璋带着自己训练出来的队伍,连续打下滁州、和州。小明王韩林儿在亳州称帝那年,郭子兴得病死了。小明王就封郭子兴的儿子郭天叙为都元帅,朱元璋做了副元帅。郭天叙没有什么指挥的经验,加上红巾军中大多将士都是朱元璋的亲信,朱元璋名义上是副帅,实权全掌握在他手里。没多久,郭天叙在攻打集庆的时候,被叛徒杀死,朱元璋做了元帅。朱元璋独掌兵权以后,率领大军大破元朝水军,渡江攻打集庆,集庆五十多万军民投降。朱元璋进了集庆,出榜安民,把集庆改名应天府。以后,朱元璋就以应天府作为根据地,向江南一带发展。

陈友谅原是徐寿辉起义军的部将,后来他谋杀了徐寿辉,自立为王,国号叫汉。他占据江西、湖南和湖北一带,地广兵多,建立了一个强大的割据政权。朱元璋消灭了陈友谅以后,自称吴王。

自从刘福通牺牲以后,朱元璋把小明王接到滁州,名义上还接受小明王的领导。到了这时候,他做皇帝的思想膨胀起来,觉得留着小明王对他是个障碍。公元1366年,他用船把小明王接到应天,趁小明王在瓜步过江的时候,派人暗暗凿沉了船,把小明王淹死。第二年,朱元璋消灭了张士诚割据势力,接着,命令徐达为征虏大将军,常遇春为副将军,率领二十五万大军北伐。过了两个月,徐达的军队旗开得胜,占领了山东。公元1368年正月,朱元璋在应天即位称皇帝,国号叫明。他就是明太祖。明军乘胜进军,元兵节节败退。这年八月,徐达率领大军直捣大都,元顺帝逃往上都。统治中国九十七年的元王朝终于被推翻。

▼《大宴图》

编者感言:中国古代许多大一统王朝都是在内忧外患交织的情况下走向灭亡的,而元朝则有所不同。终元一代,基本没有强大的外患,只在前期与西北察合台、窝阔台两汗国进行了一段时间的战争,到元朝中期战事已完全平息。元朝短命而亡,主要亡于内忧。由于内部治理不善,使得这样一个盛极一时的大帝国过早地崩溃了。内部治理的问题究竟何在呢?我们过去习惯于用"阶级矛盾尖锐""社会危机深重"之类理由解释一个朝代的衰亡,元朝也不例外。但这类理由适用于任何朝代,无助于显示各自的特殊性,即使正确,也只是表层的阐释。如果我们不满足于此,就必须深入各朝代的历史事实中探究其衰亡的具体缘故。对于元朝,恐怕需要从文化背景方面去找原因。也就是说,元朝的短命而亡,主要是亡于统治集团与被统治地区的文化差异未能弥合。

第十七讲
不能与世俱进的明朝

本讲讲述了朱元璋建立的明王朝。它是一个由汉人建立的王朝。朱元璋把明王朝建成一个极度中央集权的政权,对他的功臣等进行大屠杀,这种自私和愚昧的性格传给了他的子孙,他的子孙们以此心态治理中国,虽有效地保持了王朝的稳定,却把中国笼罩在一片恐怖的气氛之中。直至明末,朝内宦官专政,朝外烽烟四起,明王朝在内忧外患之下,走向灭亡。

诛杀功臣

明太祖是农家出身的，对农民生活多少有点了解。他即位以后，也注意实行休养生息的政策。他告诫地方官员说："现在天下刚刚安定，百姓财力匮乏，好像初飞的鸟，不能拔它的毛；新种的树，不能摇它的根。"他要官员们廉洁守法，不能贪赃枉法，加重人民负担。以后，他又招集流亡农民，开垦荒地，免除三年的劳役和赋税；要各地驻军屯田垦荒，做到粮食自给。他还兴修水利，奖励植棉种麻。所以，明朝初年的农业生产有了很明显的发展。新建立的明王朝统治也巩固下来。

▲皇帝金冠

但是明太祖总不放心那些帮助他开国的功臣。他设立一个叫作"锦衣卫"的特务机构，专门监视、侦察大臣的活动。大臣在外面或者家里有什么动静，他都打听得一清二楚。谁被发现有什么嫌疑，就有被打进牢狱甚至杀头的危险。明太祖对待官员极其严酷，大臣上朝的时候惹他发了火，就在朝廷上被按在地上打板子，叫作"廷杖"，也有被当场打死的。这种做法弄得大臣们个个提心吊胆，每天上朝的时候，都愁眉苦脸地向家里亲人告别。如果这一天平安无事，回到家里，亲人就高高兴兴庆幸他又活了一天。

公元1380年，丞相胡惟庸被告发叛国谋反，明太祖立刻把胡惟庸满门抄斩，还追究他的同党。这一追究，竟株连文武官员一万五千多人。明太祖一发狠心，把那些有胡党嫌疑的人全杀了。

▲朱元璋

学士宋濂，开国初期跟刘基一起受明太祖重用，后来又当过太子的老师。宋濂为人谨慎小心，但是明太祖对他也并不放心。有一次，宋濂在家里请几个朋友喝酒。第二天上朝，明太宗问他昨天喝过酒没有，请了哪些客人，备了哪些菜。宋濂一一照实回答。明太祖笑着说："你没欺骗我。"原来，那天宋濂家请客的时候，明太祖已暗暗派人去监视了。后来，明太祖在朝廷上称赞宋濂说："宋濂伺候我十九年，从没说过一句谎言，也没说过别人一句坏话，真是个贤人啊！"宋濂六十八岁那年告老回乡，明太祖

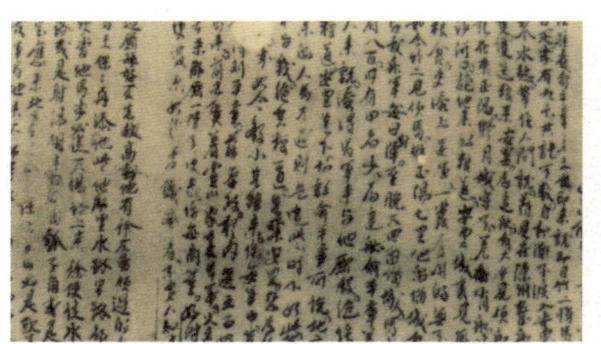

◀朱元璋所书两道军令

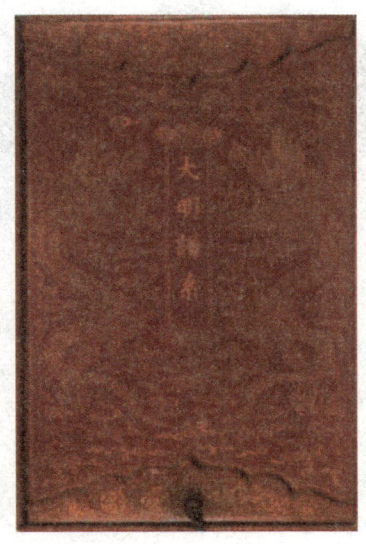

▲ 大明谱系匣

还送他一幅锦缎，说："留着它，再过三十二年，做件百岁衣吧。"胡惟庸案件发生后，宋濂的孙子宋慎也被揭发是胡党，于是株连到宋濂。明太祖派锦衣卫把宋濂从金华老家抓到京城，要把他处死。这件事让马皇后知道了。马皇后劝明太祖说："老百姓家为孩子请个老师，尚且恭恭敬敬，好来好去，何况是皇帝家的老师呢。再说，宋先生一向住在乡下，他孙子的事他怎么会知道？"明太祖正在火头上，不肯饶恕宋濂。当天，马皇后陪明太祖吃饭。她呆呆地坐在桌边，不沾酒，也不吃肉。明太祖感到奇怪，问她是不是身子不舒服。马皇后难过地说："宋先生犯了死罪，我心里十分难受，在为宋先生祈福呢！"马皇后是跟太祖年轻时候共患难的夫妻，明太祖平时对她比较尊重，听她这一说，也有点感动，才下令赦免宋濂死罪，改罚充军茂州。七十多岁的宋濂，禁不起这场惊怕，再加上路上劳累，没到茂州就死了。

过了十年，又有人告发李善长和胡惟庸往来密切，明知胡惟庸谋反不检举揭发，采取观望态度，犯了大逆不道的罪。李善长是第一号开国功臣，又是明太祖的亲家。明太祖大封功臣的时候，曾经赐给李善长两道免死铁券。这一年，李善长已经七十七岁了，可是明太祖一翻脸，把李善长和他的全家七十几口全部处死。接着，又一次追查胡党，处死了一万五千多人。

自从胡惟庸案件发生以后，明太祖觉得把军政大权交给大臣不放心，就取消了丞相职位，由皇帝直接管辖吏部、户部、礼部、兵部、刑部、工部六个部的尚书；又把掌握军权的大都督府废了，改设左、右、中、前、后五个都督府，分别训练兵士，需要打仗的时候，由皇帝直接发布命令。这样一来，明朝皇帝的权力就大大集中了。事情并没到这里结束。过了三年，锦衣卫又告发大将蓝玉谋反。明太祖杀了蓝玉，追查同谋，又有文武官员一万五千多人受株连被杀。这两件大案，几乎把朝廷一些功臣一扫而空。

▶ 华表

燕王扫北

▲明太祖陵墓

明太祖一面杀了一些权位很高的大臣，一面把他的二十四个儿子分封到各地为王。其中一部分藩王还拥有军队。明太祖认为这样做，可以巩固他建立的明王朝的统治，哪料到后来反引起了一场大乱。

明太祖六十多岁的时候，太子朱标死了，朱标的儿子朱允炆以长孙的地位，被立为皇太孙。各地的藩王大都是朱允炆的叔父，眼看皇位的继承权落到侄儿手里，心里不舒服。特别是明太祖的第四个儿子燕王朱棣一向带兵驻守北平，多次立过战功，对朱允炆更不服。朱允炆虽然老实，对朱棣瞧不起他毕竟还看得出来。皇太孙的东宫里，有个官员叫黄子澄，是朱允炆的伴读老师。有一次，朱允炆一个人坐在东角门口，皱起眉头长叹气。黄子澄见他心事重重，问太孙为什么发愁。朱允炆说："现在几个叔父手里都有兵权，将来怎么管得了他们。"黄子澄跟朱允炆讲了一个西汉平定七国之乱的故事，接着说："当时吴楚七国诸侯这样强大，但是到他们发动叛乱，汉景帝一出兵，他们就垮了。殿下是皇上嫡孙，将来也不怕他们造反。"朱允炆听了，心总算放宽了一点。

公元1398年，明太祖死去，皇太孙朱允炆即位，这就是明惠帝，历史上又叫建文帝。当时京城里就听到谣传，说几位藩王正在互相串联，准备谋反。建文帝听了这消息害怕

▼朱棣迁都于北京建立紫禁城

起来，把黄子澄找来说："先生可记得那次在东角门说的话吗？"黄子澄说："陛下放心，我怎么会忘记呢！"黄子澄退出宫门，就找建文帝另一个亲信大臣齐泰一起商量。齐泰认为诸王之中，燕王兵力最强，野心又大，应该首先削减燕王的权力。黄子澄不赞成这个做法，他认为燕王早有准备，先从他下手，容易打草惊蛇，不如先向燕王周围的藩王下手。周王朱𣏕是燕王的弟弟，他的封地在开封。如果先把周王除掉，就好比砍掉燕王的翅膀，下一步再除掉燕王就不难了。两人商量停当，就向建文帝回奏。建文帝听了很高兴，就找个理由派兵到河南把周王朱𣏕抓起来押到南京，削去王位，充军到云南。接着，又查出三个藩王有不法行为，把他们一个个削去王位。

▲明成祖朱棣像

　　燕王早就暗中练兵，准备谋反。为了麻痹建文帝，他假装犯了精神病，成天胡言乱语，有时候还躺在地上，几天不起来。建文帝派使臣去探病，那时候正是大热天，燕王却坐在火炉边烤火，嘴里还不停地叫冷。使臣一回报，建文帝也相信燕王真的病了。但是齐泰、黄子澄却怀疑燕王装病，他们一面派人到北平把燕王的家属抓起来，一面又秘密命令北平都指挥使张信带兵逮捕燕王，还约定燕王府的一些官员当内应。不料张信是站在燕王一边的，反向燕王告密。燕王得到消息，就把王府里充当建文帝内应的官员全抓起来，宣布起兵。燕王是个精明人，知道建文帝毕竟是法定的皇帝，公开反叛，对自己不利，就找个起兵的理由，说要帮助建文帝除掉奸臣黄子澄、齐泰。"靖难之变"由此开始。

　　燕王本来有带兵打仗的经验，手下有一支经过训练的精兵。他起兵南下，很快攻下了一些据点，许多州县的官员纷纷投降。建文帝害怕起来，撤了齐泰、黄子澄的职，想要燕王退兵。燕王哪肯罢休。打了三年，到了公元1402年，燕军在淮北遇到朝廷派出的南军的抵抗，打得十分激烈。有些燕军将领主张暂时撤兵，燕王说："这次进军，只能进，不能退！"

　　没多久，燕军截断南军运粮的通道，发起突然袭击，南军就一败涂地了。燕军势如破竹，进兵到应天城下。建文帝见形势紧急，一面要将士拼死守城，一面派人向燕王求和，愿意割让土地，请求燕王退兵，又遭到燕王的拒绝。过了几天，守卫京城的大将李景隆打开城门投降，京城终于被燕军攻破。燕王带兵进城，只见皇宫大火熊熊，正在燃烧。燕王赶快派兵把大火扑灭，已经烧死了不少人。他查问建文帝的下落，有人报告说，燕兵进城之前，建文帝下命令放火烧宫，建文帝和皇后都跳到大火里自杀了。燕王朱棣即位，这就是明成祖。到了公元1421年，明成祖迁都北京。

七下西洋

郑和本姓马,从小当了明朝的俘虏,送入宫中成为宦官,赐姓郑,官居正四品的"内官监太监"。因皈依佛教,别名三宝(三保)。

明成祖即位后,派了蒋宾兴、王枢等人到东南亚一带宣谕这一重大政治事件,希望加强与这些国家的联系,也借此炫耀大明帝国的国威。随后,成祖以郑和为使节,开始了一连串大规模的海上活动,前后有七次延续二十八年,史称"郑和下西洋"。

公元1405年,郑和首次奉成祖之命下西洋。随行人员中有阿拉伯语翻译数位,因为苏门答腊以西都是伊斯兰教国家。郑和首次出行,统帅都指挥使二人,指挥九十三人,千户、百户、总旗、小旗若干,共有士兵二万七千八百多人,二百零八艘船只。从太仓刘家港出发,经过福建长乐,首站到达占城国首都,以下航站依次是爪哇苏鲁马、苏门答腊南部旧港、马来半岛西岸的满刺加。在满刺加,船队稍事休整,设立兵营、仓库,储藏贸易货物,而后继续西行,到达锡兰山,绕过印度半岛向北到达葛兰、柯枝,终点站是古里。郑和部分随行船队分成两队,一支继续向西北航行,到达伊朗,绕过阿拉伯半岛进入红海,终点是伊斯兰教圣地麦加;另一支向西南航行,直达非洲东海岸。

▲郑和像

郑和船队与所到国建立了友好关系,并参与当地的政治斗争和贸易体系之中。首次航行到苏门答腊旧港,打败前来夺宝的当地华人首领陈祖义,随船押解到南京正法。第三次航行,打败抢劫船物的锡兰国王亚烈苦奈尔,明成祖另立亚烈苦奈尔的亲戚为王。满刺加国成为明王朝最忠实的藩邦,明朝公主下嫁满刺加苏丹,从公元1405年到公元1511年,双方来往贡使不断,当地到今有三保山、三保祠等古迹。与中国发生朝贡贸易的还有苏门答腊、阿鲁等国,南洋商人经常跟随自己国家的贡使到中国贸易。明政府为管理日益增多的来往商人,在宁波、泉州、广州三地各设一人提举市舶司,免费提供食宿,让这些贡使商人享受免税的优惠待遇。中国文化因此影响到东南亚一带。

郑和七下西洋,前六次分别是公元1405年、公元1407年、公元1408年、公元1412年、公元1421年、公元1424年,航行时间一到二年不等。公元1424年明成祖去世,其子朱高炽继位,是为明仁宗。他宣布停止下西洋的活动。公元1431年12月,新皇帝朱瞻基再次派郑和下西洋,郑和在返航途中与世长辞,终年六十二岁。此后明朝开始关闭帝国的大门,明中期进一步实行海禁政策,航海业迅速滑坡。

土木之变

明太祖在位的时候，不让宦官过问国家政事。但是到明成祖的时候，这条规矩就给废除了。

明成祖从他侄儿手里夺得皇位，怕大臣反对他，就在东安门外设立"东厂"，专门刺探大臣和百姓当中有没有谋反嫌疑。他怕外面的大臣靠不住，让亲信太监做东厂提督。这一来，宦官的权力更大了。有一个太监叫王振，明宣宗派他教太子朱祁镇读书。朱祁镇年幼爱玩，王振想出各种各样法子让他玩得痛快，朱祁镇挺喜欢他。明宣宗死后，刚满九岁的太子朱祁镇即位，这就是明英宗。王振当上司礼监，帮助明英宗批阅奏章。王振趁机把朝廷军政大权抓在手里。朝廷大员谁敢得罪王振，不是被撤职，就是充军。

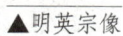
▲明英宗像

公元1449年，瓦剌首领也先派三千名使者到北京，进贡马匹，要求赏金。王振发现也先谎报人数，削减了赏金和马价。也先为他的儿子向明朝求婚，也被王振拒绝。这一来激怒了也先，也先率领瓦剌骑兵进攻大同。守大同的明将出兵抵抗，被瓦剌军打得大败。

明英宗慌忙召集大臣商量怎么对付。大同离王振家乡蔚州不远，王振在蔚州有大批田产，他怕蔚州被瓦剌军侵占，竭力主张英宗带兵亲征。明英宗叫他弟弟郕王朱祁和于谦留守北京，自己跟王振、邝埜等官员一百多人，带领五十万大军从北京出发，浩浩荡荡向大同赶去。过了几天，明军前锋在大同城边被瓦剌军杀得全军覆没，各路明军纷纷溃退下来。到了这时候，王振感到情况危急，才下令退兵回北京。退兵本来是越快越好，但是王振却想到他老家蔚州去摆摆威风，劝英宗到蔚州去住几天。几十万将士离开大同，往蔚州方向跑了四十里地。王振又转念一想，这么多的兵马到蔚州，他家庄田里的庄稼岂不要遭到损失，又匆匆忙忙下命令往回走。这样一折腾，拖延了撤兵的时间，被瓦剌的追兵赶上了。

明军一面抵抗，一面败退，一直退到土木堡。那时候，太阳刚刚下山，有人劝英宗趁天没黑，再赶一阵，进了怀来城再休息，瓦剌军赶来，也可以坚守。可是王振却因为装运他财产的几千辆车子还没到，硬要大军在土木堡停下来。土木堡名称虽叫作堡，其实没有什么城堡可守。明军大队人马赶了几天路，口渴得像火烧，但是土木堡没有水源。离开土木堡十五里的地方有条河，已经被瓦剌军占领了。兵士们就地挖井，挖了两丈深，也没找到水。第二天，天刚蒙蒙亮，瓦剌军赶到土木堡，把明军紧紧包围起来。明英宗知道没法突围，只好派人向也先求和。也先一打听，明英宗带的明军人数还不少，要打硬仗，自己也要遭到损失，就假装答应议和，停止进攻。明英宗和王振信以为真，十分高兴，下命令让兵士到附近找水喝。兵士们争先恐后跳出壕沟往河边跑，乱成一团，将领们要制止也制止不了。这时候，早就埋伏好的瓦剌军兵士从四面八方冲杀过来，个个抢起长刀，大声吆喝着："投降的不杀！"明军兵士一听，纷纷丢盔弃甲，狂奔乱逃。瓦剌军紧紧追赶，被杀的和被乱兵踩死的，不计其数。邝埜也在混乱中被杀死。明英宗和王振带着一批禁军，几次想突围都没冲出去。平时作威作福的王振，这时候却吓得直发抖。禁军将领樊忠早就恨透了这个祸国殃民的奸贼，气愤地说："我为天下百姓杀死你这个奸贼。"说着，抡起手里的大铁锤，朝着王振脑门一锤砸去，结果了王振的性命。樊忠自己冲向瓦剌军，拼杀了一阵，中枪倒下。明英宗眼看脱逃没有希望，只好跳下马来，盘着腿坐在地上等死。瓦剌兵赶上来，俘虏了明英宗。历史上把这次事件称作"土木之变"。

为了安定人心，皇太后宣布由郕王朱祁钰监国，并且召集大臣，商量怎么对付瓦剌。最后，太后决定叫于谦负责指挥军民守城。

于谦是浙江钱塘人。因为于谦刚正不阿，得罪了王振，王振就指使同党诬告于谦，把于谦打进监牢，还判了死刑。河南、山西的地方官员和百姓听到于谦被诬陷的消息，成千上万的人联名向明英宗请愿，要求释放于谦。王振一伙一看众怒难犯，又抓不住于谦什么把柄，只好释放了于谦，恢复了他的原职；后来，他又被调到北京担任兵部侍郎。

▲明代铁炮

在京城面临危急的时刻，于谦毅然担负起守城的重任。他一面加紧调兵遣将，加强京城和附近关口的防御兵力；一面整顿内部，逮捕了一批瓦剌军的奸细。监国的郕王朱祁钰上朝，大臣们纷纷要求宣布王振罪状。朱祁钰不敢做主。于谦说："王振是这次战争失败的罪魁祸首，不惩办不能平民愤。陛下只要宣布王振罪状，大臣们就心安了。"朱祁钰听了于谦的话，下令抄了王振的家，惩办了一些王振的同党，人心渐渐安定下来。

瓦剌首领也先俘虏了明英宗，没把他杀死，却挟持着英宗当人质，不断骚扰边境。于谦等大臣请太后正式宣布让朱祁钰做皇帝，被俘虏的明英宗改称太上皇。朱祁钰这才即位称帝，这就是明代宗（又叫景帝）。也先知道明朝决心抵抗瓦剌，就以送明英宗回朝为借口，大举进犯北京。

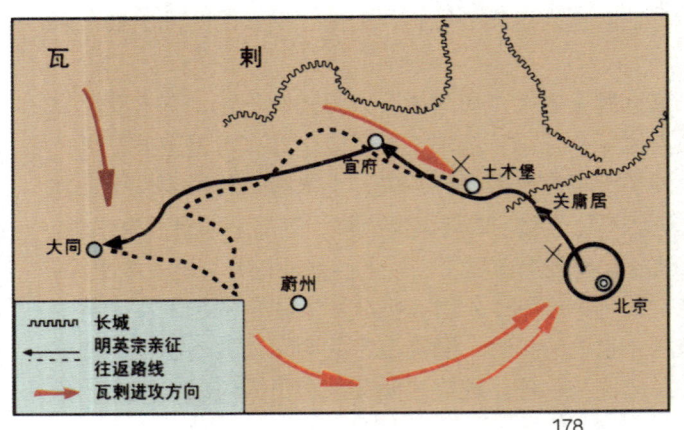

▼土木堡之役示意图

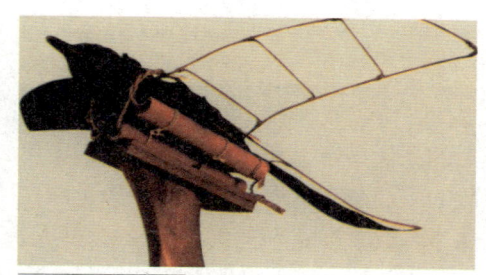

▲明代神火飞鸦

10月，瓦剌军很快打到北京城下，在西直门外扎下营寨。于谦立刻召集将领商量对策。大将石亨认为明军兵力弱，主张把军队撤进城里，然后把各道城门关闭起来防守，日子一久，也许瓦剌会自动退兵。于谦说："敌人这样嚣张，如果我们向他们示弱，只会助长他们的气焰。我们一定要主动出兵，给他们一个迎头痛击。"接着，他分派将领带兵出城，在京城九门外摆开阵势。

于谦在城外把各路人马布置好后，他亲自率领一支人马驻守在德胜门外，叫城里的守将把城门全部关闭起来，表示有进无退的决心。并且下了一道军令：将领上阵，丢了队伍带头后退的，就斩将领；兵士不听将领指挥，临阵脱逃的，由后队将士督斩。将士们被于谦勇敢坚定的精神感动了，士气振奋，斗志昂扬，下决心跟瓦剌军拼死战斗，保卫北京。这时候，各地的明军接到朝廷的命令，也陆续开到北京支援。城外的明军增加到二十二万人。明军声势浩大，戒备森严，也先发动几次进攻，都遭到明军奋勇阻击。城外的百姓也配合明军，跳上屋顶墙头，用砖瓦投掷敌人。经过五天的激战，瓦剌军死伤

▲明军火铳手装束

惨重。也先遭到严重损失，又怕退路被明军截断，不敢再战，就带着明英宗和残兵败将撤退。于谦等明英宗去远了，就用火炮轰击，又杀伤了一批瓦剌兵。北京城保卫战取得了辉煌的胜利。也先失败后，知道扣住明英宗也没有用处，就把明英宗放回北京。

公元1457年，明代宗生了一场大病，徐有贞、石亨跟宦官勾结起来，带兵闯进皇宫，迎明英宗朱祁镇复位。历史上把这件事称作"夺门之变"。没多久，明代宗就死了。明英宗复位后，对于谦在他被俘流亡的时候，帮他弟弟即位称帝，心里本来有气，再加上徐有贞、石亨一伙在他面前说了不少诬陷的话，竟下了狠心，给于谦加上个"谋反"的罪名，把于谦杀害。

▲于谦像

驱除权奸

土木之变以后，明王朝开始衰落。明英宗以后的几代皇帝，都昏庸腐败。他们不可能吸取王振误国的教训，一味依赖宦官。宦官专政的局面越来越严重。明宪宗朱见深在位的时候，宦官汪直专权，在东厂以外，又设了一个西厂，加强特务统治，冤死不少好人。

公元1505年，明武宗朱厚照即位。他身边有八个宦官，经常陪伴他打球骑马，放鹰猎兔，为首的叫刘瑾。明武宗贪图玩乐，觉得刘瑾等称他的心意，十分宠信他们。这八个宦官依仗皇帝的势力，在外面胡作非为。人们把他们称为"八虎"。一些大臣向武宗劝谏，要求武宗铲除"八虎"。刘瑾等得到消息，就在武宗面前哭诉。明武宗不但不听大臣劝谏，反而提升刘瑾为司礼监，又让刘瑾两个同党分别担任东厂、西厂提督。刘瑾大权在手，就下令召集大臣跪在金水桥前，宣布一大批正直的大臣是"奸党"，把他们排挤出朝廷。刘瑾每天给武宗安排许多寻欢作乐的事，等武宗玩得正起劲的时候，他把大臣的许多奏章送给武宗批阅。明武宗很不耐烦，说："我要你们干什么？这些小事都叫我自己办？"说着，就把奏章撂给刘瑾。从这以后，事无大小，刘瑾不再上奏。他假传明武宗的意旨，独断专行。刘瑾自己不通文墨，他把大臣的奏章全带回家里，让他的亲戚、同党处理。刘瑾怕人反对，派出东厂、西厂特务四处刺探；还在东厂、西厂之外，设一个"内行厂"，由他直接掌管，连东厂、西厂的人，也要受内行厂监视。被这些特务机构抓去的人，都受到残酷刑罚，被迫害致死的有几千人，民间怨声载道。

刘瑾还利用权势，敲诈勒索，接受贿赂。地方官员到京都朝见，怕刘瑾给他找麻烦，先得给刘瑾送礼，一次就送二万两银子。有的官员进京的时候没带那么多钱，不得不先向京城的富豪借高利贷，回到地方后才偿还。当然，这笔负担全转嫁到老百姓身上了。

公元1510年，安化王朱寘鐇以反对刘瑾为名，发兵谋反。明武宗派杨一清总督宁夏、延绥一带军事，起兵讨伐朱寘鐇，派宦官张永监军。杨一清原是陕西一带的军事统帅，在训练士卒、加强边防方面立过功。因为他为人正直，不附和刘瑾，被刘瑾诬陷迫害，后来经大臣们营救，才被释放回乡。这回明武宗为了平定藩王叛乱，才重新起用他。杨一清到了宁夏，叛乱已经被杨一清原来的部将平定，杨一清、张永俘虏了朱寘鐇，押解到北京献俘。杨一清早就有心除掉刘瑾，他打听到张永原是"八虎"之一，刘瑾得势以后，张永跟刘瑾也有矛盾，就决心拉拢张永。回京的路上，杨一清找张永密谈，说："这次靠您的大力，平定了叛乱，这是值得高兴的事。但铲除一个藩王容易，内患却不好解决，怎么办？"张永惊异地说："您说的内患是什么？"杨一清把身子靠近张永，用右手指在左掌心里写了一个"瑾"字。张永一看，皱起眉头说："这个人每天在皇上身

◀ 明武宗像

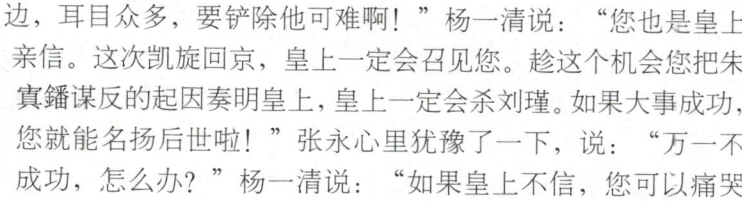

明世宗像

边,耳目众多,要铲除他可难啊!"杨一清说:"您也是皇上亲信。这次凯旋回京,皇上一定会召见您。趁这个机会您把朱寘鐇谋反的起因奏明皇上,皇上一定会杀刘瑾。如果大事成功,您就能名扬后世啦!"张永心里犹豫了一下,说:"万一不成功,怎么办?"杨一清说:"如果皇上不信,您可以痛哭流涕,表明忠心,大事一定能成功。不过这件事一定要动手得快,晚了怕泄露事机。"张永本来对刘瑾不满,经杨一清一怂恿,胆子也壮了起来。到了北京,张永按杨一清的计策,当夜在武宗面前揭发刘瑾谋反。明武宗命令张永带领禁军捉拿刘瑾。刘瑾毫无防备,正躺在家里睡大觉,禁军一到,就把他逮住,打进大牢。明武宗派禁军抄了刘瑾的家,抄出黄金二十四万锭,银元宝五百万锭,珠玉宝器不计其数;还抄出了龙袍玉带,盔甲武器。明武宗这才大吃一惊,把刘瑾判处死刑。

刘瑾虽然被杀,但是明武宗的昏庸腐败却是无可救药的。他杀了刘瑾之后,又宠信了一个名叫江彬的武官,在江彬的教唆下,他多次离开北京到宣府寻欢作乐。把朝政大权交给江彬,江彬又趁机贪污受贿,排斥好人。由于明王朝的腐败统治,土地兼并十分严重,百姓的赋税和劳役负担更加繁重,农民起义此起彼伏。公元1510年,北京附近爆发刘六、刘七领导的起义。这次起义延续两年,起义军横扫河北、山东、山西等八个省,四次逼近北京,给腐朽的明王朝一次沉重的打击。

明武宗死后,他的堂弟朱厚熜继承皇位,这就是明世宗。明世宗刚即位的时候,在政治上采取一些改良措施,像限制宦官权力、整顿税收等。但是后来迷信道教,在宫内设坛求仙,渐渐不大过问朝政。凡是迎合他信道的,就得到重用,大学士严嵩就是因为善于起草祭神的文书,逐步取得了内阁首辅的地位的。严嵩并没有什么才能,他只知道奉承拍马,讨得世宗的欢心。他当上首辅后,和他儿子严世蕃一起,结党营私,贪赃枉法,干尽坏事。当时一些没骨气的朝臣都投靠他,有三十多个官员做了他的干儿子。有了这些爪牙,他更加可以操纵朝政了。

严嵩掌权的时候,北面鞑靼部(蒙古族的一支)强大起来,统一了蒙古各部,成为明朝很大的威胁。严嵩不但不想加强战备,反而贪污军饷,让兵士们受饥挨饿。鞑靼首领俺答好几次打进内地,明军没有力量抵抗。公元1550年,俺答带兵长驱直入,一直打到北京城郊。明世宗派严嵩的同党仇鸾为大将军,统率各路援军保卫京城。严嵩怕仇鸾打败仗,指使仇鸾不要抵抗。结果,让鞑靼兵在北京附近掳掠了大批人口、牲畜、财物,满载回去。京城附近十几万明军,竟一箭不发。过了一年,仇鸾又勾结俺答,准备和鞑靼讲和。这件事引起了一些正直大臣的愤慨,特别是兵部员外郎杨继盛义愤填膺。

杨继盛是保定容城人,出身贫苦。他七岁的时候,就失去了母亲,继母待他不好,让他去放牛。杨继盛放牛经过私塾,看到村里一些孩子们在读书,十分羡慕,向他哥哥请求让他读书。哥哥说:"你年纪太小,读什么书?"杨继盛回答说:"我能放牛,就不能读书?"他父亲见他有志气,就让他一面读书,一面放牛,果然进步很快。后来应科举考试,中了进士,在京城里受到不少大臣的赏识。杨继盛为人正直,看到严嵩、仇鸾一伙丧权辱国的行为,怎么也忍受不了。他向明世宗上奏章,反对议和,希望朝廷发愤图强,选将练兵,抵抗鞑靼。明世宗看了奏章,也有点心动,但是禁不起仇鸾一撺掇,反把杨继盛降职到狄道做典史。杨继盛到了狄道,并不灰心丧气。狄道是少数民族聚居的地方,当地人不识字。杨继盛到了那里,挑选了一百多个青少年,请个老师教他们念书。学生家里没有钱,杨继盛把自己的马和妻子的衣服变卖了帮助他们。当地百姓都爱戴杨继盛,称呼他"杨父"。

杨继盛被贬谪后,明朝和鞑靼讲和,互相通商。但是不久俺答就破坏和议,多次进攻边境。仇鸾的密谋暴露,吓得发病死了。这时候,明世宗才想到杨继盛的意见是对的,把他调回京城。严嵩也想拉拢杨继盛,哪知道杨继盛对严嵩更是深恶痛绝。他回到京城刚一个月,就上奏章给明世宗弹劾严嵩,大胆揭发严嵩十大罪状,条条都有真凭实据。他在奏章中还说,严嵩有十大罪,却可以蒙蔽皇上,因为还有"五奸"帮助他,这就是严嵩的间谍、爪牙、亲戚、奴才、心腹,都密布在世宗的左右。这道奏章打中严嵩的要害,严嵩气急败坏,在明世宗面前诬陷杨继盛。明世宗大怒,把杨继盛打了一百板廷杖,关进大牢。杨继盛被廷杖打得遍体鳞伤,腿肉也打烂了,连狱卒看了也心酸,杨继盛却态度泰然,像没事儿一样。亲友们听到杨继盛伤势重,通过狱卒送给他一只蛇胆当伤药。杨继盛推辞不受,说:"我自己有胆,用不着这个!"杨继盛在监狱里被关了三年,实在审不出什么罪状,一些官员想营救他出狱。严嵩同党跟严嵩说:"你不杀杨继盛,不是养老虎给自己留后患吗?"严嵩下个狠心,撺掇明世宗把杨继盛杀害了。

严嵩掌权二十一年,把他的党羽安插在朝廷重要职位,权力越来越大。明世宗也渐渐讨厌他。有一次,明世宗请道士蓝道行扶乱,蓝道行借乩仙的旨意,劝世宗除掉严嵩,明世宗也有点心动。这件事让御史邹应龙打听到了,觉得这是打击严嵩的好时机,但他想想杨继盛的下场,又有点犹豫。经过周密考虑,决定先从弹劾严世蕃下手。严世蕃依仗他父亲权势,作恶多端。邹应龙弹劾严世蕃的奏章一上去,明世宗果然下令把严世蕃办罪,充军到雷州,并且勒令严嵩退休。严世蕃和他的同党是一批亡命之徒,他们没到雷州,就偷偷溜回老家,收容了一批江洋大盗,还勾结汉奸汪直和倭寇,准备逃亡到日本去。这一件事又被另一个御史林润揭发。昏庸的明世宗看到这份奏章,也大为震惊,立刻下令把严世蕃和他的同党斩首示众,把严嵩革职为民。明朝最大的权奸,终于倒台。

▶ 严嵩像

扫除倭寇

明世宗的时候,有一批日本的海盗经常在我国东南沿海一带骚扰,闹得沿海不得安宁。公元1553年,在汉奸汪直、徐海的勾结下,倭寇抢掠了几十个城市。沿海的官吏和兵士不敢抵抗,见了倭寇就逃。倭寇侵略越来越严重。朝廷派了个熟悉沿海防务的老将俞大猷去抵抗。俞大猷一到浙江,就打了几个胜仗。但不久,俞大猷因受某案牵连坐了牢。沿海的防务没人指挥,倭寇的活动又猖獗起来。朝廷把山东的将领戚继光调到浙江,才扭转了这个局面。

戚继光是山东蓬莱人。他到了浙江招募新军,很快发展到四千人。戚继光是个精通兵法的将领,他懂得兵士不经过严格训练是不能上阵的。经过他严格训练,这支新军的战斗力特别强,"戚家军"的名气就在远近传开了。

▲戚继光像

过了几年,倭寇又袭击台州一带,戚继光率领新军赶到台州。倭寇在哪里骚扰,他们就打到哪里。那些乱七八糟的海盗队伍,哪儿是戚家军的对手,交锋了九次,戚家军一次次都取得胜利。最后,倭寇在陆地上待不住,被迫逃到海船上,戚继光又用大炮袭击。倭寇的船起了火,大批倭兵被烧死或掉到海里淹死,留在岸上的也只得乖乖投降。倭寇见到浙江防守严密,不敢再侵犯。第二年,他们又到福建沿海骚扰。一路倭寇从温州往南,占据了宁德;另一路倭寇从广东往北,盘踞在牛田。两路敌人互相声援,声势很大。福州的守将抵挡不了,向朝廷告急。朝廷又派戚继光援救,戚继光带了新军赶到宁德,打听到敌人的巢穴在宁德城十里外的横屿岛。那儿四面是水,地形险要。倭寇在那儿扎了大营盘踞,当地明军也不敢去攻打他们。戚继光亲自调查了横屿岛的地形,知道那条水道既不宽,又不深。当天晚上潮落的时候,戚继光命令兵士每人随身带一捆干草,到了横屿对岸,把干草扔在水里。几千捆干草扔在一起,居然铺出了一条路来。戚家军兵士踏着干草铺成的路,神不知鬼不觉地插进倭寇大营。经过一场激烈战斗,盘踞在岛上的二千多个倭寇全部被歼灭。戚家军攻下横屿,立刻又进兵牛田。到了牛田附近,戚继光传出命令,说:"远路进军,人马疲劳,先就地休整再说。"这些话很快传到敌人那里。牛田的倭寇真相信戚家军暂时停止进攻,防备也就松懈下来。就在当天晚上,戚继光下令向牛田发起总攻击。倭兵毫无准备,匆促应战,禁不住戚家军猛攻猛冲,纷纷败退。倭寇头目率领残兵逃到兴化,戚家军又连夜跟踪追击,一连攻下了敌人六十多个营寨,消灭了溃逃的敌人。到天色发白的时候,戚家军开进兴化城。城里的百姓才知道附近的倭寇已被戚家军消灭。大家兴高采烈,纷纷杀牛带酒,到军营来慰劳。

第二年,倭寇又侵犯福建,攻下兴化。这时候,俞大猷已经复职。朝廷派俞大猷为福建总兵,戚继光为副总兵。两个抗倭名将一起,大败倭寇,收复兴化。公元1565年,俞、戚两军再次配合,大败倭寇。到这时候,横行几十年的倭寇基本被肃清了。

居正变法

明穆宗在位的时候,大学士张居正因为才能出众,得到穆宗的信任。公元1572年,穆宗死去,太子朱翊钧即位,就是明神宗。穆宗遗命张居正等三个大臣辅政。

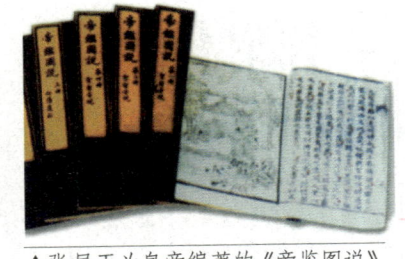
▲张居正为皇帝编著的《帝鉴图说》

明神宗即位后不久,张居正成了首辅。张居正根据穆宗的嘱托,对神宗教育十分严格,神宗把张居正当作严师看待,既尊敬,又惧怕。再加上太后和宦官冯保的支持,朝政大事几乎全部由张居正做主。

张居正是明朝的一个能干的政治家,他掌握实权以后,就大刀阔斧地在军事、政治、经济几方面着实作了一番整顿。那个时候,沿海的倭寇虽然已经解决,但北方的鞑靼贵族还不时侵入内地,成为明王朝的很大威胁。张居正把抗倭名将戚继光调到北方,镇守蓟州,戚继光从山海关到居庸关的长城上修筑了三千多座堡垒。戚家军号令严明,武器精良,多次击败鞑靼的进攻。鞑靼首领俺答表示愿意和好,要求通商。张居正奏明朝廷,封俺答为顺义王,一面和鞑靼通商往来,一面在边境练兵屯田,加强防备。以后二三十年明朝和鞑靼之间就长期没有发生战争。北方各族人民的生活也安定多了。

当时,黄河年久失修,河水常常泛滥,大批农田被淹,影响农业和运输。张居正任命专治水利的潘季驯督修黄河水利工程。潘季驯修筑堤防,堵塞决口,使黄河不再泛滥,运输通畅,农业生产得到恢复和发展。张居正还下令丈量土地,经过清查,查出了一批

▲明代万历皇帝

被皇亲国戚、豪强地主隐瞒的土地,这一来,使一些豪强地主受到了抑制,国家的收入也增加了。在丈量土地之后,张居正又把当时各种名目的赋税和劳役合并起来,折合银两征收,称为"一条鞭法"。经过这种税收改革,防止了一些官吏的营私舞弊,增加了国家的收入,也多少减轻一点农民的负担。张居正花了十年努力,进行了大胆的改革,使十分腐败的明朝政治有了转机。国家的粮仓存粮充足,足够支用十年。但是这些改革自然触犯了一些豪门贵族的利益。他们表面不得不服从,背地里对张居正恨之入骨。在张居正执政的第五年,他的年老的父亲死在江陵老家,按照封建的礼法,他必须离职守孝三年。但是张居正怕他一离开,正在进行的改革受到影响。在明神宗和一些大臣的挽留下,他让他儿子奔丧,自己留在京城任职。这一来,就有不少人抓住张居正父死不奔丧的事,大做文章,纷纷向明神宗上书弹劾,有人甚至在大街揭帖告白攻击张居正,闹得满城风雨。后来,明神宗不得不下令,再反对张居正留任的一律处死,攻击才平息下来。

公元1582年,张居正病死。明神宗亲自执政。原来对张居正不满的大臣纷纷攻击张居正专横跋扈。第二年明神宗竟把张居正的官爵全部撤掉,后来还派人查抄了张居正的家。张家子孙十几人,被关在屋子里活活饿死。大儿子被拷打后自杀。张居正的改革措施,当然也遭到破坏,刚刚有一点转机的明朝政治又走向下坡路。

明末起义

李自成是陕西米脂人，出生在一个农民家庭，少年时候，就喜欢骑马射箭，练得一身好武艺。后来，父亲死了，家境穷困，李自成到银川驿站里去当马夫。他待人热情，驿卒们也挺爱戴他。李自成的家一向担负代官府收租税的差使。米脂连年收成不好，农民拿不出租税。当地有个姓艾的大地主，乘机放高利贷，想在农民身上盘剥。李自成看大家交不起租税，就自己一个人借了债把税交了。过了一段时间，姓艾的地主逼李自成还债，李自成还不起，姓艾的就唆使官府把他抓起来打得半死，还锁上镣铐，把他放在太阳底下晒，不让吃东西。百姓和驿卒向县官恳求把李自成放在树荫下，让他吃点东西，县官也不答应。这一下把群众激怒了，大家一哄而上，砸开李自成身上的镣铐，带着李自成一起逃出米脂，到甘肃当了兵。

公元1628年，陕西闹了一场大饥荒。老百姓没粮吃，连草根树皮也掘光了，只好吃山上的泥土。但是一些地方官吏，照样催租逼税，叫老百姓没法忍受下去。陕西各地爆发了农民起义。这年冬天，明王朝从甘肃调了一支军队到北京去，这支军队开到金县，兵士们领不到饷，闹到县衙门去。带兵的将官出来弹压，有个年轻兵士气愤地站出来，带领兵士们把将官和县官杀了，这个兵士就是李自成。李自成在金县杀了将官，带着几十个兵士一起投奔王左挂领导的农民军，当上一名头领。

明王朝派出的总督杨鹤采用高官厚禄招降了王左挂。李自成不得不另找队伍。后来投奔高迎祥。高迎祥听到李自成带兵来投奔，十分高兴，马上叫他担任一个队的将官，大家把他叫作闯将。高迎祥和别的起义军联合起来，转战山西、河北等五个省，声势越来越大。官军到处围剿都遭到失败。最后，崇祯帝恼羞成怒，调动了各省官军，想把各路起义军全部包围，一口吃掉。为了对付官军围剿，高迎祥约了十三家起义军的大小头领在荥阳开会，商量对策。

荥阳大会上，大家议论纷纷。李自成站了起来说："一个兵士肯拼命，也能奋战一下；我们有十万大军，敌人能拿我们怎么样？"他认为起义军应该分成几路，分头出击，打破敌人的围剿。经过一番商量，十三家起义军分成六路。有的拖住敌军，有的流动作战。高迎祥、李自成和另一支由张献忠领导的起义军向东打出包围圈，直取江淮地区的凤阳。

凤阳是明太祖朱元璋的老家。明太祖死后，那里成为明朝的中都。农民军出击凤阳，就是要打击明王朝的气焰。高迎祥、张献忠领导的起义军一路进军，势如破竹，不到十天，就打下了凤阳。把明朝皇帝的祖坟和朱元璋做过和尚的皇觉寺一把火烧了。

李自成像

公元1638年，李自成从甘肃转移到陕西，准备打出潼关去。洪承畴、孙传庭事先探听到起义军的动向，在潼关附近的崇山峻岭中，布置了三道埋伏线，故意让开通向潼关的大路，引诱李自成进入他们的包围圈，李自成中了敌人的计。当他带领起义军浩浩荡荡开到靠近潼关的山谷地带的时候，两面高山里杀出了大批明军。他们依仗人多和地势有利，向起义军发起一次次冲击。起义军经过几天几夜的搏斗，几万名战士在战斗中牺牲，队伍被打散了。李自成和他的部将刘宗敏等十七个人打退了大批敌人才冲出重重包围。他们翻山越岭，克服了重重困难，到了陕西东南的商洛山区，隐蔽起来。明军占领了潼关，派出大批侦骑，搜捕李自成，搜了几个月，毫无信息。后来听有人传说，李自成在战斗中受了重伤，已经死去，明军才放松了搜捕。

公元1639年5月，张献忠在湖北谷城再一次起义。原来，张献忠曾经在谷城接受明朝的招安，并不是真心投降，而是暗暗积蓄兵力，准备再起。明朝将领发现张献忠的意图，准备派兵镇压。张献忠先发制人，在谷城杀掉明朝县令，焚毁了官衙，重新打起了起义的旗号。不久，罗汝才也起兵响应。

明朝总兵左良玉派兵进攻，被张献忠打得一败涂地，只留下几百残兵败将逃回，气得崇祯帝把主帅熊文灿和总兵左良玉都革了职务，另派兵部尚书杨嗣昌到湖广围攻张献忠。杨嗣昌带了崇祯帝的尚方宝剑，率领了十万人马，耀武扬威到了襄阳。他派左良玉等将领把起义军四面包围起来。张献忠转移到玛瑙山的时候，由于起义军队伍里混进了奸细，起义军陷入敌人包围圈里，被左良玉军打败，损失了大量金银、战马。张献忠的妻子、儿子也被俘虏。

张献忠带了一千名骑兵，从湖北转移到四川。杨嗣昌派出大批官军到处追剿起义军，张献忠起义军却是忽东忽西，叫官军捉摸不定，一直到第二年正月，官军才在开县追上起义军。当明军将领刘士杰拖着疲劳不堪的兵士赶到时，张献忠的起义军绕到背后，从山上呐喊着冲了下来，官军全部崩溃，刘士杰被杀。

▼山海关城楼

李自成养精蓄锐，迅速发展，于公元1644年在西安正式建立了政权，国号大顺。接着，李自成率领众多起义将士，渡过黄河，分两路进攻北京。两路大军势如破竹，到了这年三月，就在北京城下会师。城外驻守的明军最精锐的三大营全部投降。起义军猛攻北京城。第二天晚上，崇祯帝登上煤山往四周一望，只见火光映天，知道形势危急，跑回宫里，拼命敲钟，想召集官员们来保护他，等了好久，连个人影儿都没有。这时候，他才知道末日到来，又回到煤山，在寿皇亭边一棵槐树下上吊自杀。统治中国二百七十七年的明王朝，宣告灭亡。

> **编者感言**：明朝二百余年，除了开国安邦的太祖、成祖外，其他皇帝真可谓一蟹不如一蟹。到了末季的崇祯帝，君虽非亡国之君，时势已早无可补，所谓"大势已倾，积习难挽"。朱元璋通过种种手段，君主专制空前加强，却也造成了明朝中后期与西方社会相对的落后。马克思说："专制制度的唯一原则就是轻视人类。"封建社会发展到晚期，商品经济明显发展，城市市民阶层增多，具有民主色彩的思想产生。而建立在封建自然经济和封建阶级结构之上的朱元璋的极端专制和空前集权，其目的是维护腐朽的封建统治，只能起到延缓封建社会瓦解和崩溃的作用。这是对历史的反动，是政治腐败的重要标志。

　　吴三桂原是明朝派到关外抗清的将领，驻扎在宁远一带防守。起义军逼近北京的时候，崇祯帝接连下命令要吴三桂带兵进关，对付起义军。吴三桂赶到山海关，北京已被起义军攻破。后来吴三桂听说父亲吴襄被抓，家产被抄，又听说他最宠爱的歌姬陈圆圆也被起义军抓走，更是怒气冲天，立刻下令退回山海关。李自成得知吴三桂拒绝投降，决定亲自带二十多万大军，进攻山海关。吴三桂本来就害怕农民军，听到这消息，就写了一封信，派人飞马出关，请求清朝帮助他镇压起义军。

　　清朝辅政的亲王多尔衮接到吴三桂的求救信，觉得机会来到，立刻回信同意。接着，他亲自带着十几万清兵，日夜不停地向山海关进兵。清军到了山海关下，吴三桂已经迫不及待地带着五百个亲兵出关迎接多尔衮。他见了多尔衮，卑躬屈膝地哀求多尔衮帮他报仇。多尔衮自然顺水推舟地答应。吴三桂把多尔衮请进关里，大摆酒宴，杀了白马乌牛，祭拜天地，订立了同盟。

　　李自成大军从南面开到山海关边。二十多万起义军受到多尔衮和吴三桂的队伍里外夹击，起义军遭到惨重失败。李自成带领将士边战边退。吴三桂仗着清兵的势力，在后面紧紧追赶。起义军回到北京，兵力已经大大削弱。李自成回北京后，在皇宫大殿里举行即位典礼，接受官员的朝见。第二天一清早就率领起义军离开北京，向西安撤退。

　　李自成离开北京的第三天，多尔衮带领清兵耀武扬威地开进北京城。公元1644年10月，多尔衮把顺治帝从沈阳接到北京，把北京作为清朝国都。

　　第二年，清朝分兵两路攻打西安。一路由阿济格和吴三桂、尚可喜率领，一路由多铎和孔有德率领。李自成率领农民军在潼关抗击清军，经过激烈战斗，终于被迫放弃西安，向襄阳转移。过了几个月，农民军在湖北通山县九宫山遭到当地地主武装袭击，李自成战败牺牲。李自成退出北京后，张献忠在四川称帝，国号大西，继续抗击清军。到公元1647年，清军进四川，张献忠在川北西充的凤凰山的一场战斗中，中箭死去。明朝末年的两支主要起义军都失败了。

第十八讲
中华帝国的最后一个封建王朝

清王朝是中华帝国的最后一个封建王朝,明王朝的腐败,再加上农民起义,加速了汉族最后一个王朝的灭亡,继之的是中国北方的清王朝。但大厦将倾,独木难支,虽然清朝十二个皇帝中,将近三分之二的皇帝都很能干,但积弱已久的大清王朝,却也阻止不了倒退的脚步,最终在外辱内乱中迅速覆没。

大清建国

皇太极是清太祖努尔哈赤第八子,在位十七年。公元1626年在沈阳继后金汗位。次年改元天聪。他大力推行封建化的改革,加强中央集权,并对明朝频频用兵,步步进逼,将西部边界扩张至锦州、宁远一线。公元1629年4月皇太极改元崇德,改国号大清,正式称帝。

皇太极继位之初,后金面临的形势十分严峻。外部受到明朝、蒙古、朝鲜的包围,处境孤立。内部由于贵族分权势力的矛盾、冲突日益严重。他虽继承了汗位,但实际上是同代善、阿敏、莽古尔泰三大贝勒"按月分值"政务。权力分散,事事掣肘,徒有"一汗虚名"。为了加强中央集权,推进封建化的改革,皇太极采取各个击破的手段,打击、削弱分权势力,提高汗权。公元1631年,皇太极以阿敏弃守滦州、永平、迁安、遵化四城的罪名,将其终身幽禁。公元1631年,莽古尔泰同皇太极发生口角时,竟拔刀相向。皇太极遂以"御前露刃"之罪,革去莽古尔泰大贝勒衔。至此,四大贝勒,仅剩他和代善两人。公元1632年,皇太极终于废除了与三大贝勒俱南面坐、共理政务的旧制,改成自己南面独坐,取得了汗的独尊地位。又建立了都察院,改蒙古衙门为理藩院。皇太极通过这套政权机构,把权力集中到自己的手中。

在经济上,由于努尔哈赤晚年在辽东实行"抗拒者被戮,俘取者为奴"的政策,汉人纷纷逃亡和暴动,生产凋敝,社会动荡不安。为了缓和日益尖锐的社会矛盾,皇太极执政伊始,便提出"治国之要,莫先安民"的方针,把原先努尔哈赤所推行的汉人每十三壮丁编为一庄,按满官品级分给为奴的政策改为每备御止给壮丁八人、牛二头、以备使令,其余汉人分屯别居,用汉官管理,使大量汉族奴隶取得了"民户"地位,成为后金政权下的个体农民。公元1631年,皇太极

▶清太祖努尔哈赤像

颁布《离主条例》，其中规定：凡奴隶主犯有私行采猎、擅杀人命、隐匿战利品、奸污属下妇女、冒功滥荐、压制申诉等罪，许奴仆告发，准其离主。这一条例，限制了满洲贵族的某些特权，有利于奴仆争取改变自己的身份和地位。为了促进农业生产，皇太极注意体恤民力，凡有妨农务的工程，一律不复兴筑，使百姓能"专勤南亩，以重本务"。经过几年的努力，农业有了较大发展，粮食基本上能够自给，社会矛盾得到缓和。

皇太极深知满族要想入主中原，必须取得汉族地主阶级的支持。因此，他十分重视汉族地主知识分子和明朝降官降将的作用，对他们采取招降收买政策。天聪三年，首次考试儒生，网罗了两百名汉族知识分子。此后又多次举行考试，分别优劣，量才录用。五年，大凌河战役后，对大批降将赐以庄田、奴仆、马匹，并委以官职。天聪七、八年间，孔有德、耿仲明、尚可喜、沈志祥等明朝将领纷纷自愿来投，皇太极对他们封王封侯，宠荣备至。随着蒙古的臣服，明朝将领的降顺，皇太极逐步建立蒙古八旗和汉军八旗，大大增强了军事力量。

皇太极在沈阳称帝后，全力以赴地对明朝发动进攻。他命阿济格统兵入关，掠夺人畜十八万。又命多尔衮、岳托率军入关。攻破城池五十多处，虏获人口四十六万，金银百余万两。为了从正面打开山海关，发动了锦州战役。明廷派蓟辽总督洪承畴率十三万大军往援锦州祖大寿。皇太极亲临前线指挥作战，大败明军。松山城陷，洪承畴被俘，祖大寿在锦州投降。至此，明朝在关外仅剩宁远一孤城。

公元1643年，皇太极在宫中猝然病死，葬沈阳昭陵。庙号太宗，谥号文皇帝。

▼故宫皇帝宝座

平定三藩

公元 1643 年，顺治即位，1644 年清军入关占领北京。公元 1661 年，顺治帝病死，他的儿子玄烨即位，这就是清圣祖，也叫康熙帝。康熙帝即位的时候，年纪才八岁。按照顺治帝的遗诏，由四个满族大臣帮助他处理国家大事，叫作辅政大臣。四个辅政大臣中，有个叫鳌拜，仗着自己掌握兵权，又欺负康熙帝年幼，独断专横。别的大臣和他意见不合，就遭到排挤打击。清王朝进关后，用强迫手段圈了农民大片土地，分给八旗贵族。鳌拜掌权以后，仗势扩大占地，还用差地强换别旗的好地，遭到地方官的反对。鳌拜诬陷这些官员大逆不道，把反对他的三名地方官处死了。

康熙帝满十四岁的时候，亲自执政。这时候，另一个辅政大臣苏克萨哈和鳌拜发生争执。鳌拜怀恨在心，勾结同党诬告苏克萨哈犯了大罪，奏请康熙帝把苏克萨哈处死。康熙帝不肯批准。鳌拜在朝堂上跟康熙帝争了起来，后来竟揎起袖子，拔出拳头，大吵大嚷。康熙帝非常生气，但是一想鳌拜势力不小，只好暂时忍耐，由他把苏克萨哈杀了。从那以后，康熙帝决心除掉鳌拜。他派人物色了一批十几岁的贵族子弟担任侍卫，这些少年个个长得健壮有力。康熙帝把他们留在身边，天天练摔跤。鳌拜进宫去，常常看到这些少年吵吵嚷嚷在御花园里摔跤，只当是孩子们闹着玩，一点不在意。有一天，鳌拜接到康熙帝命令，要他单独进宫商量国事。鳌拜像平常一样大模大样进宫去，刚跨进内宫的门槛，忽然一群少年拥了上来，围住了鳌拜。鳌拜虽然是武将出身，力气也大，可是这些少年人多，又都是练过摔跤的，鳌拜敌不过他们，一下子就被打翻在地。

▲顺治皇帝

▶孝庄文皇后

鳌拜被抓进大牢，康熙帝马上派大臣调查鳌拜的罪行。大臣们认为，鳌拜专横跋扈，擅杀无辜，罪行累累，应该处死。康熙帝从宽发落，把鳌拜的官爵革了。康熙帝用计除掉了鳌拜，朝廷上下都很高兴。一些原来比较骄横的大臣知道这个年轻皇帝的厉害,也不敢在他面前放肆。

康熙帝亲自执政后,大力整顿朝政,奖励生产,惩办贪污,使新建立的清王朝渐渐强盛起来。当时,南明政权虽然已经灭亡,但是南方有三个藩王却叫康熙帝十分担心。这三个藩王本来是投降清朝的明军将领,一个是引清兵进关的吴三桂,一个叫尚可喜,一个叫耿仲明。因为他们帮助清朝消灭南明,镇压农民军,清王朝认为他们有功,封吴三桂为平西王,驻防云南、贵州;尚可喜为平南王,驻防广东;耿仲明为靖南王,驻防福建,合起来叫作"三藩"。三藩之中,又数吴三桂最强。吴三桂当上藩王之后,十分骄横,不但掌握地方兵权,还控制财政,自派官吏,不把清朝廷放在眼里。

▲平定三藩战图

康熙帝知道要统一政令,三藩是很大的障碍,一定得找机会削弱他们的势力。正好尚可喜年老,想回辽东老家,上了一道奏章,要求让他儿子尚之信继承王位,留在广东。康熙帝批准尚可喜告老,但是不让他儿子接替平南王爵位。这一来,触动了吴三桂、耿精忠(耿仲明的孙子),他们想试探一下康熙帝的态度,假惺惺地主动提出撤除藩王爵位、回到北方的请求。这些奏章送到朝廷,康熙帝召集朝臣商议。许多大臣认为吴三桂他们要求撤藩是假的,如果批准他们的请求,吴三桂一定会造反。康熙帝果断地说:"吴三桂早有野心。撤藩,他要反;不撤,他迟早也要反。不如来个先发制人。"接着,就下诏

▲郑成功像

答复吴三桂,同意他撤藩。诏令一下,吴三桂果然暴跳如雷。他自以为是清朝开国老臣,现在年纪轻轻的皇帝居然撤他的权,就非反不可了。

公元 1673 年,吴三桂在云南起兵。吴三桂在西南一带势力很大,一开始,叛军打得很顺利,一直打到湖南。他又派人跟广东的尚之信和福建的耿精忠联系,约他们一起叛变。这两个藩王有吴三桂撑腰,也反了。历史上把这件事称作"三藩之乱"。

三藩一乱,整个南方都被叛军占领。康熙帝并没有被他们吓倒,一面调兵遣将,集中兵力讨伐吴三桂;一面停止撤销尚之信、耿精忠的藩王称号,把他们稳住。尚之信、耿精忠一看形势对吴三桂不利,就投降了。吴三桂开始打了一些胜仗,后来清兵越来越多,越打越强,吴三桂的力量渐渐削弱,处境十分孤立。经过八年战争,他自己知道支撑不下去,连悔带恨,生了一场大病断了气。公元 1681 年,清军分三路攻进云南昆明,吴三桂的孙子吴世璠自杀。清军最后平定了叛乱势力,统一了南方。

这时,郑成功已死,其子郑经统治台湾,内部矛盾发展,内讧不息。自从南明灭亡后,郑氏集团失去了政治方向,一度曾与三藩中的耿精忠结合,后又发生矛盾。郑经死后,诸子争立,郑克塽继位,力量已大大削弱。清政府在平定三藩之后,决定收复台湾,任用姚启圣、施琅等练兵造船,积极准备。康熙二十二年施琅统率舟师出海,先攻澎湖,击败郑氏军的反抗,兵至台湾。郑氏集团的防御瓦解,郑克塽出降,台湾遂统一于清朝中央政权之下。

▲郑成功像(画中郑成功头戴方巾,身着铠甲,正在对弈,右下方一兵士正在汇报军情。)

平叛除乱

蒙古族分为漠南蒙古、漠北蒙古和漠西蒙古三个部分。除了漠南蒙古早已归属清朝外,其他两部也都臣服了清朝。准噶尔是漠西蒙古的一支,本来在伊犁一带过游牧生活。自从噶尔丹统治准噶尔部以后,他野心勃勃,先兼并了漠西蒙古的其他部落,又向东进攻漠北蒙古。漠北蒙古抵抗一阵失败了,几十万的漠北蒙古人逃到漠南,请求清朝政府保护。康熙帝派使者到噶尔丹那里,叫他把侵占的地方还给漠北蒙古。噶尔丹自以为有沙俄撑腰,十分骄横,不但不肯退兵,还以追击漠北蒙古为名,大举进犯漠南。

康熙帝召集大臣宣布他决定亲征噶尔丹。他认为噶尔丹气势汹汹,野心不小,既然打进来,非反击不可。公元1690年,康熙帝分兵两路:左路由抚远大将军福全率领,出古北口;右路由安北大将军常宁率领,出喜峰口,康熙帝亲自带兵在后面指挥。

右路清军先接触噶尔丹军,打了败仗。噶尔丹长驱直入,一直打到离北京只有七百里的乌兰布通。噶尔丹得意扬扬,还派使者向清军要求交出他们的仇人。

康熙帝命令福全反击。噶尔丹把几万骑兵集中在大红山下,后面有树林掩护,前面又有河流阻挡。他把上万只骆驼缚住四脚躺在地上,驼背上加上箱子,用湿毡毯裹住,摆成长长的一个驼城。叛军就在那箱垛中间射箭放枪,阻止清军进攻。

清军用火炮火枪对准驼城的一段集中轰击,炮声隆隆,响得震天动地。驼城被打开了缺口。清军的步兵骑兵一起冲杀过去,福全又派兵绕出山后夹击,把叛军杀得七零八落,纷纷丢了营寨逃走。

噶尔丹一看形势不利,赶快派个喇嘛到清营求和。福全一面停止追击,一面派人向康熙帝请示。康熙帝下令说:"快进军追击!别中了贼人的诡计。"果然,噶尔丹求和只是缓兵之计,等清军奉命追击的时候,噶尔丹已经带了残兵逃到漠北去了。

噶尔丹回到漠北,表面向清朝政府表示屈服,暗地里重新招兵买马。公元1694年,康熙帝约噶尔丹会见,订立盟约。噶尔丹不但不来,还暗地派人到漠南煽动叛乱。他扬言他们已经向沙俄政府借到鸟枪兵六万,将大举进攻。内蒙古各部亲王纷纷向康熙帝告发。

公元1696年,康熙帝第二次亲征,分三路出击:黑龙江将军萨布素从东路进兵;大将军费扬古从西路出兵,

▲▲ 八旗军旗、军衣

▶ 康熙帝半身朝服像

截击噶尔丹的后路；康熙帝亲自带中路军，从独石口出发。三路大军约定时期夹攻。

康熙帝的中路军到了科图，遇到了敌军前锋，但东西两路还没有到达，这时候，有人传说沙俄将要出兵帮助噶尔丹。随行的一些大臣就有点害怕起来，劝康熙帝班师回北京。康熙帝气愤地说："我这次出征，没有见到叛贼就退兵，怎么向天下人交代；再说，我中路一退，叛军全力对付西路，西路不是危险了吗？"当下，康熙帝决定继续进兵克鲁伦河，并且派使者去见噶尔丹，告诉他康熙帝亲征的消息。噶尔丹在山头一望，见到康熙帝黄旗飘扬，军容整齐，连夜拔营撤退。

康熙帝一面派兵追击，一面赶快通知西路军大将费扬古，要他们在半路上截击。噶尔丹带兵奔走了五天五夜，到了昭莫多，正好遇到费扬古军。昭莫多原是一座大树林，前面有一个开阔地带，历来是漠北的战场。费扬古按照康熙帝的部署，在小山的树林茂密地方设下埋伏，先派先锋四百人诱战，边战边退，把叛军引到预先埋伏的地方，清军先下马步战，听到号角声起，就一跃上马，占据了山顶。叛军向山顶进攻，清军从山顶放箭发枪，展开了一场激战。费扬古又派出一支人马在山下袭击叛军辎重，前后夹击。叛军死的死，降的降。最后，噶尔丹只带了几十名骑兵脱逃。

经过两次大战，噶尔丹叛乱集团土崩瓦解，康熙帝要噶尔丹投降，但是噶尔丹继续顽抗。隔了一年，康熙帝又带兵渡过黄河亲征。这时候，噶尔丹原来的根据地伊犁已经被他侄儿策妄阿那布坦占领；他的左右亲信听说清军来到，也纷纷投降，愿意做清军的向导。噶尔丹走投无路，就服毒自杀。清政府重新控制了阿尔泰山以东的漠北蒙古，给当地蒙古贵族各种封号和官职。清政府又在乌里雅苏台设立将军，统辖漠北蒙古。

后来，噶尔丹的侄儿策妄阿那布坦攻占西藏。公元1720年，康熙帝又派兵远征西藏，驱逐了策妄阿那布坦，护送六世达赖喇嘛进藏。以后，清政府又在拉萨设置驻藏大臣，代表中央政府同达赖、班禅共同管理西藏。

▶《玄烨戎装图》

康乾盛世

▲《四库全书》书影

玄烨统治时期,中国成为疆域辽阔、统一繁盛的国家,封建的经济文化得到发展,伸向中国的西方早期殖民势力受到遏制,开始了封建社会新的相对稳定时期。玄烨十分注意恢复和发展生产,与民休养生息,下令停止清初圈地弊政。为招徕垦荒,修订顺治年间的垦荒定例,由原来最高限六年起科,改为"通计十年,方行起科"。又规定地方官能招徕垦荒者升,否则罢黜。实行"更名田",将明藩王土地给与原种之人,改为民户,承为世业,使耕种藩田的农民成为自耕农。实行蠲免政策,以鼓励农业生产。蠲免的种类大体上有:免征荒地田赋、灾荒蠲免、普免钱粮等。玄烨在位期间,蠲免次数很多,公元1686年至1688年,先后将河南、直隶、湖北等九省田赋普免一周;公元1712年,又将全国各省钱粮分三年轮免一周。这在以往的历史朝代是罕见的。公元1713年2月,宣布"滋生人丁,永不加赋",将全国人丁税固定下来,减轻了农民负担。经过几十年的努力,全国垦田面积由顺治末年的五亿五千万亩到康熙末年超过了八亿亩,生产发展,阶级矛盾得以缓和,人口迅速增长,出现了相对稳定繁荣的"康乾盛世"。

▼康熙南巡图(局部)

王朝衰落

高宗在位时期，中国邻邦如印度、锡兰（今斯里兰卡）、菲律宾、印度尼西亚已先后沦为殖民地。西方殖民势力对中国不断进行试探，北方沙皇俄国也虎视眈眈。出于自卫需要，高宗采取限制贸易、减少接触政策。只留广州一口通商外，其他海口一律禁止贸易。高宗拒绝英国马戛尔尼使团来华提出的各项有损中国主权之要求。对沙俄也坚持原定条约之规定，多次断绝恰克图贸易以抑制其非法行动。严格限制对外交往的政策，在国力强盛时虽可保全于一时，但却使中国更加昧于世界大势，远离世界之潮流，日渐落后。高宗一生，武功显赫，多次进行战争。性质各不相同，战争也有胜有败，但却自诩为十全武功。他巡游无度，土木繁兴，耗费大量人力财力。官吏又借机肥私，大大加重人民负担。中期任用于敏中，官吏贪污之风渐炽。晚年又宠信和珅，吏治更趋败坏，大贪污案层出不穷，屡诛不止。加之土地高度集中，人口增殖过快，阶级矛盾日渐尖锐。民间流传的带有浓厚政治色彩的秘密宗教迅速发展。自公元1775年山东王伦起义以后，连续发生多次起义，最后终于爆发了长达九年的川楚白莲教起义。

和珅掌权的时候，清王朝十分腐败，地方官吏贪污横行，百姓怨声载道。当时，在湖北、河南一带，白莲教又盛行起来。有个安徽人刘松，到河南传教，利用给百姓治病的机会，劝人入教，后来被官府发现，流放到甘肃去。刘松的徒弟刘之协和宋之清逃到湖北，继续传教。他们宣传说，清朝快要灭亡，将来会出现新的世界，入教的人都可以分到土地。当地的贫苦农民受够地主剥削的苦，渴望得到土地，听了这个宣传，纷纷参加了白莲教。参加白莲教的人越来越多的消息，惊动了乾隆帝。乾隆帝命令各省官府捉拿教徒。一些官吏本来是敲诈勒索的老手，趁机派出差役，挨家挨户地查问，不管你是不是教徒，都得拿出一笔钱来"孝敬"他们。有钱的出钱买命，没钱的穷人就被抓到监狱里拷打，甚至送了命。武昌有个官员向百姓敲诈勒索不成，罗织罪状，受到株连的有几千人。不论教徒或没入教的，都被迫害得家破人亡，对官府更加切齿痛恨。白莲教首领刘之协到了襄阳，召集教徒开会商量。大家说："这个世道，真是官逼民反了！不如索性造反吧。"经过一番商议，决定用"官逼民反"的口号，发动群众起义，并且派出教徒分头到各地去联络。

公元1796年，也就在嘉庆帝即位那年，白莲教徒在湖北宜都、枝江等地举行了起义。襄阳地方有个白莲教首领齐林，原定在元宵灯节起义，不料走漏了消息，遭到官府的袭击，齐林和一百多个同伴被杀害。齐林有个年轻的妻子叫王聪儿，原是个江湖卖艺的女子，从小练得一身武艺。她决心给丈夫和起义的同伴们报仇，就和齐林的徒弟姚之富一

▼乾隆皇帝戎装像

▲乾隆皇帝南巡图

起，重新整顿起义队伍，不出一个月，就组织了一支四五万人的起义军。王聪儿和其他首领一起率领队伍，到处打击官府，惩办贪官污吏。当王聪儿在湖北起义的时候，四川、陕西的白莲教徒也起兵响应。起义的火焰在三省广大地区蔓延开来，一些贫民、流民，都参加了起义队伍。嘉庆帝一看起义军声势越来越大，慌了手脚，连忙命令各地的总督、巡抚、将军、总兵等大小官员，派出大批人马镇压。可是那些大官、将军们只知道贪污军饷，不懂得怎样打仗。王聪儿分兵三路，从湖北打到河南。起义军打起仗来不但勇敢，而且机动灵活。他们在行军的时候，不整队，见了官军不正面迎战，不走平坦大道，专拣山间小路走，找机会袭击官军。他们又把兵士分成许多小队，几百人一队，有分有合，忽南忽北，把围剿他们的官军弄得晕头转向，疲于奔命。王聪儿的起义军在湖北、河南、陕西流动作战，打击官军。第二年，在四川跟那里的起义军会师。

　　嘉庆帝见官军围剿失败，下了一道诏书把一些带兵的将军们狠狠地训斥了一通，撤职的撤职，办罪的办罪，并且严厉督促各地将军集中兵力，围剿王聪儿起义军。清军将领明亮向嘉庆帝献了一条恶毒的计策，要各地地主组织武装民团，修筑碉堡。起义军一来，就把百姓赶到碉堡里去，叫起义军找不到群众帮助，得不到粮草供应。这种做法，叫作"坚壁清野"。嘉庆帝下令各地采用这种计策，起义军的活动果然越来越困难。清军在川北一带围攻王聪儿。王聪儿摆脱清军围攻，亲自带领二万人马攻打西安，不料在西安遭到官军阻击，打了败仗；再打回湖北的时候，明亮率领官军紧紧追击。起义军后面有官军，前面又有地主武装民团的拦截，终于在郧西的三岔河地方，陷进敌人的包围圈。王聪儿临危不惧，指挥起义军退到茅山的森林里，准备组织突围。官军发现了，又围住茅山，从山前山后，密密麻麻地拥上来。起义军经过顽强抵抗，终于失败。王聪儿和姚之富眼看突围不成，退到山顶，纵身从陡峭的悬崖上跳下来，英勇牺牲。王聪儿牺牲后，各地起义军继续进行反抗官府的斗争。清王朝共花了九年工夫，才把这场大起义镇压下去。但是，清王朝经过这场严重打击，从此一蹶不振。

　　嘉庆帝死后，他的儿子即位，就是清宣宗，也叫道光帝。道光帝即位后，清王朝越来越衰落，西方资本主义国家乘机加紧侵略，民族危机越来越严重。到了公元1840年，也就是道光帝即位的第二十年，爆发了鸦片战争。从这以后，中国从封建社会一步步变为半殖民地半封建社会，英勇的中国人民为了反抗资本帝国主义侵略、反抗封建统治，前仆后继，开展了不屈不挠的艰苦卓绝的斗争。中国历史进入了一个新的时期——近代史时期。

▼和珅府花园湖心亭

鸦片战争

　　自清朝初期到鸦片战争前夕，中国社会仍然是一个独立的封建国家，这强盛国势，从乾隆末年就呈现出江河日下之势。

　　正当清王朝日趋衰落的时候，英、法、美各国的资本主义却在迅速发展。18世纪60年代起英国开始了工业革命，到19世纪三四十年代，大机器工业逐渐代替了工场手工业。英国工业的发展，工业产量急剧上升，"不断扩大产品销路的需要，驱使资产阶级奔走于全球各地"。法国是仅次于英国的资本主义国家，到鸦片战争前夕，法国工业产量居世界第二位。美国当时资本主义工业也并不发达，但它正处于上升阶段。19世纪30年代，美国资产阶级正向南部劫掠印第安人和墨西哥人的土地，排除欧洲资本主义在拉丁美洲的势力，全面控制市场，因此，美国在19世纪中叶没有足够的力量侵犯中国。美国充当了英国侵略者的帮手，追随英国侵入中国。俄国1861年农奴制改革后，资本主义工商业迅速发展。俄国从北面虎视眈眈注视着中国，随时准备夺取中国的领土。19世纪40年代，西方资本主义国家携工业革命的雄风，蒸蒸日上。欧美列强为了扩大商品市场，争夺原料产地，加紧了征服殖民地的活动，中国的周边国家和邻近地区，陆续成为它们的殖民地或势力范围。中国作为一个幅员辽阔的古老国家，自然成为殖民主义者侵略扩张的新对象。

　　工业革命后，英国资产阶级竭力向中国推销工业产品，企图用商品贸易打开中国的大门。直到19世纪二三十年代，中国对英贸易每年仍保持出超二三百万两白银的地位。为了改变这种不利的贸易局面，英国资产阶级采取外交途径强力交涉，未能达到目的，就采取了卑劣的手段，靠"毁灭人种"的方法，向中国大量走私特殊商品——鸦片，以满足他们追逐利润的无限欲望。鸦片贸易给英国资产阶级、英印政府、东印度公司和鸦片贩子带来了惊人的暴利，打破了中国对外贸易的长期优势，使中国由二百多年来的出超国变成入超国。"鸦烟流毒，为中国三千年未有之祸"。鸦片大量输入，使中国每年白银外流达600万两，中国国内发生严重银荒，造成银贵钱贱，财政枯竭，国库空虚。鸦片输入严重败坏了社会风尚，摧残了人民的身心健康。烟毒泛滥不仅给中国人在精神上、肉体上带来损害，同时也破坏了社会生产力，造成东南沿海地区的工商业萧条和衰落。

▼吸食鸦片用具

　　鸦片贸易给中国社会带来的严重危害，引起了清政府和广大人民的重视。清政府从自身利益出发，公元1821—1834年颁布禁令八次；统治阶级中一部分人目睹社会危机，要求改革弊政，在中国严禁鸦片。1838年12月，道光皇帝命林则徐为钦差大臣，派往广东禁烟。

　　1839年3月，林则徐

会同两广总督邓廷桢、广东水师提督关天培在广州筹划禁烟。林则徐立下誓言"若鸦片一日未绝，本大臣一日不回，誓与此事相始终，断无中止之理"，表示禁绝鸦片的决心。在人民群众的支持下，采取坚决果断的措施，迫使英商陆续交出2万多箱鸦片。在林则徐的主持下，将缴获的鸦片在虎门海滩当众全部销毁。在现场观看的广州城乡群众，无不拍手称快。虎门销烟是中国人民禁烟斗争的伟大胜利，给英国侵略者以沉重打击。它向全世界表明中国人民维护民族尊严、反抗外国侵略的坚定决心。中国禁烟的消息传到伦敦，英国资产阶级发出狂妄的战争叫嚣，一场由英国资产阶级挑起的侵略战争爆发。

1840年6月，英军首先进犯广州，遭到清军的抵抗后，转攻厦门，又被邓廷桢的军队击退。1841年1月7日，英军攻击沙角、大角炮台。中国军队仓促抵抗，伤亡惨重，炮台失陷。英军进逼虎门。琦善妥协求和，英国单方面宣布《穿鼻草约》。

琦善的卖国行径激起清廷上下不满，道光皇帝认为有损天朝尊严，决定对英宣战。英军先发制人，再次进攻虎门。关天培亲自率军坚守炮台，以身殉国。1841年5月，英军进攻广州，广州城外的泥城、四方炮台相继失守。奕山等人失魂落魄，举白旗投降。5月27日，中英双方签订《广州和约》。8月26日，英军攻陷厦门。10月1日，英军再陷定海。10日，镇海陷落。13日，宁波陷落。道光皇帝为挽回败局，决定第二次出兵，奕经率军到达前线后，贸然出兵，全军溃败。1842年6月，江南提督陈化成战死，吴淞口陷落；7月，镇江陷落。8月，英舰到达南京下关江面。29日，清政府在英国炮舰的威逼下，签订了中国近代史上第一个丧权辱国的不平等条约——中英《南京条约》。

公元1842年8月29日，中英《南京条约》签订。主要内容：(1)割香港岛给英国。(2)开放广州、厦门、福州、宁波、上海为通商口岸。(3)中国向英国赔款2100万银元。(4)英国在中国的进出口货物纳税，中国与英国共同议定。(5)英国商人可以自由地与中国商人交易，不受"公行"的限制。1843年英国政府又强迫清政府订立了《五口通商章程》和《五口通商附粘善后条款》（《虎门条约》）作为《南京条约》的附约，增加了领事裁判权、片面最惠国待遇等条款。1844年7月、10月，美国和法国趁火打劫，效仿英国，先后威逼清政府签订了中美《望厦条约》和中法《黄埔条约》，获得除割地、赔款之外，与英国同样的特权。从1845年起，比利时、瑞典等国家也都胁迫清政府签订了类似条约，中国的主权遭到进一步破坏。鸦片战争的失败和《南京条约》等一系列不平等条约的签订，使中国社会发生了根本性的变化。政治上独立自主的中国，战后由于领土主权遭到破坏，自给自足的自然经济解体，逐渐成为世界资本主义的商品市场和原料供给地，中国开始沦为半殖民地半封建社会。

林则徐画像

太平天国

在第二次鸦片战争之前，太平天国农民战争已在中国南部爆发。领袖洪秀全是广东花县人，出身农家，在科举考试落榜之后，接触到西方的传教书籍，逐渐离开传统的儒家信仰，接受了基督教的一些思想，劝人信拜上帝。他与冯云山深入广西桂平紫荆山区传教，在贫苦人民中获得了大批信徒。洪秀全创作了一系列宗教作品，揭露现实的黑暗，宣传平等的理想，提出"斩邪留正"，号召农民起来反对清朝封建统治。信奉的群众越来越多，和地主阶级的团练武装发生激烈冲突。拜上帝会发展成一支强大的力量，形成了以洪秀全、杨秀清、冯云山、萧朝贵、韦昌辉、石达开为首的领导核心。公元1851年1月11日，拜上帝会起义于清朝统治相对薄弱的广西金田，建号太平天国。

▲洪秀全像

后与清军在紫荆山区鏖战九个月，北上攻克永安州，出广西，入湖南，队伍日益扩大；又获得大批船只，建立水师，提高了行军速度，进入湖北，攻克武昌，顺长江东下，破九江、安庆。公元1853年攻克南京，定都于此，改名为天京。

洪秀全定都天京后，建立各级政权，颁布规章制度，制定军法，申明纪律。《天朝田亩制度》规定废除土地私有制，将土地平均分配给群众耕种，建立农村公社式的社会基层组织，以达到农民理想中的"有田同耕，有饭同食，有衣同穿，有钱同使，无处不均匀，无人不饱暖"的社会。太平天国的胜利进军使清王朝陷入极度的惊慌恐惧之中，清将向荣、琦善分别组成江南大营和江北大营，在天京附近驻扎和窥伺。但腐败的八旗、绿营、

▲太平天国天王平玺墨文

募勇都不足以构成太平天国的重大威胁，太平军在天京站稳脚跟后，继续发动攻势，分兵北伐和西征。

北伐军由李开芳、林凤祥率领，经江苏、安徽、河南、山西至直隶，屡败清军，前锋进至天津附近。但人数太少，远距离无后方作战，得不到增援，加之气候寒冷，衣食

供应困难；而清廷调集大批军队聚集在北京附近，以众击寡，以逸待劳，北伐军不得已从天津南撤。天京方面虽然派出援军，但仓促招募，未经训练，在山东溃散。北伐军粮尽援绝，南撤到直隶的连镇和山东高唐州，终因众寡悬殊而失败。太平天国进行北伐的同时，分兵西征，溯长江而上，占领安庆，围攻南昌，进入武汉，但在咸丰四年进军湖南时，遭到曾国藩湘军的顽强抵抗。

▲太平天国金田会议图

曾国藩在太平军从广西进入湖南时，以礼部侍郎丁忧家居，旋奉旨组织团练，他纠集当地地主阶级的力量，在军事上别树一帜，创立湘军，多用湖南人，并以纲常名教笼络人心，对抗太平天国的宗教异端。将领大多是受程朱理学教育的儒生，士兵招募青壮年农民。将领自择营官、哨官，自募士兵，在军营中建立个人的隶属关系，形成了以族戚、同乡、同学为纽带的战斗力很强的地方军队。湘军还很重视水师，自造战船，购置洋炮，训练水手。此后，左宗棠统率的老湘军、李鸿章统率的淮军，其建军宗旨、编组原则基本上都和湘军一样。湘淮军是镇压太平天国、支持晚清政权的主要武装力量。

▲李鸿章

公元1854年，湘军与太平军战于湖南，太平军失利，节节败退。湘军夺取武汉，沿江东下。两军大战于江西湖口。石达开指挥作战，击败湘军，将其水师切断成两截。曾国藩困守南昌，太平军第三次占领武汉。接着，石达开经营江西，攻克了许多城邑，招收了大批天地会起义群众，实力大增。公元1856年，太平军又击破了江北大营和江南大营。

太平天国在军事上正处于顺境，内部矛盾却在激化。东王杨秀清大权在握，他虽然很有才能，建立了卓著的功

▲左宗棠

▼《清军奏报与太平军交战图》之一

绩,但骄奢日甚,凌虐同僚部属,甚至假天父下凡之名,要责罚洪秀全,并要逼洪封自己为万岁。北王韦昌辉表面顺从而积怨于心,他利用洪杨之间的矛盾,突然举兵杀死杨秀清,并株连杀害了许多无辜的将士,引起群众的愤怒。洪秀全顺从群众的要求,杀了韦昌辉。此后,石达开又遭洪秀全的猜忌,带兵出走,转战西南,最后在四川大渡河畔全军覆没。太平天国内讧后,精锐尽丧,致使有利的军事形势发生逆转。重要城市武汉、九江、庐州、镇江相继失守。但在太平天国起义的影响下,各族人民纷起抗清。天地会、捻军、白莲教、云南和陕甘的回民,与太平军或联合作战,或遥相呼应,有力地支援了太平天国,使清军顾此失彼,穷于应付。而且清王朝内部矛盾重重,满族亲贵不信任曾国藩等汉族地方武装,不肯委以重任,给以事权。当时又正值第二次鸦片战争期间,清朝和外国侵略者处在敌对状态。由于这些原因,加之太平军后期将领士兵的勇敢作战,太平天国虽经内讧的创伤,尚能支撑危局,和清军长期相持。当时,英王陈玉成、忠王李秀成等一批青年将领,具有指挥才能,作战身先士卒,能够辨认形势,团结盟军,故屡立战

▼南京太平天国王府花园

▲曾国藩

功,肩负起挽救危局的重任。公元1858年,陈、李与捻军联合作战,攻破重建的江北大营,又在安徽三河全歼湘军精锐李续宾部。十年,大破号称有十万大军的江南大营,解除了对天京的包围。接着,乘胜东进,席卷苏常,攻克杭州,在江浙开辟了新的局面。

太平天国军事形势虽一度好转,但政治日益腐败,纪律废弛,多次发生叛乱,将领各自为政,苦乐不均,败不相救。洪秀全深居宫内,不理朝政,刑赏不公,封爵冗滥,天京逐渐失去了权威。陈玉成、李秀成也受到猜忌。洪仁玕从香港来到天京,写了《资政新篇》,企图有所建树,但他的某些带有资本主义色彩的主张不被农民所理解。当太平军逼近上海时,和外国侵略者发生了冲突。先有美国人华尔组织的洋枪队帮助清军。以后李鸿章在曾国藩的荐举下,率淮军至上海作战,并聘用英国军官戈登组织常胜军;左宗棠率老湘军在浙江作战,也聘用法国军官组织常捷军。第二次鸦片战争刚刚结束,外国侵略者就插手中国的国内战争,枪口转向太平军。太平天国不仅要抗击以湘淮军为主力的清朝军队,还要抵御外国侵略军,局势更加困难。

公元1861年,天京上游重镇安庆经激烈争夺后失守,清军从四面八方逼向天京。陈玉成又在皖北被俘遇害,太平军的西战场瓦解。李秀成既要抵抗李鸿章、左宗棠的猛烈进攻,保卫苏州、杭州;又要和曾国荃作战,以解天京的围困,左支右绌,败局已定。他提出撤离天京、"让城别走"的建议,未被洪秀全采纳。形势日益对太平天国不利。公元1864年4月,洪秀全逝世。6月,清军攻破天京,李秀成在突围时被俘遇害。幼天王洪天贵福也在江西被俘杀。太平军余部在李世贤、汪海洋的率领下转战江西、福建、广东,被清军击败。太平天国农民起义虽然失败,清政府也已一蹶不振。

▶慈禧太后

百日维新

公元1894年（岁次甲午），朝鲜发生东学党起事，请求清廷出兵援助，日本乘机派大军赴朝。待到事件平定，日本却拒不退兵，并不宣而战，轰沉清朝的运兵船舰，导致中日甲午战争的爆发。清廷因事先全无作战准备，在平壤陆战及黄海海战中连遭惨败，不得已退守本国境内。日本军队乘胜渡过鸭绿江，侵占中国的许多城镇。不久又袭击威海卫，使洋务派长期经营的北洋舰队毁于一旦，于是清廷被逼屈膝求和。公元1895年，清廷派李鸿章到日本马关，中日双方签订了《马关条约》。根据该约，中国承认朝鲜独立，割让辽东半岛、台湾及澎湖列岛予日本，开放苏州、杭州、沙市、重庆为通商口岸，允许日本在各通商口岸投资设厂，以及赔偿日本军费二亿两白银等。

《马关条约》的签订极大地震动了各个阶级、阶层，举国上下强烈反对，要求拒签条约。康有为起草上皇帝书，提出"拒和、迁都、练兵、变法"，这就是著名的"公车上书"。维新运动的主要代表是康有为、严复、梁启超、谭嗣同等。

光绪帝看到了康有为的上书，表示赞赏。康有为又向皇帝上《应诏统筹全局折》（第六次上书），指出"能变则全，不变则亡，全变则强，小变仍亡"，建议皇帝大誓群臣，开制度局，许天下人上书。又进呈自己撰写的《日本变政考》《俄彼得变政记》，要求光绪奋发振作，运用君权，排除阻挠，效法日本、俄国，实行改革。公元1898年6月11日，光绪帝下"明定国是"诏书，宣布变法，并召见康有为、梁启超等询问变法的步骤和方法；派康在总理衙门上行走，梁办理译书局；后来又任用谭嗣同、刘光第、杨锐、林旭为军机章京。康有为和其他人递了许多奏折，提出一系列变法建议。光绪帝根据这些建议，颁布改革的诏令，主要是：发展经济，保护农工商业，设立农工商局，提倡私人办实业，奖励发明创造；改革财政制度，编制国家预算；开放言路，鼓励创办报纸，允许士民上书言事；精简官僚机构，裁汰冗员；改革科举制度，废除八股；北京创办京师大学堂，各省广设学堂，提倡西学，翻译书籍；选派出国留学生；改革军制，士兵改练洋操。这种改革有利于资本主义的发展，但并未根本改革封建专制制度，甚至为了减少变法的阻力，维新派过去宣传的设议院、开国会、定宪法等主张，在百日维新期间也并未提出过。八月初六，慈禧太后发动政变，囚禁光绪，自己出面训政，废止新政，并下令捉拿康有为、梁启超。康、梁逃往日本。谭嗣同、刘光第、杨锐、林旭、杨深秀、康广仁被捕处死。其他维新派和拥护变法的官吏，或被遣戍，或被革职。历时一百零三天的戊戌变法宣告失败。

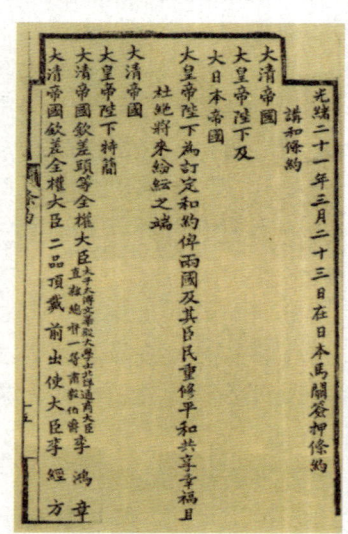

◀谭嗣同像

▲《马关条约》局部

辛亥革命

▲孙中山像

公元 1911 年,以孙中山为首的资产阶级革命派,计划在广州发动更大规模的起义。在条件尚不具备而事机又有泄露的情况下,同盟会领导人黄兴决心迅速发动起义,冒险一击,时间定于公元 1911 年 4 月 27 日。届时黄兴仅率一百数十人发难,攻入两广总督督署,随后遇到大批清军的攻击。革命党人以寡敌众,许多人战死或被捕牺牲。其遗骨合葬于黄花岗,故这次起义称"黄花岗起义"。

黄花岗起义刚刚被镇压,湖南、湖北、广东、四川四省广大人民以及资产阶级、地方绅商,为反对清政府掠夺商民路权,擅自把粤汉、川汉路权拍卖给英美法德四国银行团,又掀起了保路风潮。四川保路运动发展尤其迅速,超出了立宪派"文明争路"的范围。成都和全省许多城镇一齐罢市,并提出不纳粮税、不认外债等。清政府决定武力镇压,派端方带兵入川。总督赵尔丰逮捕保路的领袖多人,并开枪击毙游行群众数十人。四川各地的同盟会员和哥老会员纷纷组织保路同志军,筹划起义,把合法的保路运动发展为反对清朝的武装斗争。各路同志军从四面八方围攻成都,声势浩大。许多士兵和下级军官参加革命组织。

公元 1911 年 10 月 10 日夜间,驻在武昌城内外的新军发动起义,攻占总督衙门,清朝官吏遁逃。但当时革命派的重要领导人都不在武汉,于是,清朝高级军官新军协统黎元洪被请出来当都督,立宪派汤化龙当了民政长。随后湖南和陕西分别发动起义,树起独立的旗帜。接着,各地革命党人纷纷组织会党、新军起来响应。在短短一个多月时间内,又有江西、山西、云南、浙江、江苏、贵州、安徽、广西、福建、广东、四川、山东等省和上海宣布独立。武昌的革命军与清军相持于汉口、汉阳,江浙的革命军打败清军、攻克南京、组织北伐。

▼孙中山和宋庆龄像

辛亥革命中,孙中山领导的同盟会是领导者和组织者,起义的普遍发动和迅速发展是同盟会长期宣传、组织、筹划的成果。会党和新军是主要的依靠力量。他们反对清朝的态度最坚决,斗争最勇敢。资产阶级立宪派本来并不赞成革命,但在争路、宪政问题上已和清政府产生严重裂痕,起义的普遍发动把他们推向了革命一边。他们的地位很有利,一方面既不是清朝的当权派,容易转身投向革命;另一方面,他们有声望,有产业,受到地方上的信任。所以,立宪派这时几乎全都放弃君主立宪的主张,赞成共和政体,并在新政权中占据了重要位置。

武昌起义后,孙中山从海外回国。各省代表齐集南京,推举孙中山为临时大总统,组织南京临时政府。公元 1912 年 1 月 1 日,孙中山宣誓就职,任命临时政府工作人员,

▲袁世凯像

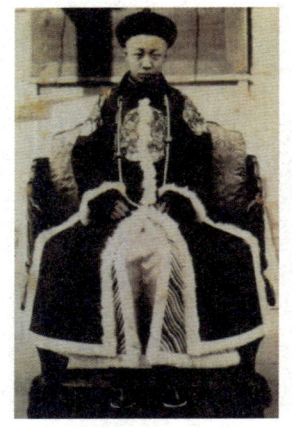

▲末代皇帝溥仪

颁布除旧布新的各项政令。不久又成立临时参议院,制定了《中华民国临时约法》。

武昌起义敲响了清王朝的丧钟。帝国主义迫于形势,打起了中立的幌子,催促清朝政府起用袁世凯。北洋军队的将领都是袁的心腹,要调动他们抗拒革命,非袁不可。清政府只好解散皇族内阁,请袁世凯出山,任命他为内阁总理大臣,向他交出军政大权。袁世凯以帝国主义为后盾,挟北洋军队的实力,一面利用革命声威,恫吓清政府,逼迫满族亲贵交出权力;一面又向革命派威胁利诱,施加压力,迫使就范。袁世凯指挥北洋军进攻武汉时,同盟会领袖黄兴率领革命军英勇抗击,但事权不一,力量悬殊,战斗失利。北洋军占领汉口、汉阳,炮轰武昌。经过帝国主义的撮合,袁世凯又和革命阵营试探和谈。早在孙中山回国以前,南北和谈已在上海进行,双方就停战、国体、召开国民会议等进行讨论。帝国主义支持袁世凯,压迫革命派妥协。立宪派和有的同盟会员也向袁世凯靠拢,表示如果清帝退位,将拥护袁出任第一任大总统。孙中山回国后,虽然反对妥协,积极主张北伐,组织了各路北伐军,但各军未经训练,编制互异,指挥不灵,遭到各方面反对和掣肘。帝国主义拒绝承认南京临时革命政府,扣留海关税收;各省军政府新建,供应浩繁,革命政权因此陷入严重的财政危机。立宪派和一部分同盟会员则指责非难孙中山等的革命主张,致使北伐无法进行。孙中山面对革命阵营的涣散状态和南北议和的既成事实,也无能为力,只得同意让步。他表示如果清帝退位,宣布共和,自己即辞去职务,可另选袁世凯为正式大总统。袁世凯在得到革命派出让政权的确切保证后,便向隆裕太后上奏,声称自己的北洋军队已无力镇压革命、保卫京畿,请召开皇族亲贵会议,速定方针。他自己则不再入朝,只派心腹催迫清帝退位。隆裕太后召开多次御前会议,争论激烈。一部分满族亲贵态度顽固,反对退位,组成宗社党,指责袁世凯"蔑视纲常","居心更不可问",主张和南方革命军决战。袁世凯唆使段祺瑞等数十名前线北洋将领致电清政府,要求实行共和政体,斥责皇族亲贵"败坏大局"。各地官吏迎合袁的意图,纷纷电奏,主张共和。宗社党本无实力,其首领良弼此时被革命党人彭家珍炸死,亲贵们吓得纷纷逃到天津租界和大连、青岛。

公元1912年2月12日,隆裕太后带着宣统小皇帝举行清王朝最后一次朝见仪式,接受优待皇室的条件,发布退位诏。统治中国二百六十八年的清王朝宣告灭亡。

> 编者感言:初期清军入关,各地反清势力强盛。但统治者不像元朝那样一味排汉,用满族贵族联合汉族地主阶级以及其他少数民族上层进行统治,收取民心,致力政治,所以不但可以治国平乱,还可以创造"康乾盛世"。末期外寇入侵,朝堂和战不一,朝令夕改,而积弱已久的泱泱大国已是千疮百孔。内乱一起,更是坐以待毙。自古王朝的存亡,内乱尤胜外侵!